全国高职高专院校内部质量保证体系诊断与改进项目成果

高职院校质量保证体系诊断与改进

——无锡职业技术学院实践案例

龚方红　姜敏凤

王鑫芳　张路遥　　著

吴兆明　孙燕华

电子工业出版社

Publishing House of Electronics Industry

北京·BEIJING

内 容 简 介

　　本书是在教育部职业院校教学工作诊断与改进制度建设的背景下，结合无锡职业技术学院在质量体系建设过程中长期实践探索和理论研究方面的初步成果编写而成的。本书从高等职业教育质量观的变迁切入，综合运用管理学、教育学等理论，结合学校实践案例编写而成，内容主要包括：理论基础、方案设计、质量机制、运行实践、信息化支持等，涵盖了质量保证体系的建设思路与方法，对于读者全面了解高职院校内部质量保证体系和开展质量诊断与改进工作具有较强的指导作用。

　　本书可作为高等学校、职业技术学校以及从事职业教育的研究院所、行政管理单位、质量认证机构等有关人员的参考工具书，为探索建立和完善学校质量保证体系提供借鉴。

图书在版编目（CIP）数据

高职院校质量保证体系诊断与改进：无锡职业技术学院实践案例／龚方红，姜敏凤等著．—北京：电子工业出版社，2020.3
ISBN 978-7-121-38144-7

Ⅰ．①高…　Ⅱ．①龚…②姜…　Ⅲ．①高等职业教育—教育质量—质量管理体系—研究—中国　Ⅳ．① G718.5

中国版本图书馆 CIP 数据核字（2019）第 271222 号

责任编辑：陈健德（E-mail：chenjd@phei.com.cn）
印　　刷：北京虎彩文化传播有限公司
装　　订：北京虎彩文化传播有限公司
出版发行：电子工业出版社
　　　　　北京市海淀区万寿路 173 信箱　邮编：100036
开　　本：787×1 092　1/16　印张：15.75　字数：403.2 千字
版　　次：2020 年 3 月第 1 版
印　　次：2021 年 6 月第 4 次印刷
定　　价：68.00 元

凡所购买电子工业出版社图书有缺损问题，请向购买书店调换。若书店售缺，请与本社发行部联系，联系及邮购电话：(010) 88254888，88258888。

质量投诉请发邮件至 zlts@phei.com.cn，盗版侵权举报请发邮件至 dbqq@phei.com.cn。

本书咨询联系方式：chenjd@phei.com.cn。

　　教育担负着为现代化建设事业培养具有高度社会责任感的建设者和接班人的重大使命。高等职业院校的根本任务就是培养德、智、体、美、劳全面发展的高素质技术技能型专门人才。党的十九大开启了新时代中国特色社会主义的建设事业。习近平总书记在2018年全国教育大会上指出"教育是国之大计、党之大计"，把教育工作的地位提到了一个新高度。2019年1月，国务院印发《国家职业教育改革实施方案》，指出当前我国的高职院校在具备了基本实现现代化的诸多有利条件和良好工作基础上，进入了新的发展阶段，产业升级和经济结构调整不断加快，职业教育已经成为推动实体经济发展和提升国家竞争力的重要支撑，各行各业对高质量技术技能型人才的需求越来越紧迫，人民群众对高质量职业教育的需求也随之更加旺盛。因此，高职院校的办学质量和人才培养质量越来越受到各方关注。人才的培养要通过教育教学活动来实现，教学质量的高低，决定着人才培养质量的高低，教学工作是学校的中心工作，关系着高校的生存与发展，教学质量的高低也是衡量学校能否很好地为社会主义经济建设和社会发展服务的最重要标志，是学校生死存亡的生命线。建立高职院校内部质量保证体系，形成教学诊断与改进工作常态机制，实现教学质量的螺旋提升，就是落实总书记指示精神，落实《国家职业教育改革实施方案》，推进高职院校履行办学主体责任，勇于担当，自觉自律，接受社会监督，建立社会信誉的重要举措。

　　无锡职业技术学院作为一所具有60周年办学历史的高等职业学校，尊崇"严谨治学、崇尚实践"的办学传统，坚持"质量立校"的基本办学理念，2003年6月，率先在高职教育领域借鉴ISO 9000管理思想，加强过程控制和质量改进，设置质量监督与控制机构，持续开展了质量保证体系建设的研究与实践，建立学校的质量管理体系V1.0；2009年，总结国家示范性高职校建设成果，将戴明循环PDCA的质量通用模型作为质量管理体系建设的理论依据，升级学校的质量管理体系V2.0；2016年学校成为全国高职高专"内部质量保证体系诊断与改进（简称诊改）"试点学校，以此为契机，启动建设学校的内部质量保证体系V3.0，为科学有效地提升办学质量，优化学校内部治理体系，深化内涵建设，需要破解"学校事业发展目标与任务缺乏有效的上下衔接、发展目标与任务还缺乏具体可测的标准体系、内部质量管理缺乏强有力的信息化支撑、师生目标规划与自我提升意识不强"等关键瓶颈，需要研究基于学校内部质量保证体系的质量诊断与改进方案。

　　学校的质量保证体系V3.0诞生于高水平、高质量发展的新历史时期，诞生于教育信息化建设取得成效、初步具备大数据分析能力的背景下。在质量理念方面，对现代质量有

了全新的认识，学校的高质量发展来源于从顶层设计者到各级质量主体的自觉性，为此，需要对质量保证体系的运行动力机制进行系统化的设计；高质量源于发展目标的科学规划，需要对质量标准的适用性进行科学定位，并在全校范围内形成上下衔接、横向贯通的目标与标准链；在信息化背景下，大数据迭代、知识管理等现代理念的融入，使质量全过程的动态监测成为可能，由此诞生了以"8"字形螺旋为质量运行模式的新概念，标志着质量保证体系向着"自主性、系统性、智能化"的目标迈上了新的台阶，逐步实现决策时不再拍脑袋、教学时不再无目标、评价时不再讲大概。

在质量保证体系制度的设计与操作方面，依据"8"字形质量改进螺旋模式，将质量全程简化成"事前、事中、事后"三个步骤。事前，各层面质量主体自主建标，基于 SWOT 分析、SMART 原则构建"上挂下联"的全局性目标与标准链，解决目标不落地、任务缺标准的尴尬。事中，依托信息化管理系统科学地开展工作监测与预警，规范质量行为，纠正运行偏差，破解过程性考核缺失的不足。事后，周期性地对标进行自我诊断与改进，改变师生的目标规划与自我诊改意识不强的被动局面。通过对教师职业发展和学生成长的指导，帮助师生实现工作质量和学习效果的提升与改善，实现学校教学质量的螺旋提升。

在质量内涵方面，对学校、专业、课程、教师、学生五个层面的质量内涵进行了系统性的研究，带动了全校性的研究与改革和质量文化建设，形成了体现学校办学水平、具有校本特色的质量标准体系和诊断指标体系。学校从"决策指挥"顶层设计，到"资源保障、支持服务、实施运行、监督控制"各系统全面响应，逐个寻找质量突破口，2016 年以课程为突破口，确定为"课堂教学质量主题年"，2017 年以专业为突破口，确定为"专业建设主题年"，2018 年以职能部门的高水平、规范化、精细化服务管理为突破口，确定为"工作标准提升主题年"。诊改工作成功地带动了学校内涵建设逐步走向纵深，2019 年学校成功入选"中国特色高水平高职学校和专业建设计划"A 类高水平学校建设单位，学校进入以质量提升为主旋律的发展轨道。

2019 年 4 月 23 日至 25 日，以全国职业院校教学工作诊断与改进专家委员会主任委员杨应崧教授为组长、副主任委员崔岩教授为副组长的专家组，对无锡职业技术学院内部质量保证体系诊断与改进试点工作进行了为期两天半的现场复核，在诊改复核工作反馈会上，杨应崧教授用"惠风和畅"高度评价无锡职业技术学院的诊改试点所取得的成效及现场复核工作。

质量是高职院校赖以生存的基础，完善内部质量保证体系诊断与改进工作是当前我国高职院校治理能力现代化建设的重要手段和制度创新。通过持续规范的自我约束、自我评价、自我改进、自我提升，建设并运行全要素、网络化的内部质量保证体系，是完善学校内部治理结构、推进教育治理能力现代化和建立现代大学制度的必然要求。从一定意义上来说，做好高职院校内部质量保证体系建设工作，建立科学合理有效的内部控制体系，有利于高职院校提升学校治理水平、推动学校可持续发展，从而为中国特色职业教育走向世界舞台中央提供强有力的制度支撑。我国的高职院校办学历史不算长，质量保证体系建设

尚处于起步阶段，是一个理论研究课题，体系的实施也有许多难题需要破解，很多问题还有待于深入研究与实践探索，本书是无锡职业技术学院内部质量保证体系建设与实践探索的成果结晶，凝聚了学校领导及师生员工的心血与付出。本书由无锡职业技术学院龚方红策划、姜敏凤统稿，参加编写的人员有龚方红、姜敏凤、王鑫芳、张路遥、吴兆明、孙燕华。在诊改试点建设期间，学校新老领导班子高度重视，悉心组织各层面的诊改试点工作，并在各方面给予了大力支持，戴勇教授全程策划指导诊改工作；本书第 4 章、第 5 章的编写引用了倪卫东、胡俊平、李萍、王得燕、苗盈、奚茂龙、徐悦、徐安林等同志的诊改总结报告相关内容，第 6 章的编写得到了欧赛斯公司李剑波、联奕科技股份有限公司郭峰等人的帮助，在此一并致谢！

本书以案例的形式、从方法论的视角介绍学校内部质量保证体系建设与实践的做法，抛砖引玉为读者提供参考与借鉴，衷心希望与兄弟院校加强交流与合作，一起推进高职院校内部质量保证体系建设，共同守护好高职院校的质量生命线。

由于编者水平有限，书中不妥之处在所难免，恳请读者批评指正。

龚方红　姜敏凤

2019 年 11 月 20 日

目 录

第1章 背景与理论基础

1.1 现代质量观的内涵与质量保证

1.1.1 高等职业院校的质量内涵变迁

我国职业教育经过大众化高速发展期后，日益重视质量，"质量"作为核心关注点进入教育界及教育管理部门的视野。2015年10月，教育部印发《高等职业教育创新发展行动计划（2015—2018年）》（简称《行动计划》），将高等职业教育的"规模、结构、质量、效益"作为衡量教育发展成效的主要方面。其中，特别强调了人才培养的质量持续提升是新常态下高职教育内涵发展的关键因素，其核心思想是"高等职业院校应以质量建设为中心、以内部与外部质量体系建设为根本任务"。

什么是质量？如何来定义质量？质量的概念源于制造业的产品，所关注的是消费者对产品能够放心使用的期待，质量具有一致性的特征。在教育界，质量源于学校的培养对象（通常指学生），《教育大辞典》的解释是："教育质量是对教育水平高低和效果优劣的评价，最终体现在培养对象的质量上。"

从质量的分析维度来看，质量是多维的。樊增广和史万兵（2015）认为高等教育的大众化、普及化，使社会分工越来越细，"质量"的内涵不断演化，而且越来越呈现多样化态势。政策、理论与实践各界对教育质量内涵有着不同理解。张芸芸（2011）认为和谐视野下高校教育质量观包括内生性维度、创新性维度、人本性维度，要求构建覆盖对于受教主体的全面性管理、对于教育过程的全程性管理、对于教育系统的全员性管理的质量管理体系。在具体管理实践中，要引入文化引领功能，创新教育实践，注重人本主义原则，规范教育过程，强化质量战略性意识，营造良好氛围，实现高校教育质量的科学管理和有效提升。总结来说便是注重全面、全程、全员，注重文化引领、创新驱动、以人为本。

从质量的量度来看，也是多维的。王军红和周志刚（2012）指出质量是事物主客观规定性的量度表达，反映事物的存在特性及其与主体需要的匹配符合关系，具有一定的相对性，处于不断的生成过程中。因此质量是变化的，其表达方式主要有三种：实证主义的符合预定规格、实用主义的适用特定要求和人文主义的追求各方满意。

通过文献梳理，发现职业教育质量是相较于数量的一种对职业教育的特征表达，是职业教育规模发展到一定阶段后的自然路径选择。质量的解释路径经历了以下三个阶段。

1. 实证主义表达

这种观念对质量的理解立足于教育的预订规格，因此经常以指标性的度量方式来测量质量的高低。基于这种思想，教育管理部门先后启动两轮评估活动，分别是2005年以规范管

理为重点的"高职高专人才培养工作水平评估";2008 年以内涵建设为重点的"高等职业院校教学工作评估"。两次评估都设定了既定的、静态的评估指标体系，侧重于对办学基础条件的测量、学校的质量竞争力评价，以及取得的师资队伍、实践场所、专业与课程等标志性建设成果。

2. 实用主义表达

质量原先是一种产品概念，因此首先质量是为了满足消费者的要求，特别是社会市场对教育对象的要求。职业教育以促进就业、提供高质量劳动力为主要目标，以实用为目的。对教育的理解更多是从经济、管理的角度展开，教育是否有利于地方社会经济发展，是否有利于社会系统高效运行，教育如何高效管理，从而有利于教育产品质量与教育产出的提高。基于该种思想，要不断实现并超越政府、企业的需求。

3. 人文主义表达

质量的人文主义表达以人为中心，围绕人的根本利益和价值来探讨质量高低。对职业教育来说，全社会的就业水平关乎个体安身立命、国家长治久安和经济可持续发展，同时关乎受教育者个体的教育获得。人文主义转向是现代职业教育研究与发展的方向，落实到职业教育质量上，便是以学生成长成才为中心，满足学生、家长的教育需求，以此评价教育质量高低。

职业教育正处于实证主义向人文主义转向时期。从满足需求的角度分析质量，便是同时满足社会市场、企业、学生、家长的要求，以期达到主体满意。

1.1.2 现代质量观的特征

1. 质量的内涵范围坚持三全原则

根据质量的内涵维度，现代质量观注重三全原则，即全员、全方位、全过程。要求构建覆盖对于受教主体的全面性管理、对于教育过程的全程性管理，以及对于教育系统的全员性管理的质量管理体系。从管理角度来看，表示管理的维度覆盖全部领域、教育教学全过程和所有成员。从管理的主体来看，要覆盖全部质量主体的工作领域与环节，质量主体的工作过程和所有的质量主体。全面质量管理基于"零缺陷"思想，通过全环节、全过程、全主体保证质量。

2. 质量的动态性原则，创新是驱动力

对质量的理解是不断变化的，是某一阶段的最佳选择，首先受教育水平的限制；用发展的眼光来看，质量水平是发展的，是循环上升的，因此质量没有一个固定的标准。评价质量，需用发展的眼光，而质量的提升动力来源于创新力。教育教学在原有的基础上，通过方法、手段、工具等的创新，提高管理效率、学生培养成效、教师发展成效，从而获得教育教学质量的提升。

3. 以人为本，满足主体需求，提升获得感

教育质量的根本便是提高各教育主体的获得感，以人本主义思想考考教育质量问题，是现代教育思想的特点。该思想是继实证主义、实用主义之后的转向，从教育实践来看，教育质量不仅着眼于各实证指标的达成度，同时需满足社会经济的发展需要，最主要是满足各教

育主体的各项需求，做到需求与需求之间的平衡与联系，从而实现各质量主体获得感的提升。

通过分析现代质量观，明确了教育质量内涵、质量标准与质量保证的可行路径，为教育教学质量保证体系设计、质量保证运行提供理论依托与指引。教育教学质量提升，受多种因素的影响，质量如何而来、受何种影响，是如何构建质量保证体系、如何保证质量体系运行的先导问题。

1.1.3 高职教育教学质量影响因素

1. 外部因素

高职教育教学质量受高校内外因素的影响，从社会建构论来看，社会政治、经济、文化因素建构了高职的质量标准与现状。范锦江（2012）主要从经济学角度探讨教育质量的影响因素。影响教育质量的因素主要有以下三个方面：一是不完全竞争的生产要素市场，部分高校的垄断行为影响了资源的合理配置；二是外部性的影响，高等教育正外部性引起供给相对短缺，导致供需失衡，产品质量的负外部性影响到高校教育的积极性；三是信息不对称的影响，信息不对称会引起道德风险和逆向选择，影响教育质量。为了提高教育质量，一是在教育市场上引入竞争机制；二是使用税收和津贴；三是建立家庭、高校和社会三者高效信息沟通机制。另外，还受校企合作、社会认可度、社会服务能力等社会因素影响，以及受社会文化氛围的影响，如教育内涵、教育价值等观念的影响。

2. 内部因素

高职教育质量影响因素主要受质量评价标准的制约，不同阶段的教育质量受时代环境，如政治、经济、文化的多重影响。因此，质量观的变迁在不同质量观的指引下，教育质量受多层面、多维度因素的影响。现代质量观下，教育教学资源、校园形态共同影响教育教学质量。

1）教育教学资源

办学的基本条件、资源，包括师资、教学条件、办学经费等是影响高校质量保证的硬件条件。在实证主义质量阶段，这些资源因素是评价教育质量水平的主要因素，但事实证明这一因素太过片面、间接，即使学校教学条件改善，质量保证基础条件才得以夯实。信息化、网络化社会正向智能化社会转型，信息数字资源在质量保证中的作用日益凸显，大数据使质量动态变迁速度加快，数字资源积累日益重要，成为现代质量观下的特色之一。

2）校园形态

校园形态是大学的基本形象，随着历史积累与变迁，大学的空间形态、意识形态、治理形态与教育形态在不同时期有不同特色。总体来看，校园形态受建设理念、思维与手段的影响，正向智慧校园演变。

教育学者与建筑设计均对现代校园空间形态进行了研究，领域不同观点不同，但大致观点相同。校园空间设计注重校园主体的使用感受，在功能满足的基础上，兼顾校园文化特色；在传统建筑设计基础上，为实现智慧校园，在基建部分考虑建设基础，预留发展空间。

意识文化是校园的灵魂，是发展的不竭动力。在社会生活中，意识形态具有最广泛的影响力和行动支配力。因此，校园意识形态建设十分重要。它是实现组织发展、个体发展的动

力因素。在现代质量观指引下，校园意识形态需将质量意识纳入校园意识形态中，予以引导与培育。回顾高等职业教育不同的阶段质量评价活动，质量观的变迁经历了三个阶段：质量成果、质量体系和质量文化（姜敏凤和刘一览，2017）。将质量文化纳入校园意识形态培育，形成人人懂质量、人人维护质量、人人创造质量的良好氛围，为质量提升提供不竭动力。

治理形态变迁，目前学界也已形成较为统一的意见，对现代大学治理形态有较理想的描述，希望平衡好政府监管与大学自治之间的关系；平衡好大学内部治理中行政权力与学术权力之间的关系。蒲清平等（2017）研究发现，当前现代大学治理正日益从政府管控的治理形态走向法人化治理形态，从具有集权色彩的治理体系走向市场取向的分权策略和灵活的治理结构。但在此过程中，以校长为核心的管理团队和以外部人士为主组成的董事会在大学治理中的地位与作用不断上升的同时，学术人员在校内行政和学术事务中的权威和影响力在逐步下降。现代大学治理形态核心之一在于发挥每个教育主体的作用，凝聚各方（政府、学校管理、教师、学生、企业、社会、国际等）的主体能动性，参与学校教育教学，维护教育质量。

教育形态，特别是教学形态悄然变迁，各种课堂形式百花齐放。从社会行为角度看，传统课堂注重教师教授，学生更多的是被动的接受者，而新课堂认为教师"教"、学生"学"同样重要，课堂关注点应兼顾师、生、课堂内容、师生互动关系，所以对课堂教学质量的认识也更加丰富，最终表现在学生的"学习成效"上。此外，教学形态变化还表现在线上课堂兴起上，线上教学与学习已成常态，线上线下教学交叉与融合，网络资源使用等日益频繁。因此，教学形态的变迁，影响了教育质量的内容、教育质量评价标准，对评价手段的要求也将发生变化。

校园形态的变迁，从实体到文化、从物到人，引起的是资源、文化、组织、主体、关系、行为等多维度的变迁，从而改变了校园人、事、物多方面的变革，对质量的影响、质量的保证是多方面的，将会对质量目标、质量标准、质量监督、质量改进、质量创新等产生明显促动作用，对质量维护主体相互联动产生各种制约促进作用。其中最直接可见的便是智慧校园形态的构建，学校各种建设内容均以此为依托，如何发挥好、利用好智慧技术在学校管理、专业建设、课程建设、教师发展、学生发展中的作用，是质量保证的重要手段。

1.1.4 基于现代质量观，教育质量保证的路径选择

1. 质量目标管理

教育教学、科学研究、社会服务、文化传承创新、国际交流合作是我国新时代高等教育的五大功能，高校基于以上功能要求，设立学校发展目标。高校教育质量目标管理价值取向就是人才质量，高等教育只有成功地满足个人发展需要和社会进步需要，才能够得到发展。同理，教育质量目标便是符合人的全面发展教育目的，既是专门人才又具有综合素质，即德智体美等全面发展；符合社会现实与未来发展需要（杨伟军等，2012）。

质量目标体现了发展方向、价值取向，目的实现必须要以操作化、具体化为质量目标。为了保证目标的实现，目标需明确、可操作、可评价，落实到人，明确质量实现路径；明确质量目标的价值取向，使组织内主体予以明了认同，并融入各主体的价值体系中，同时明确自身的任务目标，将任务目标与组织目标、其他主体目标予以融合协调，实现上下衔接，左右呼应，主体相连。质量目标予以分解细化，操作化后，明确了责任主体、事项与事项间的关系、责任人与责任人之间的支撑关系，才能保证质量目标顺利实现。

2. 设立质量标准与评价标准

许祥云（2018）认为高校内部本科教学质量标准是由各高校自行组织制定，且经相关各方协商一致的关于本校本科教学活动及活动结果，满足本校本科教学各相关利益主体需求，并反映一定质量指标或参数的校内准则、规则或规范。高职教育质量标准也应具有规范性、全面性、社会性、共识性和操作性，可以按照顶层设计原则、分类构建原则、共识性原则、多重性原则和发展性原则，从条件质量、过程质量、管理工作质量和教育质量四个层面分步骤、分阶段进行构建。因为目标的统一性与个性化特征，标准同样需要兼顾统一性与个性化要求。标准与目标之间相互对应，结合目标操作化后，质量主体的个性目标、标准需要对个性目标进行支撑，目标标准一一对应。

1）质量标准设定依据

联合国教育、科学及文化组织在《21 世纪的高等教育：展望和行动宣言》中指出：高等教育质量是一个多层面的概念，要考虑多样性和避免用一个统一的尺度来衡量高等教育质量。

（1）**实体质量**。根据不同的实体及其特性形成产品标准，主要包括符合规格、适合使用目的、零缺点、始终无误。职业教育质量具有多样性，对于不同职业教育质量的相对应的实体来说，有职业教育产品质量、职业教育服务质量、职业教育组织质量、职业教育体系质量、职业教育过程质量、职业教育资源质量等（Sallis，2005）。相对应地，需要有职业教育产品质量标准、职业教育服务质量标准、职业教育组织质量标准、职业教育体系质量标准、职业教育过程质量标准、职业教育资源质量标准等。

（2）**满足最近发展区与利益主体需求**。标准需要符合不同利益主体需求，由于标准是各利益主体协商后的产物，标准设立需得到各利益主体的认同与认可，标准需要满足最近发展区，最近发展区是所有主体的最近发展区，标准设立需要考虑不能打击利益主体积极性、不能超过利益主体的能力范围，又要激发主体的较大能动性，使之努力才能达到。要满足最近发展区与利益主体需求，标准一定是协商产生的，各利益主体自设标准需满足组织发展需求，得到管理者的认可。此外，管理者切忌强加标准。

2）质量标准设定流程

近年来，针对如何制定标准，有很多文献阐述，吕红和邱均平（2015）提出构建国家层面的高等教育质量标准能在高等教育质量的保障与提升实践工作中发挥导向、诊断和基准等作用，是连接高等教育质量理论与实践的纽带。麦绿波（2010）提出标准体系就是标准的集合，即标准体系是一定范围内"所需要的标准群"。构建标准体系、设立标准，首先需要制定标准体系表，标准体系表编制原则和要求包括表达标准体系的相关构思、设计和整体规划，其由相应的体系结构图、明细表、统计表和编制说明组成 [《标准体系构建原则和要求》GB /T 13016—2018]。吕红和邱均平（2015）指出高等教育质量标准体系表的主要内容除了高等质量标准体系结构图、高等教育质量标准统计表、高等教育质量标准明细表和编制体系报告，还应包括高等教育质量标准体系阶段表和高等教育质量标准制定阶段表。

诊改是以自己的尺度量自己，标准是一个有机关联体系，首先需要有总体规划，然后借鉴国际标准、行业标准、实际情况进行制定。诊改过程中，标准链也需以整体来看待，按照协商、规范的流程与过程来制定；同时标准体系根据运行使用情况进行绩效评价，使标准不断修订、动态循环。标准要符合四个原则：一是符合规格，如教育质量必须符合市场企业用

人规格、行业规格，有些专业还需符合国际规格。二是适用要求，适用教育主体的各种发展要求，如学生发展标准必须满足思想道德发展、学业发展、能力素养要求、生活自律等要求。三是满足利益主体需求，以标准程度为价值判断，因此标准同时必须满足各利益主体的需求，如专业建设标准必须符合各分院、各专业、教师，甚至课程负责人的利益需求。四是坚持多元、多维视角，坚持统一与个性发展相结合，专业、课程、教师、学生层面标准链的打造，需要考虑该项原则，统一标准有利于管理，但是不利于发挥个性特色与激发创新动力。例如，教师考核标准，需要考虑教师的特色特长，要发挥所长并兼顾基础标准与特色标准；学生发展标准同样如是，需要考虑学生个性发展的需求，因材施教。另外，毕业标准、评价标准也应有所考虑。

3. 大数据质量精细测量与评价

质量的测量往往通过指标来表达，测量是根据一定的标准和操作程序将学习者的学习行为与结果赋予一定的量值（陈晨等，2017）。两次评估都设定了既定的、静态的评估指标体系，侧重于办学基础条件的测量、学校的质量竞争力评价，以及取得的师资队伍、实践场所、专业与课程等标志性建设成果（姜敏凤和刘一览，2017）。但是，这两次评估缺乏系统性与过程性的评价，指标多是测量与教育质量相关的间接指标、结果性指标。由此出现的问题，第一，指标体系不够完善，缺少过程性指标，对各时间节点的指标把控不到位；第二，传统指标测量计算简单，数据采集也多用现成规模数据，忽视其他状态性数据，如行为数据、意识形态数据，而不满足现代质量观的三全原则（全员、全过程、全方位）；第三，指标分析过于简单，缺少统计分析应用，对数据的把握、关联性缺乏认识，不能对数据进行精确把握与认识。为了解决如上问题，在诊改工作时，在质量指标的设立与测量分析中应考虑以下原则。

1）质量指标设立

（1）定性、定量相结合。大数据时代，将统计学运用到测量中，编制量表、编订公式，标志着教育测量客观化、标准化、科学化，质量测量与评价强调定量与定性相结合。教育质量测量领域广泛，诊改中即包括五层面目标标准有效、绩效、资源保障、过程管理、学习测量、教学测量、成效测量等。设立质量指标可以参照目标标准体系表，逐级分解，逐步确立。

指标设计兼顾定量定性，尽量将海量数据用定量、数字的形式予以量化呈现，以便进一步分析。质量的评价不仅仅包括"量"的评价，更注重"质"的判断，定性判断可以针对量化数据，也可以针对定类数据。定性是对质量进行价值判别，判断质量的实际意义。针对定类变量，可以进行有效与无效的价值判断；对定量数据可以进行分类等级判断，如针对班级学生成绩设定判定等级依据，以此判定 A、B、C 类等级。

（2）直接关系与间接关系。教育问题的测量，主要是针对状态、行为、意识的判断，属于社会科学研究方法应用范围，因此也需社会科学研究方法指导。在变量操作化过程中，应认真遵守操作化规则。操作化，是指将抽象的概念转化为可观察和测量的具体指标的过程。在操作化过程中，特别在最后指标设立时，要广泛借鉴前人的经验和研究成果，多做比较，在正式测量指标建立之前要进行反复验证和完善。在具体操作时，容易犯以偏概全的错误。指标与概念间理想状态有直接关系，指标可以 100% 展示概念状态，但是在实际过程中很难达到，因此要关注间接测量的信度与效度问题，以免引起错误判断。特别需要指出的是，不可迷信问卷调查，问卷调查虽然是社科研究的有效手段，但是其他手段也需要开发利用，

如资料分析、访谈法、观察法等。此外，还有利用技术手段，如传感器技术、智能评分技术以及话语分析法等（陈晨等，2017）。

（3）过程性与结果性指标相结合。姜敏凤和刘一览（2017）指出，要形成覆盖全员、贯穿全程的质量体系，层层落实质量责任，保证质量结果不走样，使学校的教育质量保持一致性，排除质量偶然的标志性结果评价。结果性评价存在诸多优缺点，优点之一是便于测量，二是便于成效评价；缺陷在于一是无法过程把控，不能及时纠偏，二是结果存在偶然，无法及时寻找必然原因。因此，指标的设计应兼顾结果性指标与过程性指标，特别是过程性指标，在过程中发现问题，明晰状态，更有利于保证质量。

（4）趋势指标与现状指标相结合。质量分析指标，在了解状态的基础上，还可利用数据，采用预测、关系挖掘等方法预测未来趋势和结果，从而提前予以干预。因此，对既有海量数据进行分析，可以通过设立趋势指标，从而预测未来的发展方向与范围。趋势分析，既需要某种计算方法，还需科学分析与设定，从而精确预测。

趋势测量与分析需建立在现状指标的基础上，精确把握现状，才能把握趋势。因此，诊改指标设立时，应首先把握现状指标，特别是核心指标，做到全覆盖与精确采集分析。在此基础上，对现状数据进行统计分析，预测未来趋势，从而提前干预，保证目标实现。

2）质量指标测量与应用

（1）数据采集与分析。质量指标设立之后，数据是指标应用的基础，采集数据是质量保证的重点工作。数据主要来源于智能终端，如学校各应用系统（管理系统、社交工具、应用系统等）。数据采集需要软硬件的支持，建设智慧校园第一步要健全网络物理校园，实现网络校园全覆盖，第二步建设校园物联网，配以各种智能终端采集数据；第三步便是培养用户的数据积累习惯，使数据无痕进入数据仓库。目前来看，这是一个建设过程，不可能一蹴而就，首先考虑数据和信息能够采集到，交流、互动数据能够自然而然储存下来，然后才能进行大数据的数据挖掘与分析。

对于储存在仓库中的数据，要根据指标指向，提取数据进行深入、全面的分析。当然这些数据有可能是间接产生的，如来源于质量主体自身，那可能会存在数据偏差，从而需要进行数据清洗；有些数据来源于直接采集，如视频采集，通过眼帘间距和嘴角弧度判断学习者的学习注意力与愉悦度，进而推测学习者的学习情绪。

（2）过程干预与预测。客观科学的测量是实施有效过程干预的基础，通过指标分析发现奇异点，从而通过深入分析，解析出相关数据产生的影响因素、预期，研讨干预措施，从而影响过程向好发展。质量过程的干预措施来源于指标结果，干预过程需要通过对质量主体进行实施，质量指标需明确责任主体，相关责任主体能自觉、便利地查看指标项及其演变过程。

（3）测量技术支持。质量测量分析应用需要有呈现平台、综合大数据分析平台。该平台建成需要诸多技术支持，如采集端、存储端、数据挖掘、传感器技术、智能评分技术、交互技术等。在应用端之下，需要有硬件支持、物化资源。在目前物化资源基本形成状态下，需要加快过程性采集平台的研发使用，特别是课堂"教""学"状态的采集。

1.2 教育教学质量保证体系诊断与改进思路和理论支撑

通过学习1.1节，我们系统熟悉了现代质量观的内涵。通过分析，发现基于现代质量观，

高职院校的努力方向便是保证"现代质量"内核的实现，明确保证的方法论、数据分析的手段，以及现代质量观的文化趋向、人文主义的取向。

教育部 2015 年底发文推进教育质量保证体系诊断与改进工作，目的是完善高职院校内部质量保证体系，实现质量保证。以杨应崧教授为代表的全国诊改委员会组织了多次培训，以指导广大职业院校开展此项工作，提出了 55821 质量保证体系诊断改进工作模式，即"5横 5 纵""8 字螺旋""2 个动力机制""1 个诊改平台"。为了更好地理解 55821 的思想精髓，在此根据杨教授的培训 PPT 及其公开发表论文，予以剖析。

回顾质量管理的发展历程，质量从质量控制（Quality Control，QC）到统计质量控制（Statistical Quality Control，SQC）再到全面质量控制（Total Quality Control，TQC），接着，升级为"管理"，由质量管理（Quality Manage，QM）发展到全面质量管理（Total Quality Management，TQM）。之后，又出现了六西格玛理论（确保缺陷率不高于 0.034‰），终于迎来了"零缺陷思维"或"零缺陷制造"。从中可以清楚地看到，由依赖少数人居高临下的控制，到全方位的质量管理，再到"三全"（全员、全过程、全方位）、"三共"（共创、共治、共享），质量保证的重心在不断下降。55821 质量保证体系诊断改进工作模式的出现，便是在吸收前人成果的基础上创造性提出的，因此需要首先了解这些基础理论的核心内涵，才能更好地了解诊改理论。

1.2.1　理论基础综述

1. 目标管理与质量管理相结合

目标管理是德鲁克提出的最重要、最有影响的概念，已成为现代管理学理论体系的重要组成部分。许一（2006）指出目标管理的特点：一是强调管理的目标导向；二是强调目标管理的内部控制，即自我控制，目标管理把客观的需要转化成为个人的目标，通过自我控制来取得成就（Rucker，1954）；三是以结果为导向的过程激励管理方法。

目标管理的效果是基于有责任心的员工设想，也就是需要员工自主自愿地参与才能达到效果，从而基于目标的绩效考核才会发挥激励作用，不会激化矛盾。

德鲁克的目标管理将人们从泰罗的科学管理中解放出来，从而建立一种非独裁的、能够充分发挥员工积极性、主动性和创造性的工作环境和管理方式，也就是使员工、每个角色主动参与管理。员工只有在这样的环境和管理方式中工作，才能实现戴明所倡导的质量保障体系（许一，2006）。

2. 戴明循环

PDCA 质量控制（PDCA Quality Control）也称戴明质量管理循环。PDCA 循环是由美国质量管理专家爱德华·戴明博士提出来的，它反映了质量管理活动的规律。PDCA 是该循环圈中各步骤英文字的缩写，即计划（Plan）、执行（Do）、检查（Check）和处理（Act），包括：①计划阶段，看哪些问题需要改进，逐项列出，找出最需要改进的问题；②执行阶段，实施改进并收集相应的数据；③检查阶段，对改进的效果进行评价，用数据说话，看实际结果与原定目标是否吻合；④处理阶段，如果改进效果佳，则加以推广；如果改进效果不好，则进行下一个循环。

PDCA 是 20 世纪中叶提出的，与德鲁克属于同时代。该循环从设计开始，不涉及目标，也不涉及标准。PDCA 更多关注过程，通过对执行过程的检查处理达到循环改进的目的。

3. 六西格玛管理理论

六西格玛管理是一种顾客驱动追求卓越绩效和持续改进的系统科学。它以 TQM 为基础，以"零缺陷"为目标，以六西格玛质量水平为标尺，以统计技术为手段，以突破性改进为方式，通过改进并优化过程，旨在消除变异、稳定流程、获得顾客满意和显著提高组织绩效。它已经发展成为一种管理理念、文化和方法体系的集成（李文超，2008）。

与过去的业务改进模型或质量改进模式相比，六西格玛的创新之处：一是从管理模式上，六西格玛将战略管理和战略执行力有效结合，通过高层领导的参与（自上而下地推进）和一套六西格玛的推进基础架构实现战略实施、流程优化、持续改进、组织学习与知识管理、供应链管理等多方面的效果；二是从方法本身来讲，将已有的管理思想、方法和工具有效集成并提供了可操作性的技术路线，本身就属于集成创新。

1）六西格玛管理理论取向

六西格玛消除变异和消除非增值活动是实现持续改进的两种思维模式，两者都是旨在实现持续改进的管理模式和技术体系，有以下两个特点（何桢等，2007）：

（1）真诚地以顾客为中心。六西格玛管理认为凡是无法让顾客满意、不符合顾客要求的就是缺陷。

（2）追求完美，容忍失败传承了克劳斯比的"零缺陷"理论，达成六西格玛质量水平（0.034‰），表示每百万机会缺陷数是 3.4。

2）作为管理系统的六西格玛的四大基石

（1）业务流程管理模式，业务流程是六西格玛最基本的组织模块，是六西格玛过程管理的创新。

（2）数据推动型的管理模式，应用统计数据和分析方法建立对关键变量的理解和获得优化的结果。六西格玛管理的核心方法是通过分析结果（Y）和原因（X）之间的关系来寻找解决问题的办法，主要适用于能够量化的流程，数据分析是六西格玛的技术工具。

（3）基于一种独特的营运评价系统，以一个高效且拥有商业伦理道德的领导团队为中心。

（4）采用团队模式为最基本的工作单元。需要领导高度参与，其他角色联动，参与（李文超，2008）。

4. 知识创新理论

知识管理与知识创新、变革息息相关，特别是进入现代社会，如何利用现有知识，进行创新已是知识研究的重点。SECI（社会化－外化－共同化－内化）模型认为知识创造是一个组织中，个体和团队通过彼此的交流互动分享显性和隐性知识，推进组织知识螺旋上升的过程，并提出了一套知识创新的流程模型（李柏洲等，2014）。

知识管理思想的产生与发展是知识社会的必然，信息革命是知识管理思想产生与发展的原动力。因此知识管理的未来发展是面对大数据时代，利用大量数据的存储和累积，促使信息和知识潜在价值的挖掘并用于预测未来，进行个性化服务。组织决策方式将由数据分析代替直觉和经验（相丽玲和牛丽慧，2015）。因此我们必须了解大数据技术与思维，从而保证质量保证体系的有效运行。

5. 大数据技术与迭代思维在质量保证体系中的应用

大数据技术是以数据为本质的新一代革命性的信息技术，在数据挖潜过程中，能够带动理念、模式、技术及应用实践的创新，大数据就是这个高科技时代的产物。随着高新技术在教育领域的应用，高校教育信息化的发展，教育领域日益认识到大数据技术的作用，大数据应用的时机已经到来。教育大数据是整个教育活动过程中所产生的及根据教育需要采集到的一切用于教育发展并可创造巨大潜在价值的数据集合。

1）教育大数据"量"日益庞大

目前，基于现代信息技术，教育在驱动教育管理科学化、驱动教学模式改革、驱动个性化学习真正实现、驱动教育评价体系重构、驱动科学研究范式转型、驱动教育服务更具人性化等（杨现民等，2016）方面颇有建树。此外，教育大数据在个体层、关系层、课程层、学校层，自下而上汇聚各种教育数据。教育数据"量"日益庞大，已具备大数据分析的基本基础。

（1）个体层数据主要包括学习（教学）者以学习（教学）为目的，在互联网学习（教学）环境中借助一定媒介，与外界交互过程中所产生的数据，主要包含学习（教学）行为数据、学习（教学）内容数据，以及学习（教学）管理数据（张洪孟和胡凡刚，2015）。

（2）关系层数据主要包括教育各主体，即教师、学生、管理者、企业、家长等主体间在行为互动过程中产生的虚拟社会网络关系数据。

（3）课程层数据包括课程信息化过程中，产生的、存储的课程内容、课程学习效果、课程教学过程等课程信息。很多高校基于实体课堂，采集了诸如课程出勤、课程预习、课程复习、课程测评、课程评价等数据；在虚拟课堂中产生的课程内容，课程评价、课程测评、课堂互动等数据。

（4）学校层数据包括学校各主体间基于业务产生的诸多数据，如各部门工作任务数据、毕业生就业信息、合作企业信息、合作院校信息、社会调研数据等。

目前来看，很多教育信息化基础较好的学校，已初步具备大数据应用的数据量，但是海量数据仍处于孤立、未充分挖掘状态。

2）对大数据的专业化处理有待改善

教育大数据当前研究和应用中在技术器物、运维机制、使用主体三个层面凸显出了问题。（张洪孟和胡凡刚，2015）

（1）在技术器物层面，需做到软硬件结合，首先能够产生数据，保证在数据获取、存储、管理、分析方面均有专业渠道及软硬件支撑。此外，需要使数据在真实性、获取速度、有效性、数据类别方面得到保证。

（2）在运维机制层面，大数据技术使用需要有一定体制机制，穿插伦理观念保障与保证。因此，大数据运维层面专业性还不够。学校内外部治理体系仍未做好大数据应用的支撑与创新工作。大数据技术是硬币的两面，如何保证大数据在教育教学、质量管理方面的正向功能，需要体制机制的保障。

（3）在主体层面，大数据应用需要发挥各主体的作用，因此，首先需要激发各主体大数据思维，人人是数据的产生者、使用者、分析者、获益者与维护者。但目前学校质量主体在大数据应用各环节的主体意识、专业能力、虚拟伦理道德等方面的准备明显不足。

3）迭代思维在质量保证中的应用

迭代思维在人类实践活动中已逐步发展为一种优化解决问题的方法、理念。在解决实际问题的过程中，人们很难一次性完美地完成任务，往往需要经过反复修正、完善才能得到更优化的解决方案，事物经过若干次迭代之后往往会蜕变成新的事物。迭代思维实际上是一种创新思维，一种升级换代、快速学习的能力。

迭代思维主要应用于软件开发中，体现了一种快速应变市场需求、顾客需求的软件开发模式。学校教育教学质量保证体系也需适应校园环境、社会环境、文化环境、政治环境、技术水平，适时快速做出应对，更新学校教育教学质量保证体系。

在前人理论的基础上，杨应崧扬长避短继承并创造性地提出质量保证的体系框架与"8"字运行逻辑，以此指导高职院校构建质量保证体系及实施运行。为了更好发挥理论模型的指导作用，需要对质量保证体系及诊改理念深入剖析，掌握精髓，将理论支撑细化为具体的工作模型与工作流程。因此，无锡职业技术学院在实践过程中，经过几轮诊改实践，总结经验，在充分了解理论支撑的基础上，予以总结细化，对诊改理念予以通俗本土化理解，以更好地指导教育教学质量保证诊断与改进。

1.2.2 质量保证体系框架

层面：六西格玛管理的具体效果是通过完成大量的六西格玛黑带/绿带项目得以实现的，而项目必须与学校战略相吻合，同样，质量保证框架横向五层面，也是由一个个项目、子项目、分项目组合完成，从而完成战略目标。横向五层面是指学校、专业、课程、教师、学生。在具体落实层面质量保证与诊改时，也需将层面分解成一个个相互关联、目标一致的项目，从而形成项目链，理顺目标、标准、项目、维度、因素、诊断点的逻辑体系。

系统：五个层面在五纵决策指挥、资源建设、支持服务、质量生成、监督控制系统中，形成网络化覆盖联动的项目系统。五横描绘了教育教学过程中五个主要主体，五纵描绘了学校内部系统化、网络化的事务分类体系，五横五纵构建了纵横交错的网络覆盖相互联动的质量保证体系框架。实际操作中，学校各系统、决策指挥系统、资源保障系统、支持服务系统、质量生成系统、监督控制系统功能作用由各部门完成，为各层面、各项目的质量保证提供系统基础。

项目：在诊改过程中，按照五横五纵框架指引，满足现代质量要求，以问题为导向选择诊改项目，通过一个个诊改项目寻求质量集合生成，从而完成学校发展战略。可参照精益六西格玛选择项目。诊改项目选择很重要，五个层面根据目标链、标准链、任务链明晰五层面工作体系。而任务由一个个项目来组成，各项目可以按照一定工作模式（"8"字形螺旋工作模式）来运行。

1.2.3 质量保证运行单元——"8"字形螺旋工作模式

职业院校教学工作诊断与改进方案研究课题组在学习、吸收前人成果的基础上，创造性地提出了"8字形质量改进螺旋"（以下简称"8"字形螺旋，图1-1），是一个普遍适用于各建设项目的普适性的工作范式，同时也清晰地指出了工作流程。杨应崧（2017）剖析道:"8"字形螺旋分上下两个螺旋，下面一个螺旋（或称完成时螺旋）表示的是一个完整的工作流程，主体因诊断、激励产生学习动力、创新活力，引发知识创新，形成自"目标"开始的、比较

全面、深刻的改进方案。上面一个螺旋（或称进行时螺旋）表示的是在质量生成过程中，根据实时监测到的数据，及时发出预警和即时调控、改进的过程。

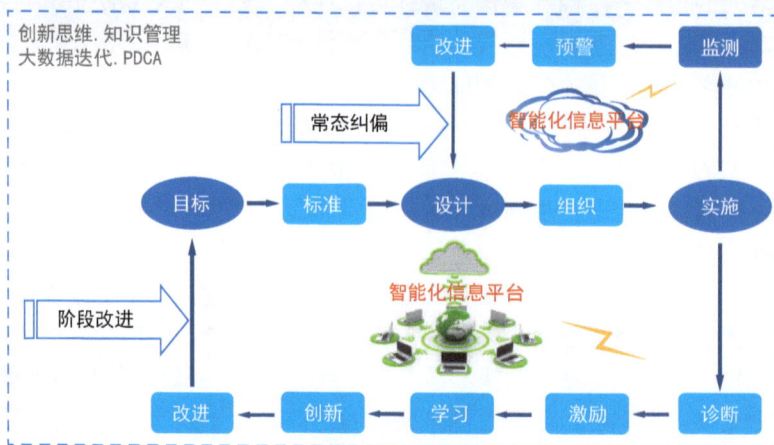

图1-1 "8"字形螺旋

"8"字形螺旋是在继承性改造PDCA循环，纳入目标管理理论、六西格玛DMAIC（Define-Measure-Analyze-Improve-Control）、知识创新理论基础上提出的普适性工作范式。在质量保证过程中，需要每个质量主体学习、内化、应用并希望创造性使用该螺旋，以指导实际工作。

"8"字形螺旋的13个过程含义丰富，同时每个过程都有操作手法需要探索。为了便于理解，我们将"8"字形螺旋分为三个阶段来理解，分别是事前、事中、事后。我们称事前为目标导向阶段，是目标、标准及任务设计阶段；事中为过程质量监测阶段，利用大数据思维对过程质量进行监督控制，并进行阶段改进的阶段；事后是问题导向阶段，针对诊断出的问题，发现与学校战略发展影响最大的问题，进而进行学习、创新，提出创新建议措施并予以实施，进而获得改进的过程。

1. 目标导向阶段

"8"字形螺旋运行从设置目标开始，然后梳理标准，制订计划、组织实施。因此，目标如何设置、标准如何梳理、计划如何制订便是该阶段的主要问题。

（1）目标制定：从管理学角度看，制定学校发展目标的方法或模式很多，如战略要素评价矩阵、SWOT分析和战略竞争性比较基准评价（何桢等，2007）。无锡职业技术学院在目标制定过程中，多采用到SWOT分析法，通过分析项目内部优势、劣势，以及与外部相比面临的机会与威胁从而确定发展方向、目标。

另一个需要注意的方法是，同样与现代质量观的人本主义倾向有关，学校发展、各项目目标制定需要满足质量主体的需求（许一，2006），因此，需求分析法也普遍采用。学校教育教学需要满足各方需求，一是社会企业用人需求、社会发展等社会需求；二是需要考虑教育购买者的个人需求，如就业需求、个人持续发展需求等。目标设置时需要纳入这些需求因素，作为本轮循环的起点。

（2）标准制定：每个项目均须有配套的标准体系，如内容标准、评价标准、绩效标准、流程标准、保障标准、考核标准等。以保证目标可操作化、流程可测及可评价。例如，专业

发展需要有专业建设及评价标准、专业教学及评价标准、课程建设及评价标准、课程教学及评价标准、师资建设及评价标准、教师个人发展及评价标准、学生工作及评价标准、学生个人发展及评价标准。

（3）计划设计：根据目标标准，制订年度及月度工作计划，根据计划设计工作方案。根据学校发展规划及配套的分规划设定年度工作计划或项目计划，每个阶段配套短期及长期标准，短期标准总和等于五年规划标准。当然在实际实施过程中，年度计划、方案设计也会随机调整，如面临省优质校建设、双高校建设，学校建设目标相应调整，后续计划方案也将随着调整。

2. 过程质量监测阶段

该阶段经历了"8"字形螺旋中的组织实施、监测预管、改进设计环节。该阶段的特色是，对组织实施过程中的质量进行监督与测量，监督测量采用传统检查与平台监测相结合的方式。找出质量偏差，予以纠正。传统检查则是对系统不便于或还未系统诊断的内容给予时间节点监测，以发现问题，予以纠正，同时形成质量惯例，使检查项目质量得以保证。

（1）组织实施：组织是对设计的阶段性计划、方案进行实施前的准备，在组织过程中，调用人力（队伍）、财力（资源），完成预定计划方案。人力调配根据编制设定岗位，根据岗位分工明晰职责内容，有效开展工作，每个个体也需指定工作计划与标准，以此衡量工作成效。资源准备按照计划预算，校内协调公用资源。这些人、财、物的准备与使用也需有据可查，开展网络管理。

（2）监测预管：诊改之后，监测的特色是平台监测，通过平台对对象予以实时监测。该阶段首先要明确测量的对象、方法和指标，定义测量过程，确定过程输出指标和结果之间的关系。因此，该阶段首先需明确阶段测量、便于实时监控的指标，指标确定后，打通信息流，在呈现端对指标状况进行呈现与预测，对存在的明显问题予以实时自动预警，到达各质量主体，由质量主体予以及时纠正。该阶段质量保证的目的实时阶段纠偏，关键是采用正确的指标、使测量结果的偏差性尽量小，保证质量与指标间的对应相关关系。

平台实时监控涉及对统计数据的统计分析。数据分析后，需要透过表面数据分析潜在的关键原因，需要质量主体深入现场采用定性定量研究方法透视根本原因，对短期能见效的问题采取立即行动。

（3）改进设计：监测预管过程中，会发现有些问题可以及时解决，有些问题可能无法立马解决或者原计划方案需要调整。针对这些问题，根据实际情况或者新机遇、新挑战重新修改计划与实施方案。由此可见，一个循环开始并不是不可修改的，该系统是灵活的。

3. 问题导向阶段

事前表示实施前的准备工作，事中是任务的组织实施阶段，在实施过程中需要实时纠偏。任务完成后，也需要立即进行自我诊断，提炼成功经验，尤其是对存在的问题进行重点分析。问题分析同样需要学习、创新、实验研究，形成改进方案，杨应崧（2017）将该阶段称为问题导向阶段，而诊断将前后两个阶段连接起来，起到了引发改进的关键作用，最终实现目标导向和问题导向的统一。

（1）诊断：诊断同样需要应用诊断指标，该阶段指标可以是实时监测指标的汇总分析，

也可以是阶段性展示指标，通过平台展示分析数据。此外，诊断有时也可以来源于日常工作的体会与预判，以此补充平台指标不全或可能失真的缺陷。

（2）激励：激励是诊断的动力，十分重要。激励可以是考核激励，也可以是发展性激励。因此，一个阶段项目需要在诊断环节之后，开展考核评价，以此进行绩效评价与成效评价。发现问题后，如何解决问题是关键，其中如何激发解决问题的积极性是核心。激励的对象是全员的，不能片面几个关键人物。此外，激励必须基于真实情况，数据真实才能进行有效的绩效评价与成效评价。

（3）学习创新：该阶段同样需要对指标揭示的问题予以分析，通过学习、创新、研究等方法，提出改进意见，这种工作模式适应了知识创新时代的需求，每个主体都是知识创新的主体。个体和团队通过彼此的交流互动分享显性和隐性知识，推进组织知识螺旋上升。学习、知识创新的模式是多样的，学习主体均可予以参照。

（4）改进：改进环节的注意点是提出改进措施，并追踪改进过程与成效。改进措施是经过学习创新后提出的有效可行措施，有利于解决关键问题；但改进措施提出后，同样需要监管措施改进成效如何，实施主体与监测主体都需对关键问题持续关注，并及时调整改进方案。该阶段通过"诊断"将问题导向与目标导向结合起来，因此该阶段的另一项重要工作便是目标达成度、目标适切性的判断，从而获得目标更新与绩效评价。杨应崧（2018）指出，由于受到内外部诸多因素的影响，诊改目标不可避免地存在适切性问题，可以以信息熵理论为基础，通过计算实践水平与预定目标水平差距的信息熵和相对熵，构建目标适切性测度模型，对目标适切性进行验证性的精准测度，为目标的修正和后续（下一阶段）目标的制定提供量化参数和可靠依据。数据分析在诊改中十分重要，质量主体的积极性是实现目标导向与问题导向的基础，建立动力机制、搭建完善的诊改平台是"8"字形螺旋得以顺畅运行的关键。

第2章 内部质量保证体系建设与运行方案设计

质量具有一致性的特征。在教育界,教育质量是对教育水平高低和效果优劣的评价,其衡量标准是教育目的和各级各类学校的培养规格及培养目标的达成度,是利益相关方的满意度和获得感。质量保证是指为使人们确信某一产品、过程或服务的质量所必需的全部有计划有组织的一系列活动。从以上定义看出,教育质量更注重结果,是对教育水平高低和效果优劣的评价,其核心是人才培养的质量,一般需通过外部评价来定论,而质量保证更注重质量的生成过程,强调质量生成的主体意识与自觉行动。内部质量保证体系具有事前设计建标、事中监督控制、事后诊断改进一系列活动,具有系统性与全面性,提供能够表明满足质量要求的实证,从而建立起教育利益相关者对质量的信心,体现了学校具有落实质量责任、质量生成全过程的质量保证行为,从而反映出教育质量是规划设计与生成过程的必然结果。内部质量保证体系建设需在现代教育教学质量理念指引下,对学校、专业、课程、师资、学生等层面的质量保证工作机制、工作流程、工作内涵等进行总体规划与设计。

2.1 内部质量保证体系建设思路

2.1.1 从新时代要求认识质量

国务院《质量发展纲要(2011—2020年)》明确指出,质量发展是兴国之道、强国之策。质量问题是经济社会发展的战略问题,关系可持续发展,关系人民群众切身利益,关系国家形象。国家主席习近平在2018年4月11日在海南省博鳌亚洲论坛2018年年会的中外企业家代表座谈会上指出"我们要加满油、把稳舵、鼓足劲,付出异乎寻常的努力,推动新时代中国经济由高速增长转向高质量发展,从量的扩张转向质的提升,从'有没有'转向'好不好'"。

诊改工作是在管办评分离的背景下教育领域放管服改革的重要举措,全校上下需形成共识,提高政治站位,增强工作的责任感。高等职业院校诊改制度建设的初心是促进学校建设、提高人才培养质量,并逐步将诊改制度融入学校管理机制,促进学校工作由管理向治理转变,让机制持续成为能力,让能力升华成为文化,让文化自觉成为行动。

2.1.2 明确质量保证体系建设方向

1. 遵循学校质量方针与质量目标

《国务院关于印发国家职业教育改革实施方案的通知》(国发〔2019〕4号)指出,职业教育与普通教育是两种不同教育类型,职业教育以促进就业和适应产业发展需求为导向,着力培养高素质劳动者和技术技能人才,学校的建设由参照普通教育办学模式向企业与社会参

与、专业特色鲜明的类型教育转变，因此，在质量体系建设中，应不忘初心，始终围绕"人才培养质量、学校事业发展"两条主线：一是提升服务育人水平，有利于全体师生的成长成才，提高获得感，办人民满意的教育；二是推进内涵建设、提升办学质量，促进学校整体事业发展再上新水平。人才培养与学校事业发展相辅相成，事业发展是学校提供教育服务的基础与保障，是办学实力与能力的具体表现，人才培养是学校的根本任务，是学校教育教学质量的核心，也是学校可持续发展的必要条件，这里特别指出的是，学校人才培养包括教师与学生的成长与成才，两者都应得到关注。图 2-1 是无锡职业技术学院办学质量方针与质量目标的对应关系。

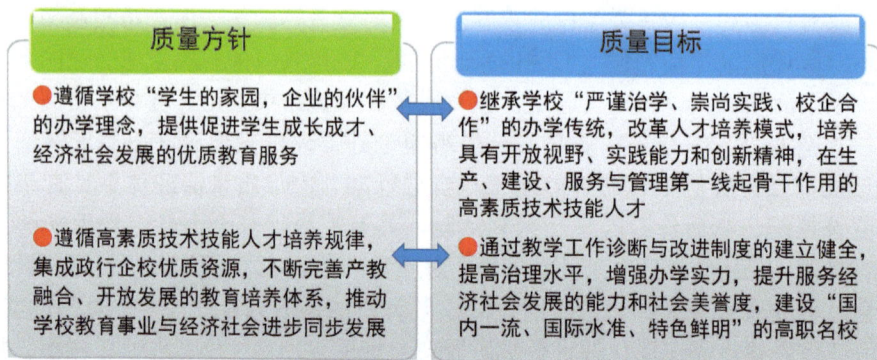

图 2-1　无锡职业学院办学质量方针与质量目标的对应关系

质量方针：遵循学校"学生的家园，企业的伙伴"的办学理念，提供促进学生成长成才、经济社会发展的优质教育服务；遵循高素质技术技能人才培养规律，集成政行企校优质资源，不断完善产教融合、开放发展的教育培养体系，推动学校教育事业与经济社会进步同步发展。

质量目标：继承学校"严谨治学、崇尚实践、校企合作"的办学传统，改革人才培养模式，培养具有开放视野、实践能力和创新精神，在生产、建设、服务与管理第一线起骨干作用的高素质技术技能人才；通过教学工作诊断与改进制度的建立健全，提高治理水平，增强办学实力，提升服务经济社会发展的能力和社会美誉度，建设"国内一流、国际水准、特色鲜明"的高职名校。

2. 传承学校质量建设基础

建设内部质量保证体系，有必要对学校的质量基础进行梳理，并在此基础上不断提升，图 2-2 是无锡职业学院质量体系的历史传承，学院于 2003 年成立质量监督与控制部，质量工作在学校上下得到全面重视，质量体系建设大致分为三个阶段。

第一阶段（2003～2008 年）：在高职高专规模迅速扩张的背景下，学校认识到质量的重要性，高职高专院校质量体系在没有现成模式可鉴的前提下，引用企业质量管理 ISO 9000 理念，着手建设学校的质量管理体系 V1.0，实施以素质教育和全方位为学生成长提供有效服务为基点，以"过程控制"为重点，并按运行机制类文件、评价机制类文件和激励机制类文件的总体框架，建设完善教学文件与教育教学管理制度，对学校质量管理起到了积极作用。

第二阶段（2009～2015 年）：经过高职高专院校示范性建设，总结积累经验，在质量体系中融入管理学理论，将戴明循环 PDCA 的质量通用模型作为建设的理论依据，贯穿了计划、

实施、检查、改进的质量过程，并融入质量管理与质量评价指标，通过质量的监控、评价来保证质量，形成质量管理体系 V2.0，基本形成质量改进螺旋。但质量管理体系 V2.0 中存在质量主体责任不够明确、质控点设置不全面、质控档杠量化不够、质量分析对学校管理机制改革创新的指导力度不强等问题，

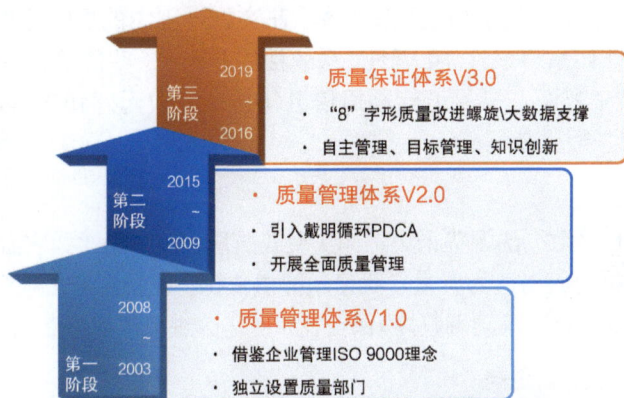

图 2-2　无锡职业技术学院质量体系的历史传承

第三阶段（2016～2019 年）：在全社会高度重视高质量发展的背景下，教育行政部门实施放管服改革，启动职业院校诊改试点工作，提出高职高专院校建设内部质量保证体系，以 "8" 字形质量改进螺旋为基本特征，强调质量的自主管理、目标管理、全面管理知识创新等现代质量管理理念的融入，对体系框架、运行模式、动力机制等进行系统设计，在学校、专业、课程、教师、学生五个层面形成系统性质控点及质量诊断指标，借助信息化工具，实现数据自动测量、分析、预警、改进，形成质量保证体系 V3.0。

3. 体系建设应遵循的基本原则

基本原则是体系建设与实施所遵循的基本价值，它是在实践经验的基础上用高度概括的语言所表述的最基本、最通用的一般规律，可以指导学校长期开展质量活动，也是学校质量文化的一个重要组成部分。基于现代质量管理理论在高职院校质量保证体系建设中的研究探索与实践应用，确定高职院校内部质量保证体系建设应遵循如下基本原则。

1）主体性原则

主体性原则强调质量主体的自主建标，落实主体责任，忌 "越俎代庖"。学校、专业、课程、教师、学生五个层面质量主体要自主建标，各层级的目标相互呼应、上下衔接、左右贯通。通过明确学校机构职责、制定岗位工作标准，促进质量主体自觉履职；通过管理体制机制创新，制定激励与约束机制等措施，激发主体履职的主动性、积极性、创造性，体现主体协同性、交互性。

2）导向性原则

导向性原则坚持目标导向与问题导向协调统一，目标导向从质量的目标源头抓起，强调质量全过程的系统性，忌 "零散无序"，问题导向强调有针对性地解决重点问题，忌 "重点不明"。以事前规划所确定的目标为源头导向，通过目标链标准链梳理，串联起各层面的目标标准，形成规划目标标准体系。在实施过程中质量主体自觉对标，开展自我诊断与改进，

确保目标达成；以问题为导向，通过分析达成目标各环节存在的问题，选择重点问题，重点突破、逐步推进，最终达成愿景目标。

3）可操作性原则

可操作性原则强调操作流程的简便易行，忌"华而不实"。可操作性关系体系运行的效率和可持续性，因此应尽可能简化质量保证体系在实施过程中的操作流程，减少无谓的繁复流程，在确保质量保证体系科学性、正确性、系统性的基础上，明确操作目的，简化操作流程，特别是在质量信息采集方面，要尽可能利用信息化技术完成无感知采集，激发全员参与感、成就感、自信心，增强师生获得感。

4）客观性原则

客观性原则强调自诊数据的源头采集，如实反映质量状况，忌"数字游戏"。以事实数据为依据，开展大数据分析与应用，为质量自我诊断提供依据。测量标准要明确、可测、可达，并根据学校不同阶段的发展状况滚动调整，确保自我诊断与改进工作能诊断出真问题、取得真成效。

4. 体系建设目的与主要任务

1）建设目的

（1）对外树立形象，建立良好的社会信誉。通过建立和完善质量保证体系，强化、规范学校的管理；通过有特色的校园文化积淀在宏观上树立优质学校形象，为发展创造良好的外部环境，向学生、企业和社会证明学校具有培养优秀人才和提供优良教育教学服务的能力，让学校利益相关方满意放心。对于学校外部来说，一旦学校质量体系认证（或行政复核）有效，就可以确信该学校能够稳定地提供优秀的教育服务，成为信得过的学校，从而扩大社会影响，建立社会信誉。

（2）促进管理向治理转变，提高学校规划执行的有效性。通过对学校"决策指挥、资源保障、支持服务、质量生成、监督控制"等系统机制的完善，弥补管理的缺陷和遗漏，明确各部门的责与权，优化工作方法，通过信息化固化办事流程，探索"制度管权、流程管事、过程可溯、绩效可测"内部治理体系建设途径，促进学校由管理向治理的转变。因此，对于学校内部来说，按照质量保证体系运行，真正达到质量活动规范化、科学化以提高工作效率和质量。通过对学校中长期事业发展规划目标标准链的梳理，建立目标体系，并对发展目标进行细化和具化，围绕目标有针对性地创设工作任务与建设项目，制定工作标准，建立有效质控点。在实施阶段"多措并举"进行过程管控，按周期测量考核结果，降低目标任务的执行偏差，提高行政执行力，有效保证规划目标的达成。具体地说，继承学校"严谨治学、崇尚实践"的办学传统，落实学校"十三五"事业发展规划目标任务，落实高水平职业院校建设方案，为建设"国内一流、国际水准、特色鲜明的高职名校""领军全国的智能制造特色校"提供保障，最终提升办学水平和人才培养质量。

2）主要任务

根据《高等职业院校内部质量保证体系诊断与改进指导方案（试行）》（教职成司函〔2015〕168号），构建网络化、全覆盖并具有较强预警功能和激励作用的内部质量保证体系，实现教学管理水平和人才培养质量的持续提升，结合学校实际，具体任务如下：

（1）落实质量主体责任，提高学校行政执行力。建立目标管理、自主管理的工作机制，

从目标源头做起，落实质量主体责任，通过质量主体自主建标、外部机制激励与约束，激发内生动力，内驱力与外驱力形成合力，形成质量保证体系的运行驱动力，并逐步形成由外部驱动向内部驱动转变的质量文化，最终提高学校行政执行力，确保事业发展目标的达成。

（2）建设内部质量保证体系，建立常态化诊断与改进工作机制。构建网络化、立体化并具有较强预警功能的学校内部质量保证体系，通过系统梳理学校、专业、课程、教师、学生五层面，形成质量核心制度，总结经验与规律，不断创新运行机制，逐步实现由管理向治理的转变，提高体系的运行效率；系统研制学校、专业、课程、教师、学生五个层面的质量监测指标，借力校园信息化建设成果，实现诊断数据的源头采集、智能推送，建立操作性较强的常态化诊断与改进机制。

（3）提升学校信息化水平，为分析决策提供技术支持。制定完善学校信息化建设规划，强化顶层设计、强化信息意识、提高建设标准，关注数据的源头采集与共享，提升学校运行管理信息化水平。挖掘数据价值，建设"校情综合分析与决策支持平台"，完善预警功能，为诊改工作及分析决策提供技术支持。

（4）培育质量意识，积淀现代校园质量文化。通过"质量知晓、质量认同、质量建构、质量自觉"等层层递进的质量文化培育路径，引导师生提升质量意识、规范质量行为、提高标准内涵、树立质量信心，实现"人人创造质量、人人享受质量"的愿景。

2.2 内部质量保证体系内涵设计

根据学校质量保证体系建设总体部署，由学校质控部牵头组织开展质量保证体系建设研究，组建由学校、专业、课程、教师、学生五层面管理人员、专任教师等成员组成的研究团队，探索构建满足现代职教发展规律，同时具有学校特色、体现传承意义的质量保证体系，确保质量保证体系的前瞻性、科学性、严谨性，降低改革成本，在总结学校质量管理经验，查找存在问题的基础上，建设完善学校内部质量保证体系 V3.0。

2.2.1 体系的框架

融入自主管理质量理念，在内部质量保证体系 V3.0 中更加突出质量主体责任意识，变质量被动为主动，体系名称由质量管理体系变更为"质量保证体系"。学校内部质量保证体系落实全员、全过程、全方位的育人理念，横向覆盖学校、专业、课程、教师、学生五层面，强化质量主体的联动与依存关系；纵向包含决策指挥、资源建设、支持服务、质量生成、监督控制五系统，强调各系统在质量保证体系中的互相支撑作用，据此建立学校质量保证体系框架模型，如图 2-3 所示。

1. 输入端与输出端

质量保证体系的输入端是学校利益相关方的"需求"，包括家庭、产业、政府等外部需求，以及教师与学生成长、学校事业发展等内部需求，输出端对应的是满意度、获得感。特别应指出的是，学校内部质量保证体系 V3.0 的输入端与输出端融入了内部的需求及满足度，只有充分注意到质量主体的需求与获得感，才能为质量保证体系运行提供源动力。

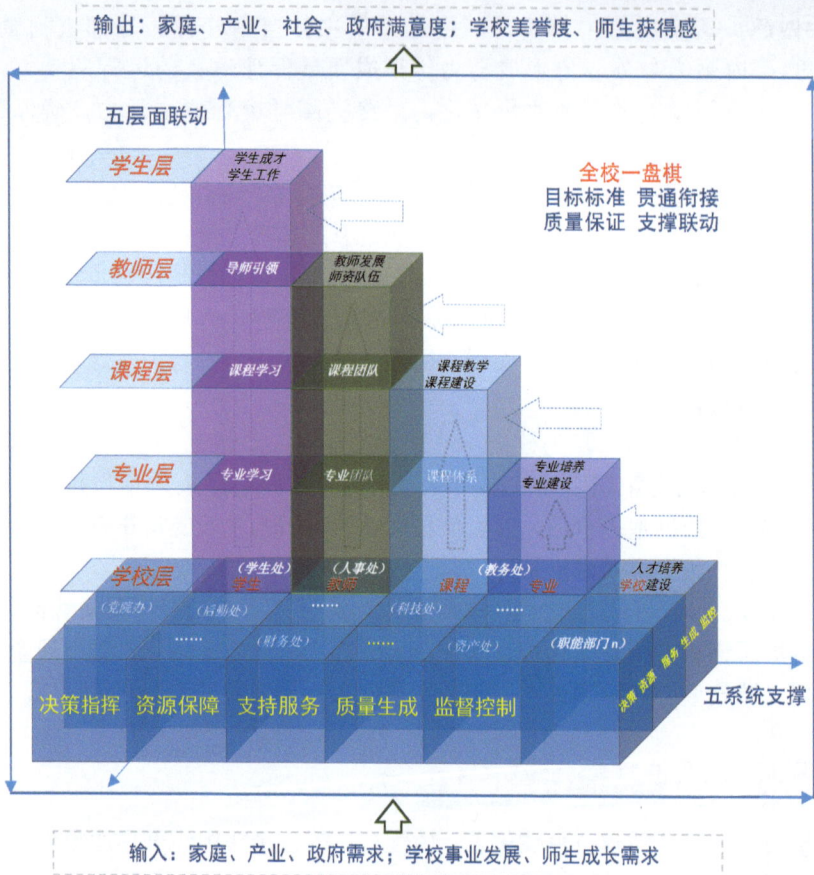

图 2-3　质量保证体系框架模型

2.五系统基础支撑

决策指挥、资源保障、支持服务、质量生成、监督控制五系统是指在校级层面，各职能部门分工合作、共同担责，各司其职，支撑起全校的质量。因此，学校的机构设置是否合理、部门职责是否清晰具体、岗位任务是否细化明确、工作标准是否科学，组织运行是否有效，将直接影响学校层面的质量，这是学校层面诊改需要重关注的重点。同时，职能部门还负责牵头制定专业、课程、教师、学生等层面的规划、建立目标标准，协调与管理教学部门做好专项工作，由此可见，学校层面职能部门的工作在质量保证体系中的重要性。

3.五层面质量联动

学校、专业、课程、教师、学生是内部质量保证体系 V3.0 的质量主体，实施过程中，五层面联动运行，相互支撑。以专业质量为例，与课程层面的联动交集之处是"课程体系"，与教师层面的联动交集之处是"专业团队"，与学生层面的联动交集之处是学生的"专业学习"，以此类推，各层面之间的交集之处就是互相联动的体现。

4.五层面质量的重要呈现形式

2.1 节中提出了质量保证体系建设要围绕"人才培养质量、学校事业发展"两条主线进行，学校、专业、课程、教师、学生五层面都要遵循这个主线。质量保证体系框架模型显示，五层面质量的最终显现都与此相关，图 2-3 中五层面上端面，学校层面是"人才培养、学校建设"、专业层面是"专业教学、专业建设"、课程层面是"课程教学、课程建设"、教师层面是"教师成长、师资队伍"、学生层面是"学生成长、学生工作"，见表 2-1。本章以此为线索，设置质控点、诊断指标，可形成五层面质量指标体系，将在本章第 2.3.3 小节中五层面诊断指标体系设计内容中详述。

表 2-1　五层面质量内涵

层　　面	质量内涵	质　控　点	诊断指标
学校	人才培养	……	……
	学校建设	……	……
专业	专业教学	……	……
	专业建设	……	……
课程	课程教学	……	……
	课程建设	……	……
教师	教师发展	……	……
	师资建设	……	……
学生	学生成才	……	……
	学生工作	……	……

2.2.2　体系运行模式

1. "8"字形螺旋理念

体系运行模式按照"8"字形螺旋，螺旋的起点与终点都是目标，共包含 13 个节点，贯穿质量全过程，形成"常态纠偏"与"阶段改进"两个质量循环，形似"8"字，如图 2-4 所示。"8"字形螺旋是一种质量运行的工作模型，融入了目标管理、自主管理、全面管理大数据迭代、知识创新、PDCA 等管理学理论，遵循质量运行的基本规律，形成质量提升螺旋，是质量管理理论、大数据思维等在质量保证体系中运用的组合式创新。质量的起点是规划制定，确定"目标、标准"，在运行中经历了"设计、组织、实施、监测、预警、改进"形成一个小循环，在一定周期后对质量进行全面的"诊断、激励、学习、创新、改进"，形成一个大循环。为方便实施，在实际操作中，可简化成"事前、事中、事后"三步骤（3S），三工具（3T）的使用可帮助质量主体有效精准开展质量活动（图 2-4、图 2-5）。

三步骤是指"事前、事中、事后"。事前包括"目标、标准"的确立；事中包括"设计、组织、实施、监测、预警、改进、设计"，形成"常态纠偏"循环；事后包括"诊断、激励、学习、创新、改进、目标、标准"，形成"阶段改进"循环。

三工具是指"事前设计建标、事中常态纠偏、事后阶段改进"。事前设计建标可借助 SWOT 分析等工具，依据 SMART 原则科学制定规划、确立目标标准、创设具体任务、分解落实任务及进度；事中可结合日常工作，多措并举开展常态纠偏，尽可能借用信息化工具进行质量预警与推送，形成一个快速的纠偏螺旋；事后采用信息平台指标测量诊断工具，定期

开展自诊，对存在的问题指标开展策略研究、分析产生的原因，提出改进措施，形成质量阶段改进的螺旋。

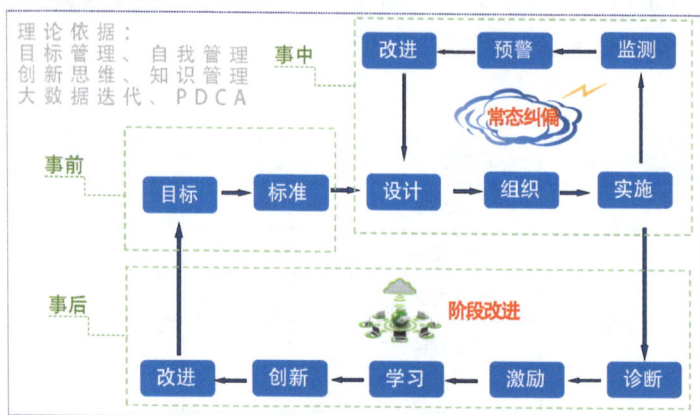

图 2-4 "8"字形螺旋理念与质量运行三个步骤

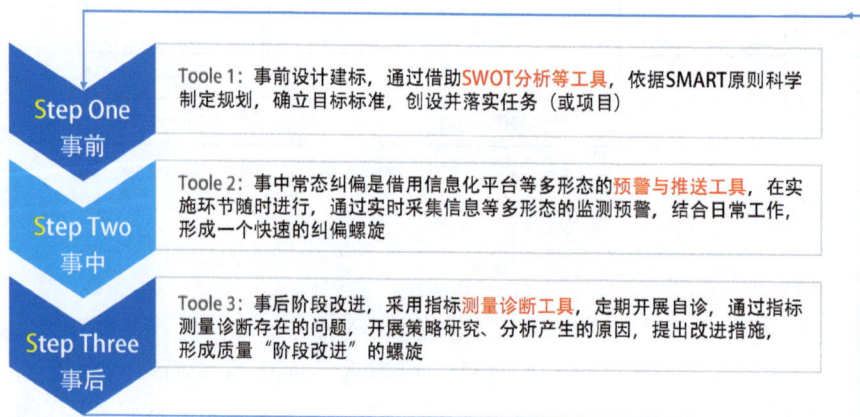

图 2-5 质量运行三个步骤及三个工具

2. 目标与标准链建立途径

目标是质量保证的起点，是质量主体内生动力的源泉。通过 SWOT 分析法等对服务对象的需求、存在的问题、面临挑战及自身基础进行分析，寻找发展机遇，科学制定发展目标。标准是目标特性、底线、标尺的显现，是质量监测与绩效考核的依据，依据 SMART 原则确定的目标标准，必须明确具体、量化可测、可以达到，必须与目标之间有关联、必须有时效限制。在学校质量保证体系建设中，五层面质量主体的目标标准要上下衔接、横向贯通，因此，在质量保证体系的建设中，要求学校、专业、课程、教师、学生各层面的规划必须系统完整，否则目标标准链的建立无从谈起。

以学校层面为例，目标标准链的建立途径如下。

1) 规划目标标准梳理思路

学校层面的规划体系由学校事业发展总规划、职能部门分规划、教学部门子规划构成，

这是建立学校层面目标标准链的基本要求。如图 2-6 所示，首先，学校层面目标的源头是学校事业发展总规划战略目标，它指明了学校中长期发展的方向，总规划目标必须与分规划目标、子规划目标相衔接，各分规划之间必须横向贯通，以此形成学校事业发展规划体系的目标链。其次，任务是实现目标的载体，针对目标要创设具体的任务，落实责任主体，只有当各责任主体完成了这些任务，才能意味着目标的实现。最后，就是标准的确定，这里的质量标准包括两个方面，一是工作的规范性标准，通过建立运行制度来体现，二是任务的验收标准，质量保证体系的标准链是指五层面质量标准的系统性建立。

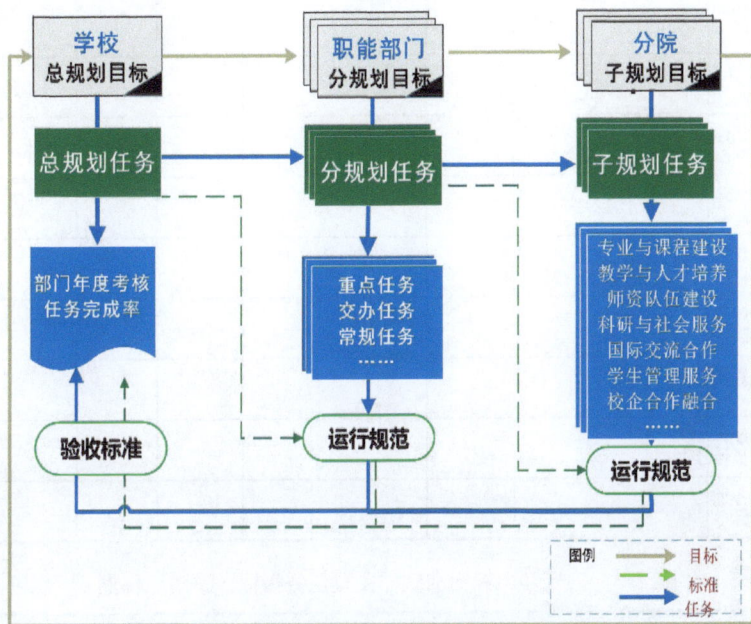

图 2-6　学校规划体系目标与标准链思路图

规划在执行过程中，目标标准要结合实际进行周期性的滚动调整。

2）学校总规划任务分解落实

工作任务是规划目标达成的载体，职能部门分规划在上接学校总体规划目标的基础上，对专业与课程建设、师资队伍建设、学生管理与服务、科研与社会服务、国际化合作等专项工作进行目标的细化，并配套创设相应的工作任务（或建设项目），汇总形成学校规划体系目标任务表，并将任务按年度分解落实，这是学校制订年度工作计划重点任务的主要依据（表 2-2）。当然，学校年度工作计划除规划目标重点任务外，还包括常规工作、其他专项工作等。

3）分规划任务分解落实

分规划上挂学校总规划，下接教学部门子规划，要将建设任务落实至教学部门，再落实到专业、课程、教师、学生等层面，同时各分规划横向之间要相互贯通。目前高职院校大多数已实行了两级管理，那么教学部门在进行目标下沉、任务分解时，可参照这个模式，这里不予赘述。职能部门还要按照项目完成的时间，将任务分配至年度，制定分规划任务分解表，见表 2-3。分规划任务分解表应包含学校规划体系目标标准链中的所有项目，还应该包含部门根据需要自行创设的项目任务。

表 2-2　学校"十三五"发展规划目标标准链与主要任务指标分解表（样例）

学校总目标	分规划目标	分规划具体目标	目标任务内涵	目标任务验收标准	分年度建设任务				
					2016 年	2017 年	2018 年	2019 年	2020 年
国内一流、国际水准、特色鲜明的高职名校	专业建设目标	分规划的 6 个具体目标，包括人才培养、专业团队、技术技能积累、优质专业资源、专业教学信息化、专业评价等	15 项	技术技能积累 / 累计申请获得专利 1300 项	200	200	300	300	300
				专业团队 / 省级教学科研团队 5 个	1	1	1	1	1
				······					
	课程建设目标								
	学生工作目标								
	师资队伍建设目标								
	科研工作目标								
	国际交流与合作目标								
	党建与思政目标								
	信息化建设目标								
	质量保证体系建设目标								
	后勤服务保障目标								

表 2-3　分规划目标标准链与主要任务指标分解表（样例）

分规划目标	具体目标	项目或内涵	标准	分年度任务指标				
				2016 年	2017 年	2018 年	2019 年	2020 年
师资分规划，建设一支数量充足、结构合理、素质优良的师资队伍，使我校的人才培养质量和服务社会能力位于同类学校前列	师资队伍梯队建设成效显著	培养和引进高层次人才，具有突出创新能力与发展潜力的学科团队和学术带头人	引进培养学术带头人，新增 5 人	1 汽车学院	1 控制学院	1 管理学院	0	2 物联网艺术学院
		培养和引进教师，具有国际化水平	新增 42 名具有国际视野的中青年骨干教师（有海外培训和留学经历）	6	11	9	7	9
		······						
	······							
	······							

4）职能部门年度工作任务表

每年年初，职能部门都要制订年度工作计划，确定年度工作目标与标准，年度工作计划及目标标准中至少应包含"学校下达的规划体系目标体系重点任务、部门职责范围内的常规任务、其他交办任务"等方面内容。职能部门的年度工作任务有 A、B、C 三类，其中 A 类为学校规划确定的目标任务，每年年初根据学校年度重点工作下达给各部门；B 类为校领导班子研究确定的规划外的年度重点工作任务，由党委会、校长办公会讨论决策，通常是与国家和地方相对接的建设项目，如 2017 年的国家产教融合实训基地建设项目、2018 年省优质校建设项目等；C 类为部门职责范围内相对固定的常规工作任务，与部门的职责与岗位工作标准相对应。表 2-4 是以人事处为例，部门年度工作任务（样例）。

表 2-4 人事处部门年度工作任务表

序号	年度工作	任务属性（A、B、C）	验收标准
1	培育有影响力的学术带头人	A	引进培养在国内本学科（专业）有影响的学术带头人，新增 1 名。完成时间 12 月
2	组织开展"工作标准提升年"活动	B	完善专技岗、管理岗、工勤岗的岗位职责与工作标准。完成时间 12 月
3	完成各类人才项目评审	C	省青蓝工程、省六大高峰、省市突贡专家、市名师工作室申报；学校青蓝工程考核。完成时间 12 月
……			
n			

注：年度任务分类（属性）A、B 类由校领导与职能部门协同制订各项任务的考核标准，考核标准强调时间、质量、效益。C 类任务由各部门按照自立目标、自定标准、自主实施、自我诊改。

A 类：学校规划确定的目标任务。

B 类：校领导班子研究确定的规划外的年度重点工作任务。

C 类：部门职责中的常规工作任务。

5）为保障目标任务的完成所配套的制度（含标准、运行规范）

经过规划目标任务的梳理，各职能部门已清晰可见本部门在规划期内的工作职责与工作任务。为有效履职、保障任务的高质量完成，各部门需围绕这些目标与任务，配套建立相应的工作规范与标准，这就是职能部门制定制度的依据。以人事处师资队伍建设为例，其配套的核心制度如图 2-7 所示，按照内部质量保证体系核心制度设计思路，包括规划标准、运行管理、约束激励、研究实践四模块的质量保证核心制度。这些制度包含师资队伍建设的规范性制度（程序、方法），也包含相应验收标准，如"教师双师素质认定与管理办法"。其中既有双师素质教师培养途径与方法（即工作的程序与方法），又包含双师素质教师的认定标准。这种既有规范的工作程序与方法，又含相关验收标准的制度，在实际工作更具可操作性，更能体现标准的可执行性，避免了标准与实际工作相脱节的状况。

3. 五层面"8"字形螺旋细化

根据目标导向原则，对学校、专业、课程、教师、学生五层面质量保证体系的质量改进螺旋进行细化、具体化各环节要点，丰富螺旋的内涵，形成各层面自己的质量改进螺旋，如图 2-8～图 2-12 所示；遵循问题导向的原则，对各层面存在的主要问题、重点问题进行预先排查，

通过专题教研活动等形式，有针对性地开展研究创新，着重解决急需解决又可能解决的问题，确保诊改工作取得实效，各层面质量保证体系运行重点关注如下问题。

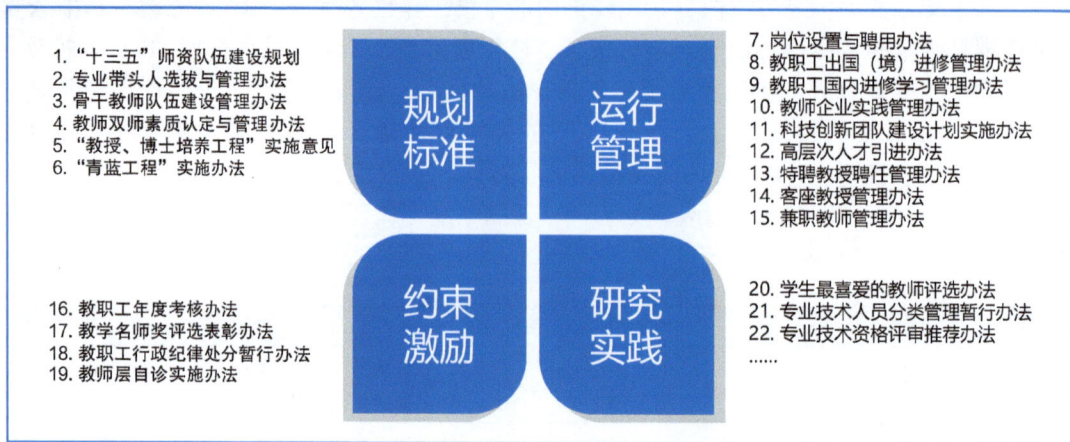

1. "十三五"师资队伍建设规划
2. 专业带头人选拔与管理办法
3. 骨干教师队伍建设管理办法
4. 教师双师素质认定与管理办法
5. "教授、博士培养工程"实施意见
6. "青蓝工程"实施办法

规划标准

运行管理

7. 岗位设置与聘用办法
8. 教职工出国（境）进修管理办法
9. 教职工国内进修学习管理办法
10. 教师企业实践管理办法
11. 科技创新团队建设计划实施办法
12. 高层次人才引进办法
13. 特聘教授聘任管理办法
14. 客座教授管理办法
15. 兼职教师管理办法

16. 教职工年度考核办法
17. 教学名师奖评选表彰办法
18. 教职工行政纪律处分暂行办法
19. 教师层自诊实施办法

约束激励

研究实践

20. 学生最喜爱的教师评选办法
21. 专业技术人员分类管理暂行办法
22. 专业技术资格评审推荐办法
......

图 2-7　人事处师资队伍建设相配套的质量核心制度

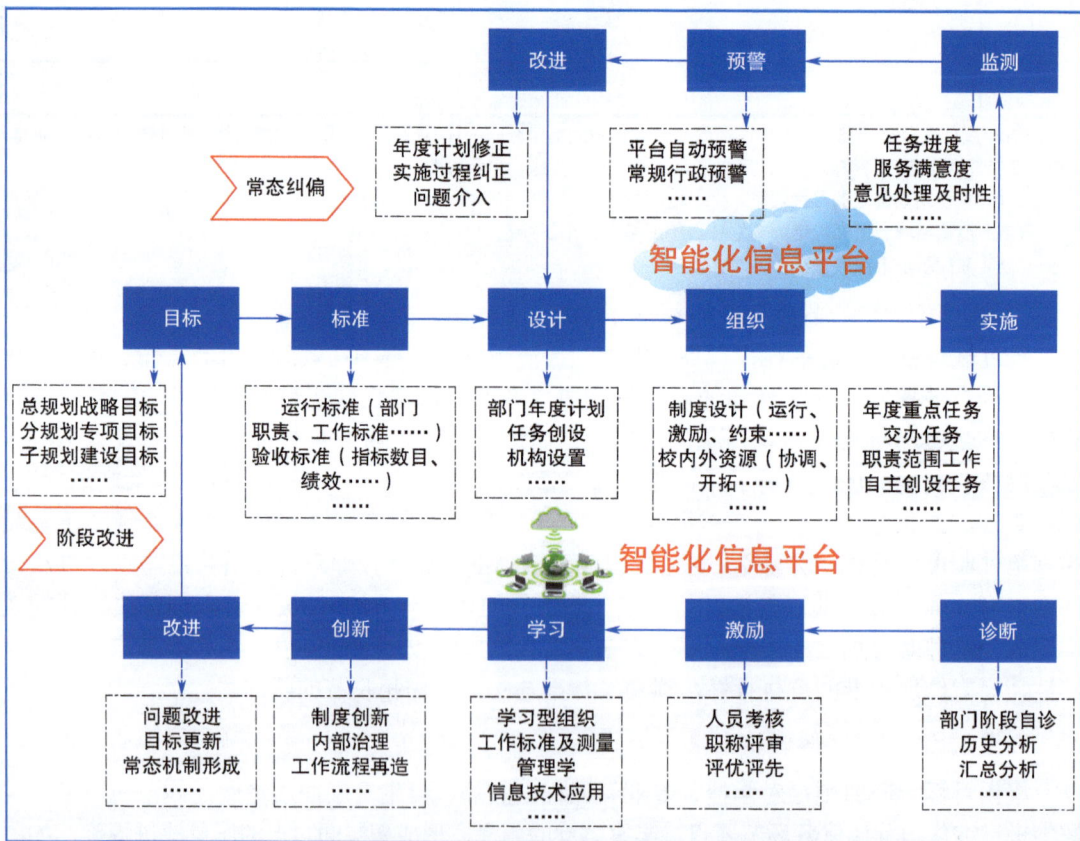

图 2-8　学校层面"8"字形螺旋

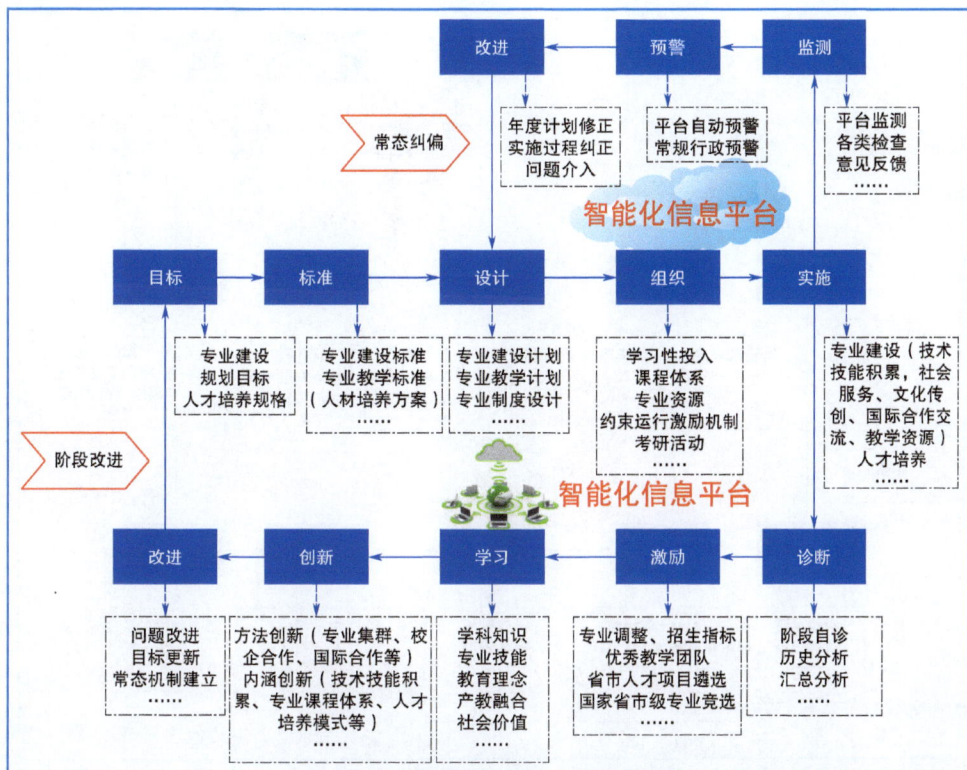

图 2-9　专业层面"8"字形螺旋

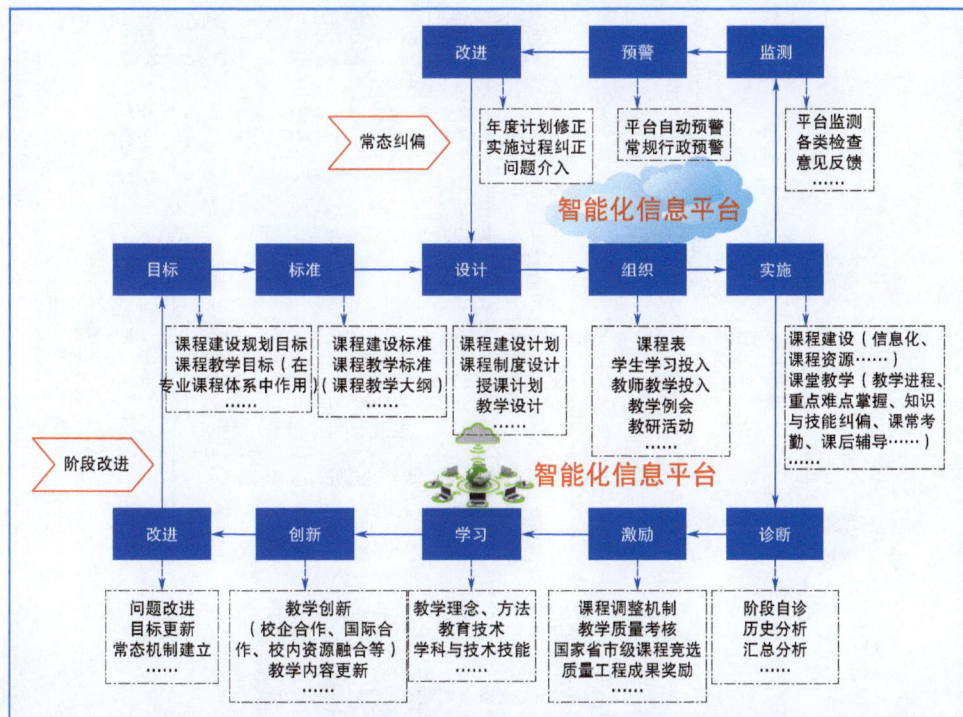

图 2-10　课程层面"8"字形螺旋

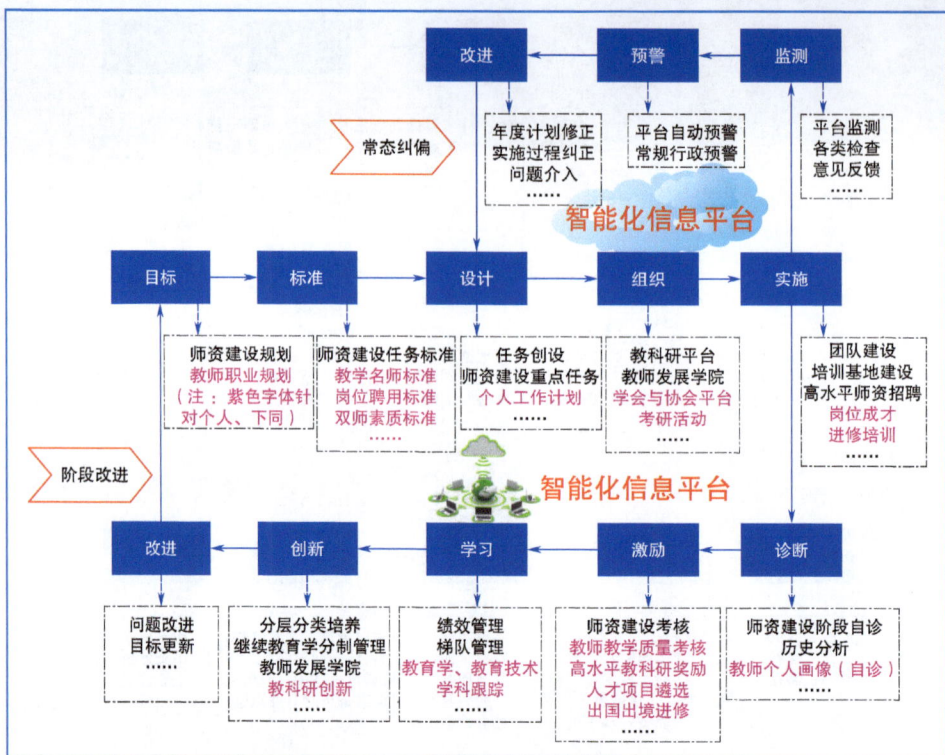

图 2-11　教师层面"8"字形螺旋

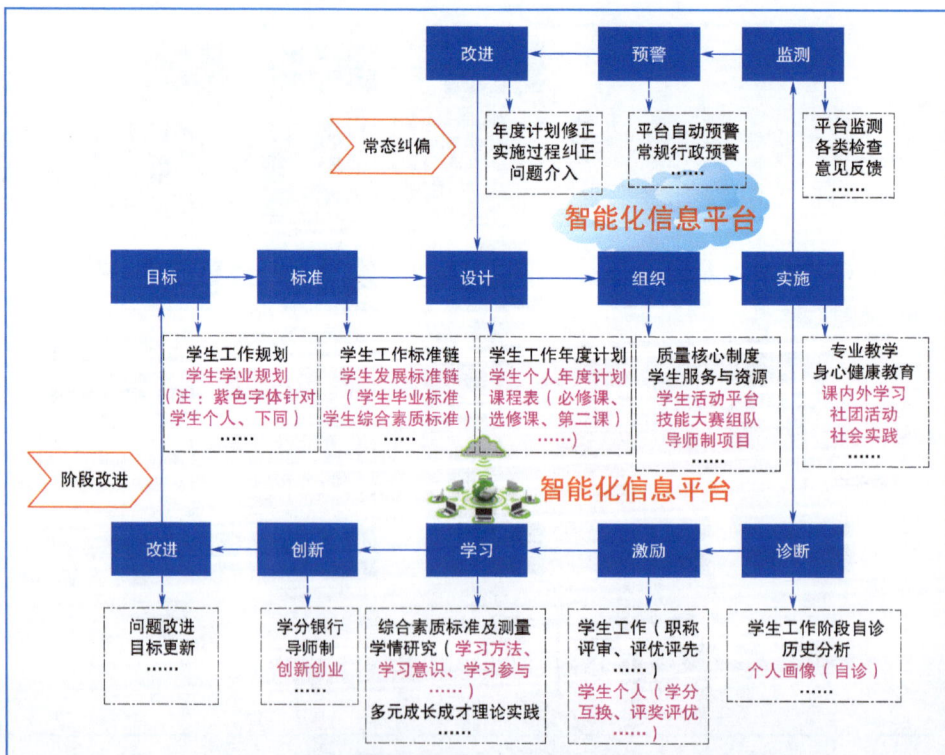

图 2-12　学生层面"8"字形螺旋

1）学校层面"8"字形螺旋

学校层面质量保证体系运行重点关注以下几个方面：一是理顺学校规划体系目标标准链，并结合省高水平院校等阶段性建设目标要求，动态调整目标与标准；二是加强目标管理，重点做好部门的年度工作任务落实，加强过程监控，提高工作的执行力；三是明确机构职责与岗位工作标准、完善制度体系、提升服务满意度，为各层面质量提升提供支持服务；四是转变管理模式，推进学校由管理向内部治理的模式转变，适应现代高校的发展要求。

2）专业层面"8"字形螺旋

专业层面质量保证体系运行重点关注以下几个方面：一是完善专业建设的分类标准，教务处代表学校层面制定专业建设标准（A、B、C），各专业在此基础上结合专业自身基础，通过 SWOT 分析法并根据 SMART 原则制定符合自身发展的、有特色的建设标准；二是建立起专业人才培养目标标准链，通过进一步优化人才培养方案，建立起人才培养目标、培养规格与知识、岗位技能点的对应关系，梳理课程知识、技能点与岗位要求之间的关系，优化课程体系，落实课程教学对人才培养目标的支撑度，着力于培养方案的精细化设计；三是提升专业设置与地区经济发展对人才需求的契合度，江苏省既是制造业高地，也是智能制造发展的先行区，无锡被国家工业和信息化部确定为《中国制造 2025》试点示范城市，学校专业建设立足江苏省、扎根无锡市，主动策应江苏制造强省和无锡制造强市对技术技能人才的迫切需求，聚力创新、聚焦质量，围绕"智能制造专业集群高水平特色校建设"的建设要求，培养区域经济产业发展所需的新型复合型人才；四是落实人才培养"多元质量观"，通过建立学分银行、学分互换等制度，鼓励学有专长的学生全面发展、特色发展。

3）课程层面"8"字形螺旋

课程层面质量保证体系运行重点关注以下几个方面：一是强化课堂教学质量管控，逐步实现课堂教学过程"黑箱"的透明化，建立流程可视可追溯的推动机制，进一步优化教学信息管理系统的过程管理功能，规范教学行为，通过设置学生上课出勤、随堂测试重点难点的掌握度、调课率、课外辅导频次等过程性诊断指标，实现过程质量的常态纠偏，促进课堂质量的提高；二是通过全课程信息化建设，动态采集质量信息，利用"课前、课中、课后"的应用统计分析功能，推进高质量教学资源的建设与课堂应用；三是优化课程考核方法，采用过程性考核与终结性考核相结合的办法，充分利用信息技术，采用多形式、多角度的课程考核方式，如随堂测试、试题库随机组卷等多形式的过程性考核。

4）教师层面"8"字形螺旋

教师层面质量保证首先需明确参与的质量主体，首先是人事处牵头的学校师资队伍建设；其次是教师个人发展。明确各质量主体的责任及工作标准，研制两类主体自我诊改指标体系，以主体自定目标为导向，激发内生动力，调动教师层面质量保证积极性，提升获得感。

教师层面质量保证体系运行重点关注以下几个方面：一是完善师资队伍建设的目标链与标准链，按照目标导向原则，针对建设一流师资队伍的战略目标，逐级落实师资队伍建设任务，完善师资标准，包括教师岗位聘用资格标准、职称评审资格标准、双师素质标准、学科（专业）带头人标准、骨干教师标准、教学名师标准等；二是健全师资队伍建设机制，包括人事分配、教师分类管理、教师评价考核、引才育才等制度；三是帮助教师个人围绕学校与专业发展定位进行职业生涯规划，激发自我内生动力，建立以"师德师风、教学能力、教科研

能力、实践能力"等维度的画像，扬长避短、个性发展，找准苗子，为培养高水平师资打下基础；**四是**优化师资队伍结构与数量，加大力度引进高水平、高技能教师力度，着力突破师生比、技能型教师、博士等高学历教师、海外背景教师、双师素质教师等师资结构与数量不足的瓶颈。

5）学生层面"8"字形螺旋

学生层面质量保证首先需明确参与的质量主体，重点发挥校内主体责任，分为学校学生服务部门主体和学生个体两个方面。明确各质量主体的质量责任及标准，明确两类主体自我诊改指标体系、过程监控指标。此外，以需求为导向，提升主体获得感，调动学生层面质量保证积极性。

学生层面重点关注以下几个方面：**一是**着力解决衡量学生全面发展标准的碎片化、模糊化问题，建立多元发展的标准体系，编制"学生手册"；**二是**帮助学生制订学习计划、职业生涯规划，通过信息化平台学生画像的技术手段，找准个人坐标、明确发展方向；**三是**改进学生服务体系薄弱环节，构建较为完善的学生服务体系。

2.2.3 体系运行机制

外部机制与内生动力形成质量保证体系运行的双引擎动力机制。

1. 外部机制

健全质量组织：建立完善具有学校特色的质量组织机构（图 2-13），形成"决策、执行、监控"三者分立的质量组织机构，保证质量监控的有效性、公正性。按照学校两级管理思路，各教学部门成立两级质量机构，自行开展本部门的质量监督与控制。

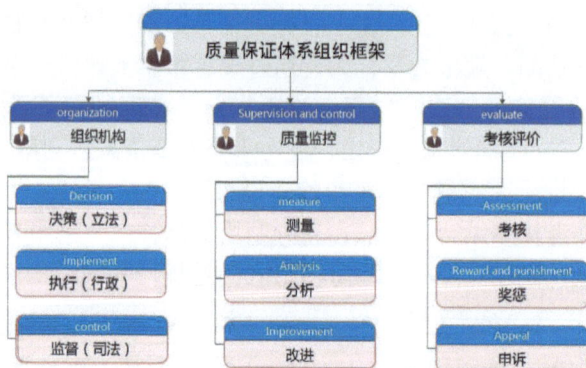

图 2-13　质量保证体系组织架构

建立质量保证体系核心制度：首先要完善学校部门职责、岗位工作标准，在此基础上，以诊改为抓手，系统设计学校质量保证制度，形成学校、专业、课程、教师、学生五层面质量保证核心制度。依据"8"字形螺旋工作模式运行要素，以规划标准、运行管理、约束激励、研究实践四模块系统设计质量保证制度架构，四模块系统层层递进形成循环系统，通过对标运行、约束激励、发展研究调整规划标准，实现螺旋上升，通过梳理、修订、增补形成五个层面质量核心制度，保证制度构建的系统性、有效性与可测可控性，五层面质量核心制度详见第 3 章。

2. 内生动力

质量主体、自主建标是质量保证体系运行的内生源动力，通过引导质量主体自主制定规划、自主建标，形成目标链与标准链，明确工作职责、落实工作任务到人，使全员明晰在质量过程中的作用，增强质量主体责任意识，逐渐形成主动自觉的质量文化。开展"课程质量提升年、标准提升年"等主题活动，普及和强化质量文化，引导全员树立正确的质量观，自觉履行正确的质量行为规范，切实发挥质量文化的正向引领作用，激发质量内部驱动力。

落实营造校园质量文化的各项举措，通过各种宣传渠道向全体师生普及质量内涵，营造质量文化氛围；通过定向宣讲质量意识、培训质量行为，针对不同责任主体、不同工作性质，开展本岗位质量内涵研讨及培训，将质量文化融入具体管理方式与个体行为方式，建成全员参与质量生成、质量维护的文化氛围，并成为学校文化的一部分。

2.2.4 信息化对体系运行的支持

信息技术的应用给教育教学带来了革命性的变化，体现在内部质量保证体系上，主要是依托校园信息化建设成果，在优化完善学校职能部门的信息化业务系统的基础上，逐步建立以业务流程为中心的现代管理模式；通过工作过程的信息化，实现数据的无感知采集，统一数据标准；通过打破信息孤岛，建设数据中心，开展数据分析应用，建设"校情综合分析与决策支持"平台，为建立"常态纠偏、阶段改进"相结合的质量运行机制提供技术支持，探索与实践"质量轨迹可循、质量数据自主分析"的自我诊断模式。

在推进校园信息化进程中，需系统梳理学校事业发展规划、高水平院校建设等方案的信息化目标，形成智能化校园建设总目标，不断完善和优化智能化校园建设的总体规划。做好信息化顶层设计，扎实推进各项业务系统建设，使其作为大数据源头积累，建设数据中心并进行数据分析，支撑实时、常态化诊改。

构建安全、可靠、稳定、高效的校园网络基础平台，整合系统，建设大型数据库系统的基础数据平台，全面建设"智能化职院"与"掌上校园"。将打造新型智能化校园作为学校的重点工程，赋予智慧校园建设新的内涵，构建信息化应用、数据积累、大数据查询与分析的生态系统。通过信息化技术与教育教学、服务智能制造转型发展融合创新，强化大数据、物联网、移动互联及人工智能等技术应用，打造全体教师运用信息技术开展教学，全体学生利用信息化资源进行学习、数字资源运用覆盖全部课程、服务和管理全过程信息化、服务企业智造转型升级的信息化应用环境，建设全环境的智能化校园，重点在以下几方面取得突破。

(1) 扎实推进业务系统建设，拓宽数据采集来源。积极推进信息化在教学、管理中的应用，消除信息化盲区，统一信息资源标准规范，建立多维度数据库，拓宽数据来源。通过不同方式的数据汇聚，增强分析力度，提高监测预警的准确性和时效性，预留接口，支持其他系统的上传导入。

(2) 建设大型数据库系统的基础数据平台。统一信息资源管理规范，拓宽数据获取渠道，整合业务系统，构建汇聚式一体化数据库；梳理各相关系统数据资源的关联性，在业务系统可行性的基础上，实现数据信息共享，推进信息公开，建立跨部门的数据共享制度。搭建数据交换平台和统一门户信息平台，消除信息孤岛，发挥数据管理与应用在内部质量保证体系中的支撑用。

(3) 建设"校情综合分析与决策支持平台"。以诊改为契机，促进学校信息化数据分析

应用上水平、上台阶；以质量保证体系质控点为依据，明确质量诊断指标的数据来源、数据内涵、采集人、诊断标准、诊断结果推送、改进措施与成效反馈等，形成内部质量保证体系信息化需求报告，为"校情综合分析与决策支持"平台提供建设依据。通过基于数据的实时采集，构建教学质量诊断分析模型；通过数据分析，实现自我诊断的数据化，精准定位存在的质量问题，健全预警、分析、推送功能，发挥平台在学校决策、管理、运行、质量诊断与改进等工作中的作用。图 2-14 为"校情综合分析与决策支持"平台建设思路。

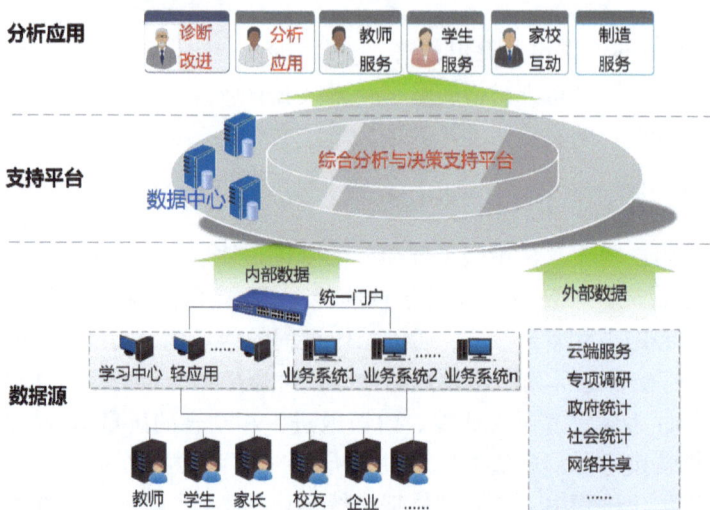

图 2-14 "校情综合分析与决策支持"平台建设思路

2.3 诊断与改进方案设计

2.3.1 自诊方案总体设计

按照质量保证体系的设计框架，自诊工作覆盖学校、专业、课程、教师、学生五层面，每个层面都具有明确的质量主体。自诊的基本方法：一是各层面质量主体的自诊，在诊断指标数据测量的基础上开展自诊；二是按照各层面的管理层级，逐级进行数据汇总分析，重点检查目标的达成度。

（1）质量主体自诊。各层面质量主体按照质量保证体系事前、事中、事后三个阶段开展工作，事前阶段利用 SWOT 分析工具对自身的优势、劣势、挑战、机遇进行分析，科学制定发展规划，确定目标与标准，使各层级目标标准之间上下衔接、左右贯通成链，并分年度落实具体目标任务；事中阶段结合日常工作，利用信息化平台等预警推送工具，对任务完成的进度、质量、规范性等进行监测，对质量生成中出现的偏差及时开展"常态纠偏"，对资源保障与支持服务中出现的问题进行排查，形成快速有效的质量保障机制；事后阶段各层面质量主体根据自诊周期开展阶段自诊，利用信息化平台数据定量分析与责任主体深入定性挖掘相结合的办法，对存在的问题进行剖析，提出改进措施，并形成年度自我诊改报告。

（2）管理层汇总分析。在质量主体自诊的基础上，依托"校情综合分析与决策支持平台"，对自诊指标测量数据进行逐级汇总分析，为管理决策提供依据。各层面诊改牵头职能部门负责对各层面的质量进行监督控制与外部干预，建立激励约束机制。

2.3.2　五层面自诊方案

1. 学校层面自诊

1）组织工作

学校层面的自诊工作由党办、院办（发展规划处合署办公）牵头组织。事前要求在学校事业发展规划、分规划、子规划的基础上，梳理学校规划体系目标与标准链，并结合高水平院校建设等项目，滚动调整目标标准，形成"学校发展规划目标、标准、任务分解表"，每年初确定学校重点工作计划，并落实到各部门；事中针对各部门的年度工作任务完成情况，采用工作月报、平台预警等多形式的监控工具，多措并举，做好事中的常态纠偏工作；事后结合年度工作总结，并与部门考核相结合，利用"校情综合分析与决策平台"测量数据，在诊断指标数据测量的基础上开展阶段自诊。

2）自诊范围

（1）部门自诊。学校层面自诊质量主体是职能部门、教学部门，各部门负责人需对照规划所制定的目标，根据年度规划目标重点工作任务，结合部门职责与工作标准开展部门自诊工作，部门自诊遵循"8"字形螺旋运行单元，开展部门工作的常态纠偏、阶段改进。常态纠偏主要对照部门工作月报系统测量等数据，结合工作实际对年度计划重要任务的完成进度与质量、服务满意度等开展。阶段自诊以一年为诊改周期，依托"综合分析与决策支持"平台自动生成的测量数据，结合工作实际查找问题、分析原因，撰写部门年度自诊报告，如图 2-15 所示。

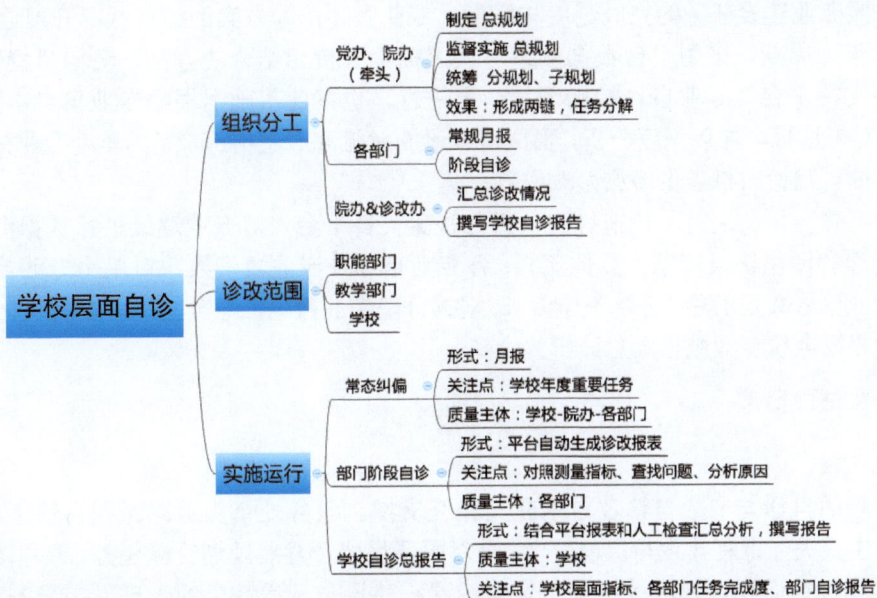

图 2-15　学校层面自诊

（2）学校汇总分析。学校的自诊总报告由诊改办公室（质控部）负责汇总各部门、各层面的自诊情况，按照教育部对高职院校自我诊改报告的要求，采用数据测量与人工检查分析相结合的办法，撰写"无锡职业技术学院内部质量保证体系自我诊改报告"。

2. 专业层面自诊

1）组织工作

教务处牵头组织专业层面自诊工作，专业层面自诊主要关注专业建设与专业运行，需对照专业建设发展规划目标任务、专业人才培养方案进行专业自诊。教务处负责全校专业建设与运行，指导分院各专业制定专业发展规划、专业人才培养方案，统筹学校专业规划、分院专业建设及单个专业建设规划，并与课程、师资、国际化合作等分规划相衔接，上下左右贯通形成专业建设目标与标准链，制定"学校专业建设分规划目标、标准、任务分解表"，将建设任务分解落实到分院各专业，并组织各专业做好常态自诊与阶段自诊工作，如图2-16所示。

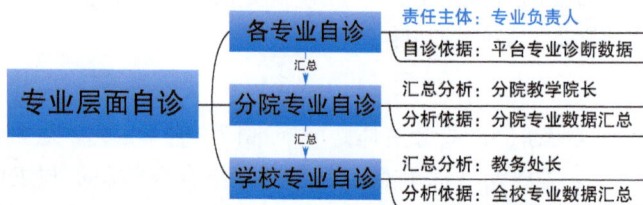

图 2-16　专业层面自诊与汇总分析流程

2）自诊范围

（1）专业自诊。专业层面自诊质量主体是专业负责人，专业负责人依据专业规划所确定的目标与标准，按照"8"字形螺旋运行单元，进行专业的常态纠偏、阶段改进。常态纠偏需随时对照专业建设任务的完成进度与质量、专业人才培养方案的运行状况开展自诊；阶段改进以学年为周期，采用平台数据测量与人工抽检分析相结合的办法，对照"校情综合分析与决策支持平台"专业自诊指标测量结果进行，也在此基础上根据专业自身实际增补自诊指标，对未达标项加以深度分析，形成自我诊断意见和改进措施，完成年度专业自诊报告，在下一年的自我诊改报告中增加诊改成效。

（2）汇总分析。通过"校情综合分析与决策支持平台"对专业逐级进行数据汇总分析，为专业管理者提供决策依据。具体流程：各专业自诊（专业负责人，对单个专业数据分析）→分院专业自诊数据汇总（分院教学院长，根据分院专业数据汇总分析）→学校专业自诊（教务处长，根据全校专业数据汇总分析）。

3. 课程层面自诊

1）组织工作

课程层面自诊与专业自诊各自独立又相互支撑。教务处牵头组织课程自诊工作，课程层面自诊主要关注课程建设与课程教学，需对照课程建设发展规划目标任务、课程教学大纲、授课计划等进行课程自诊。教务处负责全校课程建设与课程教学的管理，指导制定课程建设规划、课程教学大纲，统筹全校课程建设规划，并与专业、师资、国际化等分规划相衔接，上下左右贯通形成课程建设目标与标准链，制定"学校课程建设分规划目标、标准、任务分

解表"，将课程建设任务分解落实到分院各门课程，组织开展课程的常态纠偏与阶段自诊工作。

2）自诊范围

（1）课程任课教师、课程负责人自诊。课程的责任主体是任课教师与课程负责人，任课教师与课程负责人按照"8"字形螺旋进行课程的常态纠偏、阶段改进。常态纠偏由课程任课教师随时对照课程建设任务的完成进度与质量、授课计划的运行状况开展自诊，任课教师阶段每学期还要根据平台数据测量结果，针对异动指标进行分析自诊；课程负责人要对该课程的教学运行进行监控，并每学年周期开展阶段自诊，根据平台数据测量与人工抽检分析相结合的办法，对照"校情综合分析与决策支持"平台课程自诊指标测量结果进行，也可在此基础上根据课程自身实际增补自诊指标，对未达标项加以深度分析，形成自我诊断意见和改进措施，完成学期课程自诊报告，在下一年的自我诊改报告中增加诊改成效。

（2）汇总分析。通过"校情综合分析与决策支持"平台对课程逐级进行数据汇总分析，为课程管理者提供决策依据。具体流程：学期班级课程自诊（任课教师对未达标项分析自诊）→学年课程自诊（课程负责人，根据课程数据自诊）→专业课程自诊（专业负责人，根据专业所有课程数据汇总分析）→学校课程自诊（教务处长，根据全校课程数据汇总），如图 2-17 所示。

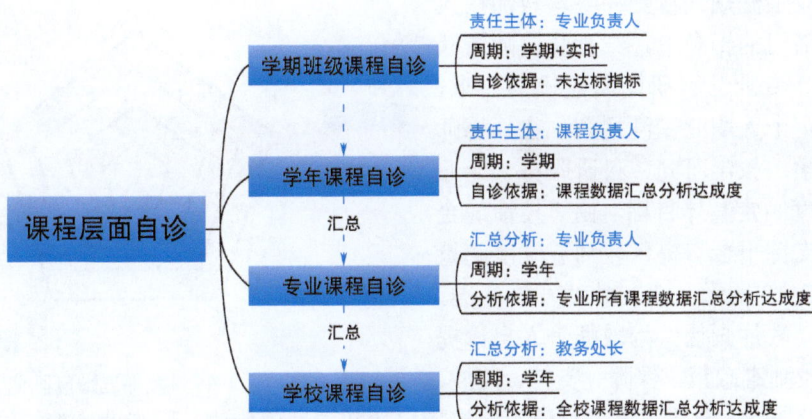

图 2-17　课程层自诊与汇总分析流程

4. 教师层面自诊

1）组织工作

教师层面自诊由人事处牵头组织，包括师资队伍建设与教师个人发展自诊两个方面。各教学部门负责本部门的师资队伍建设自诊，专任教师负责本人自诊。

2）自诊范围

（1）师资队伍建设自诊。师资队伍建设自诊依据的是学校师资队伍建设分规划目标任务，师资分规划要与学校规划体系中的专业、科研服务、国际化合作等其他分规划横向沟通，统筹学校师资队伍建设的目标与标准，使之上下左右贯通，形成师资队伍建设目标标准链，并将任务按年度分解落实到分院。

教学部门师资队伍自诊。各教学部门按照"8"字形螺旋开展常态纠偏、阶段改进。常态纠偏根据部门师资建设目标任务的完成进度与质量开展常态自诊；阶段自诊依托"校情综合分析与决策支持平台"，采用数据平台测量与人工检查分析相结合的办法，通过指标测量，查找问题、分析原因，形成年度师资建设自诊报告。

人事处汇总分析。通过"校情综合分析与决策支持平台"对师资队伍建设指标逐级进行数据汇总分析，为学校提供决策依据，具体流程：分院师资自诊（分院师资负责人，根据分院师资数据分析）→学校师资自诊（人事处负责人，根据学校师资数据分析），如图 2-18 所示。

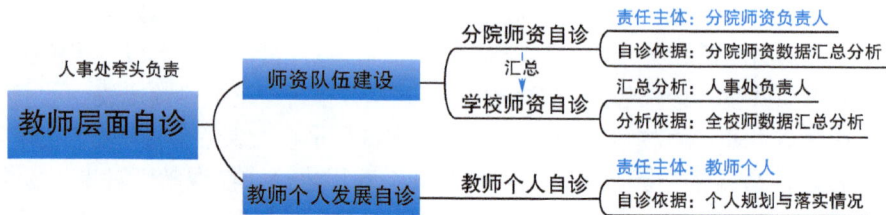

图 2-18 教师层面自诊与汇总分析流程

（2）教师个人自诊。教师个人自诊依据的是个人职业生涯规划目标任务。教师在人事处及教学部门的指导下，结合学校师资队伍建设规划、专业与科研团队建设的要求、自身特点制定个人职业生涯规划，在师德师风、教育教学、教学研究、科研服务、专业实践五个维度制定具体目标，由"校情综合分析与决策支持平台"提供教师五维度测量数据，如图 2-19 所示，建立教师发展标准，形成五维度"教师画像"为教师个人自诊提供支持，学校制定政策，保障、支持、监控、

图 2-19 教师五维度画像

激励教师职业发展。五维度参考均值有学校均值、教学部门均值、同专业均值、同职称均值、同职级均值等，有条件的可采集同类型的兄弟院校均值进行参考比对。

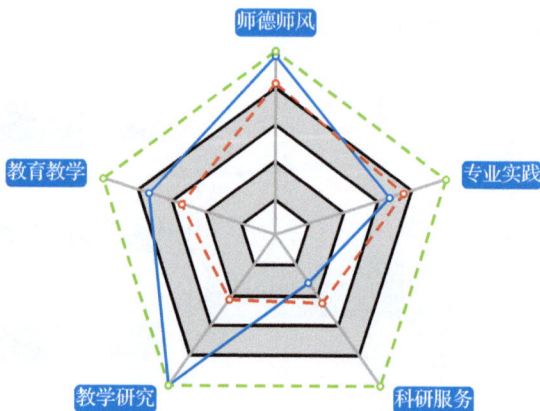

5. 学生层面自诊

1）组织工作

学生层面自诊由学生处牵头组织，包括学生工作自诊与学生个人成长成才自诊。各教学部门负责本部门的学生工作自诊，在校学生负责本人自诊。

2）自诊范围

（1）学生工作自诊。学生工作自诊依据的是学校学生工作建设分规划目标任务。分规划要与学校规划体系中的专业、课程等其他分规划横向沟通，统筹学生工作的目标与标准，使之上下左右贯通，形成学生工作目标标准链，并将任务按年度分解落实到分院（材料另附）。

分院学生工作自诊。按照"8"字形螺旋开展常态纠偏、阶段改进，根据学生工作目标

任务的完成进度与质量开展自诊；阶段自诊以年度为周期，依托"校情综合分析与决策支持平台"，采用数据平台测量与人工检查分析相结合的办法，通过指标测量，查找问题、分析原因，形成年度"分院学生工作自诊报告"。

学生处汇总分析。利用"校情综合分析与决策支持平台"，对学生工作指标逐级进行数据汇总分析，为学生工作提供决策依据，具体流程：分院学生工作自诊（分院学生工作负责人，根据分院学生工作数据分析）→学校学生工作自诊（学生处负责人，根据全校学生工作测量数据分析）→班级学生工作自诊（辅导员 / 班主任，根据班级考核数据等），如图 2-20 所示。

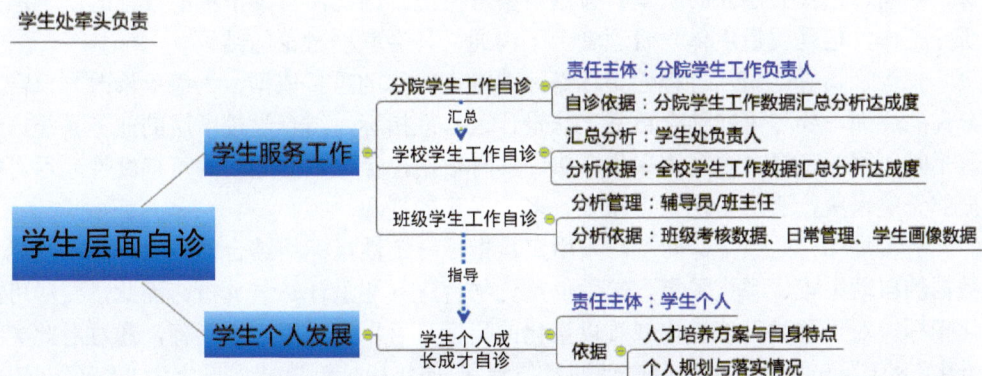

图 2-20　学生层面自诊与汇总分析流程

（2）学生个人成长成才自诊。学生个人成长成才自诊的依据是学生学习生涯规划目标，班主任、辅导员、任课教师等共同指导学生制定个人学习生涯规划，学生个人的发展规划目标需结合专业人才培养目标、学生综合素质标准等并根据自身个性制定，树立以"德育为先、素质为本、学业为主、创新发展"的多元成才观，鼓励学生参与班级、专业等团队活动，在思想品德、学业发展、能力发展、生活自律等维度制定具体发展目标。四维度参考均值有学校均值、分院均值、同专业均值、同班级值等，有条件的可采集同类型的兄弟院校均值进行参考比对。

"校情综合分析与决策支持平台"提供学生五维度测量数据，建立学生发展标准，形成"学生画像"（如图 2-21 所示），为学生个人成长成才自诊提供支持，学校对学生全面发展质量进行整体规划，提供保障、支持、监控、激励。试行班级自诊，由班主任依据班级学生个人发展数据开展诊改。

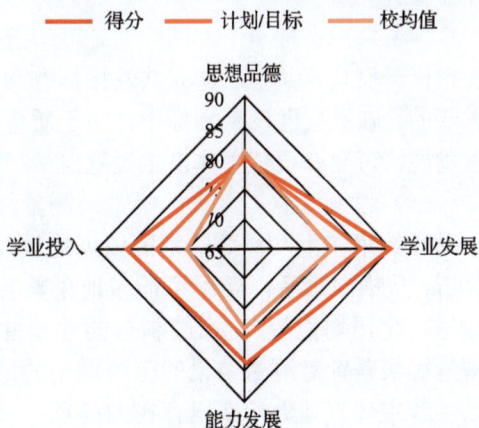

图 2-21　学生画像

2.3.3　五层面自诊指标

五层面质量指标的设置是个系统工程，需考虑的因素较多，要对学校、专业、课程、教师、学生等方面的质量从教育学、管理学、专业学科等多视角进行审视，在诊改理论的指引下展

开，遵循质量保证体系建设基本原则，力求系统、全面测量与揭示五层面的质量。良好的设计对指导学校的质量工作具有非常重要的导向作用，体现出学校的管理水平，也是学校的质量价值的具体表现，好的指标设计能够起到正确的引导作用，相反，如果指标设置不当，其效果可能与质量背道而驰。以下是在设计过程中，我们对于几个问题的处理办法。

1. 自诊指标设计思路

对于学校、专业、课程、教师、学生五层面质量自诊指标，由学校相关职能部门牵头制定，指标体系既是质量主体对标自诊的主要依据，也是职能部门工作管理的抓手，指标汇总分析数据对于诊断、预测五层面的质量具有重要参考价值。因此，自诊指标的设计既是一项规律性的研究工作，也是质量主体与管理者上下沟通、几经联动讨论的结果。

（1）过程性指标处理。过程性指标是诊改常态纠偏的重要依据，为避免诊改与日常工作两相分离的局面，要尽可能结合日常工作设计过程性指标，结合学校所用的业务系统、业务平台等平时所用的工具，多渠道采集源头、实时数据，保证数据采集的可持续性，尽可能实现数据的无痕采集，避免出现人工填报、多头采集的现象。

（2）定量指标与定性指标问题。采用定量指标与定性指标相结合的办法。量化指标易于通过数据的自动采集、源头采集，采用信息化平台进行测量计算与分析，因此，要尽可能多用量化指标。对于暂时无法量化或难以量化的指标，可以先采用定性指标，通过对此类指标的"质化"处理，方便信息化平台自动测量与判别，如将指标测量结果设定为"Y/N"（有/无、是/否等），待时机熟后再升级为量化指标。

（3）诊断指标的数量问题。诊断点与诊断指标是对所诊断内容、诊断要素的具体支撑。从理论上，讲诊断点与诊断指标越多，反映出的质量越精准。但是在实际操作中，受指标测量的源头数据、测量技术、质量主体的感受度等方面的制约，诊断指标的数量可根据具体情况不断完善与改进，对于在现行条件下难以测量的指标，可暂时不用，待测量条件成熟后再行增补。

（4）共性指标与个性指标的处理。五层面质量运行是具有规律性的，因此，其质量的测量指标一般具有共性。建立共性指标有利于管理，但容易扼杀个性，处理好这个关系是非常重要的。在五层面诊断指标中，由于质量主体的差异，肯定有个性化的质量呈现，为鼓励特色发展，可允许责任主体自主设置自诊指标，在自诊报告中体现。

（5）测量标准与等级的确定。测量标准是判断质量优劣的主要依据，对质量主体具有激励和约束作用，标准确定的依据比较复杂。从纵向来看，要对历年指标变化的趋势进行分析；从横向来看，要尽可能多地采集各类参考均值作为标准确定的依据（如校均值、省均值、全国均值等），标准制定的合理性需经过几轮自诊后方可检验，因此需要滚动修正测量等级是针对测量结果的范围设定的，根据测量结果的数值范围设为 A、B、C 三个等级，以供各主体直观地诊断出存在的问题。

（6）预警指标的选择。预警指标一般在过程性指标中选取，要结合日常管理工作，选择与过程质量关联密切的关键性的指标。另外，预警触发条件、周期、推送对象都需要有精确的设置。预警产生的频率与数量不宜过频、过多，否则会干扰正常工作，产生负面影响。用户接收终端是预警推送所必须面对的问题，需反复论证，常用的有邮件、短信、微信、办公系统等多种形式。

自诊指标体系是"校情综合分析与决策支持平台"建设的核心依据，为便于平台开发，要对指标内涵、测量标准、测量等级、数据来源、数据责任部门、预警触发条件与推送对象等精心设计，见表 2-5，五层面自诊指标的详细内涵将在本书第 6 章"自诊指标数据字典"说明。

表 2-5　自诊指标设计结构表（样例）

序号	层面诊断内容	诊断要素	诊断点	自诊指标	内涵说明	指标值类型	诊断标准	下钻呈现方式	数据负责部门	数据源采集方式	预警推送触发条件	其他
举例 1	课程	课堂教学	教学进程	调课率 TKL	TKL= 调课时数 / 课程已授总学时	百分数	$A<10\%$ $10\%\leqslant B<20\%$ $C\geqslant20\%$	表格	教务处	对接教务系统	$TKL\geqslant20\%$	
举例 2	专业	人才培养方案	核心课程	核心课程的满足度	毕业生调研满足与基本满足占比	百分数	$A\geqslant80\%$ $70\%\leqslant B<80\%$ $C<70\%$	表格	教务处	调研数据	无须预警推送	
......												
n												

注：① 内涵说明：诊断指标的定义 (见附录数据字典)。

　　② 指标值类型：定量指标（正负数值、百分数、比例等），定性指标（是、否）。

　　③ 诊断标准：需要确定 A、B、C 等级所对应的指标值范围。

　　④ 下钻呈现方式：数据按层级统计时的下钻结果呈现方式，可有"表格、柱状图、曲线趋势、文本"等形式。

　　⑤ 数据负责部门：数据采集或导入的牵头责任部门。

　　⑥ 数据采集方式：有"自动对接、部门汇总导入、个人填报"等。

　　⑦ 预警设置：预警触发条件、周期、形式、接收对象、内容模板。

2. 五层面质量自诊指标

　　自诊指标的设计既要遵循质量保证体系的规律，也要与各层面质量主体进行充分沟通以体现个性。本着边研究、边实践、边完善的原则，不断优化五层面自诊指标。学校经过 2016 ～ 2018 三年运行实践，根据全国诊改委复核专家组的意见及建议，结合学校对诊改数据的支撑条件，对自诊指标进行优化如下。

1）学校层面自诊指标设计

　　（1）职能部门自诊指标。在学校规划体系目标与标准链的设计中，职能部门是代表学校在各条线上领衔专项分规划的制订与执行，学校的目标任务是通过职能部门的专项分规划来落实。因此，学校层面自诊重点是职能部门的自诊，部门负责人是校级层面的质量主体。职能部门的工作分"对内"与"对外"两部分：对内是将学校确定的本部门工作职责分解落实到各岗位，并对应到人，职能部门的每一个成员是各岗位的质量主体，工作标准就是岗位工作标准；对外是本部门领衔学校各条线上学校专项分规划目标任务的制定、执行、管理，履行"决策指挥、资源保障、支持服务、运行实施、监督控制"五系统相应职责。

　　职能部门的自诊指标包含"党政年度综合工作业绩、自身建设与工作规范、工作作风与服务意识、部门特色项目"等项目，重点关注工作进度、工作质量，工作的规范性、满意度、及时度等核心要素，自设诊断要素与诊断指标，鼓励各部门根据部门特色，自行设置诊断指标。校级层面职能部门自诊指标体系如图 2-22、表 2-6 所示。

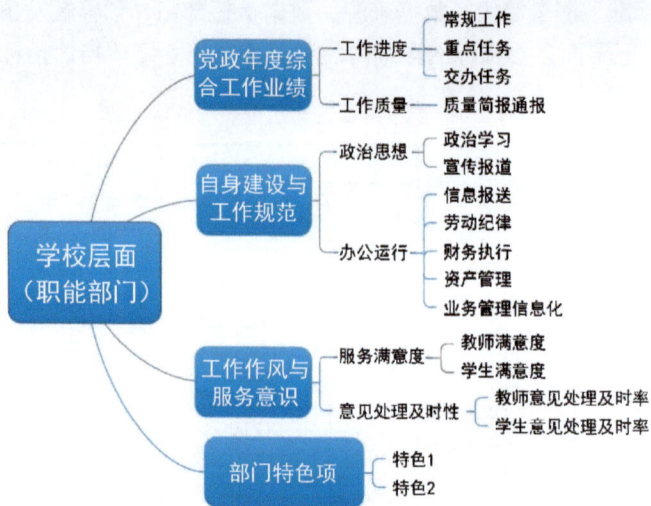

图 2-22　职能部门自诊指标体系

表 2-6　学校层面——职能部门自诊指标简表（样例）

诊断内容	诊断要素	诊断点	诊断指标	指标序号
党政年度综合工作业绩	工作进度	常规工作	岗位职责是否明确落实到人（Y/N）	1
		重点任务	重点任务进度达成率	2
		交办任务	交办任务进度达成率	3
	工作质量	部门工作质量	学校质量简报通报表扬与批评加权值	4
自身建设与工作规范	政治思想	政治学习	年度政治学习按计划、高质量完成率	5
		宣传报道	年度宣传报道按计划完成率	6
	办公运行	信息报送	部门工作月报按计划填写率	7
		劳动纪律	部门年度缺勤率	8
		财务执行	部门年度财务预算执行率	9
		资产管理	部门资产年度盘点按计划完成率	10
		业务管理信息化	部门业务信息化管理（Y/N）	11
工作作风与服务意识	满意度	服务满意度	教师调查问卷满意与基本满意占比	12
			学生调查问卷满意与基本满意占比	
	及时度[①]	教师意见建议处理及时性	教师意见建议处理及时率	13
		学生意见处理及时性	学生意见建议处理及时率	14
部门特色项	自定			15

注：①5 个工作日内处理为及时，紧急事项当天处理视为及时。

（2）**教学部门自诊指标。**在两级管理的背景下，教学部门为学校的派驻机构，代表学校开展各项工作。因此，教学部门的工作职责除了应完成的党政工作外，范围还包含专业、课程、教师、学生等层面，因此涉及的诊断指标较多，可从专业、课程、教师、学生层面精选部分

主要指标作为教学部门工作的自诊指标。图2-23为教学部门自诊指标体系，表2-7教学部门自诊指标，供参考。

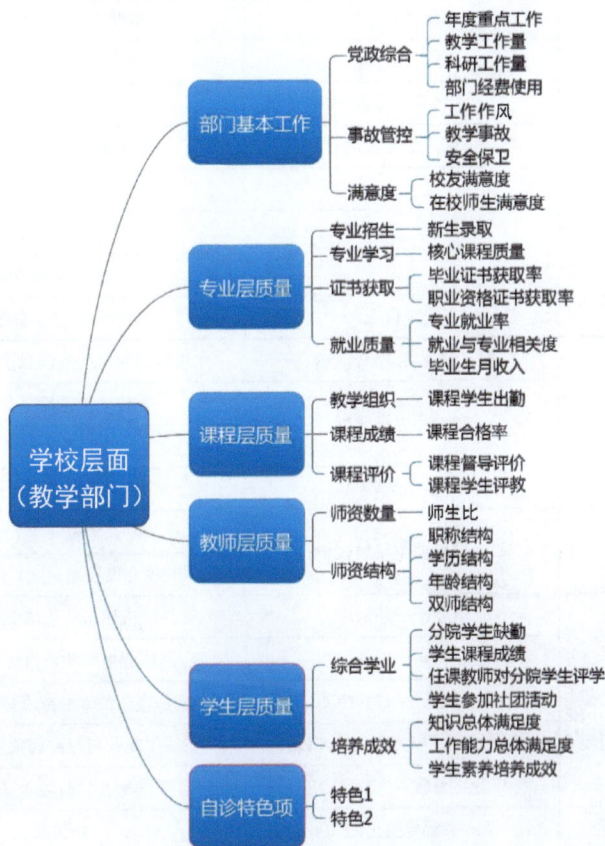

图2-23 教学部门自诊指标体系

2）专业层面质量诊断指标

专业层面自我诊断指标的设计，涵盖专业人才培养和专业建设两个方面，在整理出学校统一要求的专业质量诊断指标的基础上，鼓励各专业根据自身特点自行设置具有特色的自我诊断指标。

"专业人才培养"质量的原点是人才培养方案的制订，各专业首先要开展专业调研，从生源、行业企业、社会、同行等方面开展调研；其次是专业人才培养方案制订的合规性及文件质量，各专业依据学校人才培养方案制定原则意见，制订本专业的人才培养方案；再次是专业教学过程中专业教学计划的执行情况，教与学两方面都要考虑；最后是培养成效，主要是毕业要求达成度和人才培养目标的达成度，由此构成专业人才培养质量诊断的四要素，按照这个思路共梳理出诊断指标。

"专业建设"质量的原点是规划规划目标，根据教务处制定的学校专业建设标准，包含优质专业资源、技术技能积累、专业教育国际化、专业信息化建设等建设要素。

"专业特色项"体现各专业的特性，由专业负责人根据专业自身情况设置，在学年自诊报告中加以说明（图2-24和表2-8）。

表 2-7　学校层面——教学部门自诊指标简表（样例）

诊断内容	诊断要素	诊 断 点	诊 断 指 标	指标序号
部门基本工作	党政综合	年度重点工作	年度重点工作完成率	1
		教学工作量	专任教师平均学时	2
		科研工作量	教师科研工作量完成率	3
		部门经费使用	部门经费预算执行率	4
	事故管控	工作作风	党政廉洁	5
		教学事故	二级教学事故数	6
			三级教学事故数	7
		安全保卫	安全保卫综合事故数	8
	满意度	校友满意度（MyCOS）	毕业生对母校的满意度（分院）	9
		在校师生满意度	在校生满意度（分院）	10
			教职工满意度	11
专业质量监控	专业招生	新生录取	招生计划完成率（分院）	12
	专业学习	核心课程质量（MyCOS）	核心课程重要度（分院）	13
			核心课程满足度（分院）	14
	证书获取	毕业证书获取率	应届毕业生毕业率	15
		职业资格证书获取率	应届毕业生职业资格证书获取率	16
	就业质量	专业就业率（MyCOS）	应届生最终专业就业率（分院）	17
		就业与专业相关度（MyCOS）	应届生就业与专业相关度（分院）	18
		毕业生月收入（MyCOS）	应届毕业生月收入（分院）	19
课程质量监控	教学组织	课程学生出勤	缺课率	20
	课程成绩	课程合格率	本部门所属课程成绩合格率	21
	课程评价	课程督导评价	校督导组听课评分	22
		课程学生评教	学生评教成绩	23
师资质量监控	师资数量	分院师生比	分院专业课专任教师师生比（分院）	24
	师资结构	职称结构	专任教师高级职称占比	25
		学历结构	专任教师硕士以上学历占比	26
		年龄结构	专任40岁以下青年教师占比	27
		双师结构	专任教师双师素质占比	28
学生质量监控	综合学业	分院学生缺勤	缺勤旷课5次以上学生百分比（分院）	29
		学生课程成绩	学期3门不及格学生百分比（分院）	30
		教师评学	教师评学成绩	31
		参加社团活动的比例（MyCOS）	学生参加社团活动的比例（分院）	32
	培养成效	知识总体满足度（MyCOS）	知识总体满足度（分院）	33
		工作能力总体满足度（MyCOS）	分院毕业生工作能力总体满足度（分院）	34
		学生素养培养效果（MyCOS）	分院学生素养总体提升率（分院）	35
部门特色项	自定			36

专业层面
- 专业人才培养
  - 专业调研：专业在校生数、生源调研、毕业生调研、企业调研、调研报告
  - 培养方案：专业论证、培养方案审核、学分结构、核心课程、课证融通、实践课程
  - 专业教学：专业教学计划、学生学情、课堂教学
  - 培养成效：教学满意度、毕业要求达成度、培养目标达成度
- 专业建设
  - 优质专业资源：专业团队、实践基地、教材及教参、专业经费
  - 技术技能积累：产教融合、科研平台、科研成果、社会培训
  - 专业教育国际化：国际合作项目、国际化资源引进
  - 专业信息化建设：专业资源库、课程信息化建设、信息化比赛
- 专业特色项
  - 专业自选：自选1、自选2

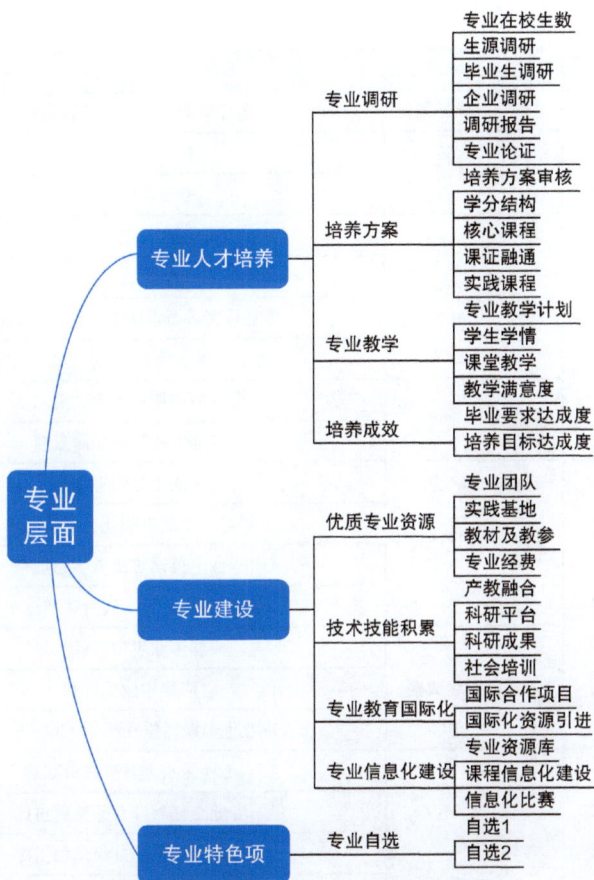

图 2-24 专业层面自诊指标体系图

表 2-8 专业层面自诊指标简表（样例）

诊断内容	诊断要素	诊 断 点	诊 断 指 标	指标序号
专业人才培养	专业调研	专业在校生数	专业目前在校生数量	1
		生源调研	新生招生计划完成率	2
		毕业生调研	专业应届生就业专业相关性	3
			专业毕业生 3～5 年升迁率	4
		企业调研	调研企业数量	5
			调研企业类型	6
		调研报告	专业综合调研报告	7
		专业论证	专业论证或复审结论（新、老专业）	8
	培养方案	培养方案审核	专业人才培养方案审定结论	9
		学分结构	课程体系学分构成合规性	10
		核心课程	应届毕业生核心课程重要度	11
			应届毕业生核心课程满足度	12
		课证融通	国内外职业证书 / 职业能力标准与课程对接度	13
		实践课程	C 类课程学分比例	14

诊断内容	诊断要素	诊 断 点	诊 断 指 标	指标序号
专业人才培养	专业教学	专业教学计划	运行周期专业教学计划调整数	15
		学生学情	新生志愿对口率	16
			专业学生辍学率	17
		课堂教学	是否达成零教学事故	18
			学生缺课率	19
			专业课督导听课成绩高于85分占比	20
			专业课学生评教90分及以上占比	21
		教学满意度	专业应届毕业生教学满意度	22
			专业在校生教学满意度	23
	培养成效	毕业要求达成度	应届毕业生毕业率	24
			毕业生中高级职业证书获取率	25
			毕业生英语等级考试通过率	26
			毕业生计算机等级考试通过率	27
		培养目标达成度	应届毕业生初次就业率	28
			应届毕业生月薪	29
			毕业生中期岗位升迁率（3～5年）	30
专业建设	优质专业资源	专业团队	专业带头人具有高级职称	31
			专业专任教师双师素质占比	32
			专业专任教师高级职称占比	33
			专业专任教师硕士学位占比	34
			专业专任教师博士学位占比	35
			专业生师比（不含通识课）	36
		实践基地	校外专业实训基地数	37
			校内专业实训基地数	38
			专业群申请获得市级以上实践基地数	39
		教材及教参	选用省级以上精品及规划教材占比	40
			专业生均图书册数年度增量	41
		专业经费	生均教育经费占比	42
	技术技能积累	产教融合	产教融合项目数（混合所有制、现代学徒制、订单培养等）	43
		科研平台	市级以上专业科研平台数	44
		科研成果	专业教师教科研工作量完成率	45
		社会培训	年度社会人员培训量	46
	专业教育国际化	国际合作项目	国际合作项目数（中外合作项目、留学生、国际化教育合作）	47
		国际化资源引进	国际职业资格证书对接数	48

续表

诊断内容	诊断要素	诊　断　点	诊断指标	指标序号
专业建设	专业信息化建设	专业资源库	市级以上专业资源库（国家、省、市）	49
		课程信息化建设	市级以上专业精品课/资源共享课数（国家、省、市）	50
			全课程信息化达成度	51
		信息化比赛	教师信息化教学比赛获奖	52
	服务学生成长成才	拔尖创新人才	近三年是否有创新拔尖人才	53
		技能大赛获奖	学年内省级以上技能大赛获奖人数	54
		学生与家长认可	新生第一志愿报考率	55
			专业就业对口率	56
			毕业生就业现状满意度	57
	规划重点建设任务	年度专业建设主要任务	完成年度专业建设重点任务占比	58
专业特色项	自定			……

3）课程层面质量诊断指标

课程层面自我诊断指标的设计，涵盖课程教学、课程建设两个方面；同时，鼓励各课程根据自身特点自行设置具有特色的自我诊断指标（图 2-25 和表 2-9）。

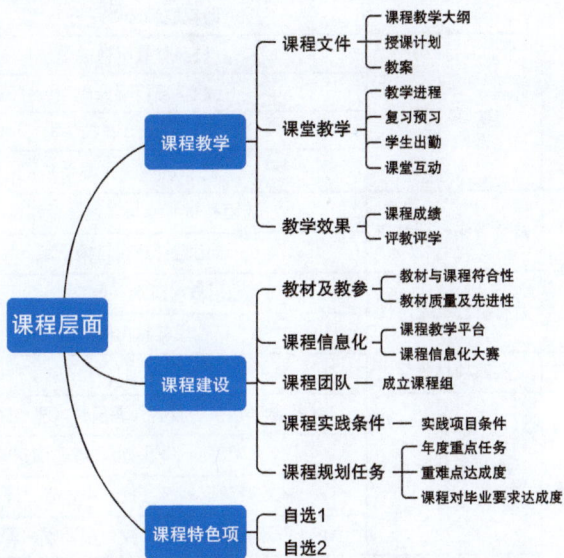

图 2-25　课程层面自诊指标体系图

"课程教学"质量的原点是专业人才培养方案对课程提出的要求，据此形成课程教学大纲、授课计划等课程文件。课堂教学的过程性质量诊断，涉及课堂教学的各个环节，这些指标的源头数据量大、涉及范围广，采集难度较大，多以动态的测量指标为主。由于课堂教学在学校教学质量中的重要性与特殊性，需引起高度重视，指标设置应尽量在不干扰正常教学的情况下，通过大力推进教学信息化的进程，实现数据的无痕采集。课程教学效果包含学生的成绩、学生的评价等。

表2-9 课程层面自诊指标简表（样例）

诊断内容	诊断要素	诊 断 点	诊 断 指 标	指标序号
课程教学	课程文件	课程教学大纲	课程教学大纲审核结论（系或教研室）	1
			课程教学大纲审核结论（教学部门）	2
			教务处审核结论（教务处）	3
			课程教学大纲是否入库	4
		授课计划	授课计划审查（系、教研室）	5
			授课计划审核（教学部门）	6
			课程授课计划是否入库	7
		教案	课程教案是否入库	8
	课堂教学	教学进程	课程教学进程填写率	9
			课程教学进程超期填写率	10
			调课率	11
		复习预习	在线预习率（任务点浏览情况）	12
		学生出勤	缺课率	13
		课堂互动	课堂随堂测验率	14
			课程平台交流频次	15
	教学效果	课程成绩	课程成绩优秀率	16
			课程成绩合格率	17
			课程成绩分数段分布	18
		评教评学	校级督导听课成绩	19
			教学部门听课成绩	20
			评学成绩（在校生）	21
			评教成绩（在校生）	22
课程建设	教材及教参	教材与课程符合性	选用教材名称与课程是否相符	23
			选用教材是否自编出版	24
		教材质量及先进性	选用教材级别（国家、省）	25
			选用教材出版年份	26
	课程实践条件	实践项目条件	课程实践项目开出率	27
	课程信息化	课程教学平台	教学平台是否具备开课条件（平台链接）	28
			微课等级（校、市、省、国家）	29
			在线开放课等级（校、市、省、国家）	30
			资源共享课等级（校、市、省、国家）	31
		课程信息化大赛	信息化大赛获奖等级（校、市、省、国家）	32
	课程团队	成立课程组	课程组是否建立	33
	课程规划任务	课程规划任务	课程建设年度重点任务完成率	34
			课程重难点达成度	35
			课程对毕业要求达成度	36
课程特色项	自定			37

"课程建设"质量的诊断依据是课程建设确定的目标任务，根据教务处制定的课程建设标准，其内涵包含教材及教参、课程信息化、课程团队等要素，据此梳理出课程建设质量的诊断指标。课程教学类型具有多样性，本书仅以理论教学为例设计课程诊断指标，实践类课程、毕业设计等其他类型课程诊断的指标设计方法类似，在此不做一一阐述。

4）教师层面质量诊断指标

教师层面自我诊断指标的设计，涵盖师资队伍建设和教师个人发展两个方面（图 2-26，表 2-10 和表 2-11）。

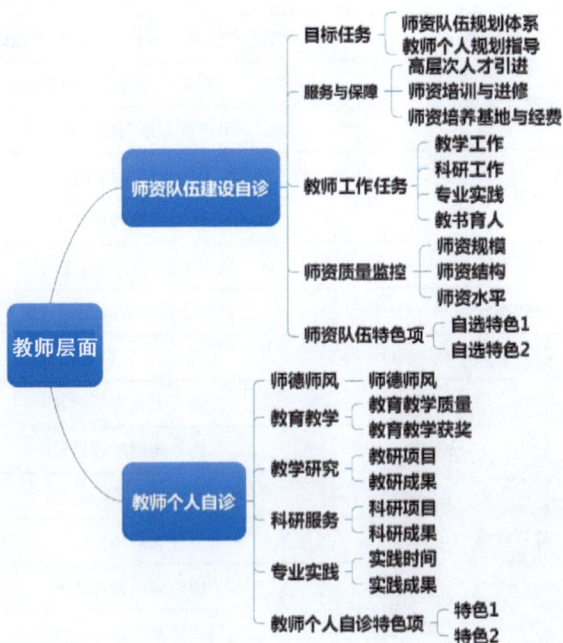

图 2-26 教师层面自诊指标体系

"师资队伍建设"的目标与标准源于各级师资队伍建设规划，按照目标标准链建立的规则，学校层面由人事处牵头制定了学校师资队伍建设规划，并负责将细化的目标任务分解到各部门、制订师资队伍建设年度重点工作计划、监控年度任务的完成情况；对于师资队伍的建设质量，关注师资规划目标任务、服务与保障、教师发展、师资质量监控等要素。"师资规划目标任务"重点对学校、部门的年度师资队伍建设的任务完成情况进行动态监控，并与年度教学部门工作考核相挂钩；"服务与保障"是在建设完善学校师资队伍相关制度与标准的基础上（详见第 3 章内部质量保证体系诊断与改进制度），对学校在人才引进、进修培训、基地与经费等方面进行监控；"教师发展"重点关注教学工作、科研工作、专业实践、教书育人等方面成长轨迹；"师资质量监控"是对师资队伍的规模、结构、水平进行监测。

"教师个人发展"的动力源于个人发展目标的确立，教师个人根据自身专长与志愿，对接课程、专业、学校等层面的建设要求，从师德师风、教育教学、教学研究、科研服务、专业实践五个维度确定发展目标，制订年度工作计划；人事处负责采集每个教师的基本信息、身份归属、发展业绩，并通过均值比对的办法，将教师的五维度发展状况可视化显现出现，即教师五维度画像，为教师个人自诊提供参考。

表 2-10　师资队伍建设自诊指标简表（样例）

诊断要素	诊 断 点	诊 断 指 标	指标序号
目标任务	师资队伍规划体系	学校师资队伍建设规划年度任务完成率	1
		分院（部）师资队伍建设规划年度任务完成率	2
		教师职业生涯规划覆盖率	3
服务与保障	高层次人才引进	高层次人才年度引进计划完成率	4
	培训与进修	专任教师海内外研修计划年度完成率	5
	师资培养基地与经费	校外双师培养基地数	6
		专任教师培训经费人均值	7
教师工作任务	教学工作	专任教师平均工作量	8
		工匠型实践教师平均工作量	9
	科研工作	高水平科研成果考核获奖	10
	专业实践	教师企业实践时间达标率	11
	教书育人	学业导师普及率	12
师资质量监控	师资规模	校内专任教师数量	13
		校外聘用教师数量	14
		双师素质教师数量	15
		专任教师师生比例	16
		校外聘用教师比例	17
		双师素质教师比例	18
		专职辅导员师生比	19
	师资结构	专任教师高级职称占比	20
		专任教师硕士以上学位占比	21
		校外聘教师占比	22
		专任青年教师占比	23
		双师素质教师占比	24
	师资水平	校级以上教学名师数量	25
		校级以上人才项目数量	26
		市级以上人才项目数量	27
		市级以上教学团队数	28
		市级以上科研团队数	29
师资队伍特色项	自定		

表 2-11　教师个人自诊指标简表（样例）

诊断要素	诊 断 点	诊 断 指 标	指标序号
师德师风	师德师风	师德师风得分	1
教育教学	教育教学质量	教学工作量	2
		学生评教成绩	3
		教学质量考核等第	4
	教育教学获奖	竞赛获奖	5
		教学荣誉	6
		教育管理	7
教学研究	教研项目	课题项目	8
		专业建设	9
		课程建设	10
		资源库建设	11
		校内实训基地建设	12
		教学团队	13
	教研成果	教材论著	14
		教研论文	15
科研服务	科研项目	纵向课题项目	16
		横向到账金额	17
		科研团队参与	18
	科研成果	高水平论文	19
		普通论文	20
		专利	21
		艺术作品	22
专业实践	实践时间	实践时间	23
	实践成果	校外实践基地	24
		对外培训服务	25
教师个人自诊特色项	自定		26

5）学生层面质量诊断指标

学生层面自我诊断指标的设计，涵盖学生工作和学生个人成长两个方面（图 2-27、表 2-12 和表 2-13）。

"学生工作"的目标与标准源于各级学生工作规划，按照目标标准链建立的规则，学校层面由学生处牵头制定了学校学生工作规划，并负责将细化的目标任务分解到各部门、制订学生工作年度重点工作计划、监控年度任务的完成情况，对于学生工作质量，关注学生工作规划目标任务、服务与保障、学生成长、质量监控等要素，"学生工作规划目标任务"重点对学校、分院学生工作主要任务完成情况进行动态监控，并与分院年度工作考核相挂钩；"服务与保障"是在建设完善学生工作相关制度与标准的基础上，对学校在学生工作的人员与经费、管理与服务、综合教育培养等方面；"学生成长"重点关注学生的学业提升、多元发展等学生的成长轨迹；"质量监控"是对"人才培养目标达成、学生满意度、培养成效"进行监测。

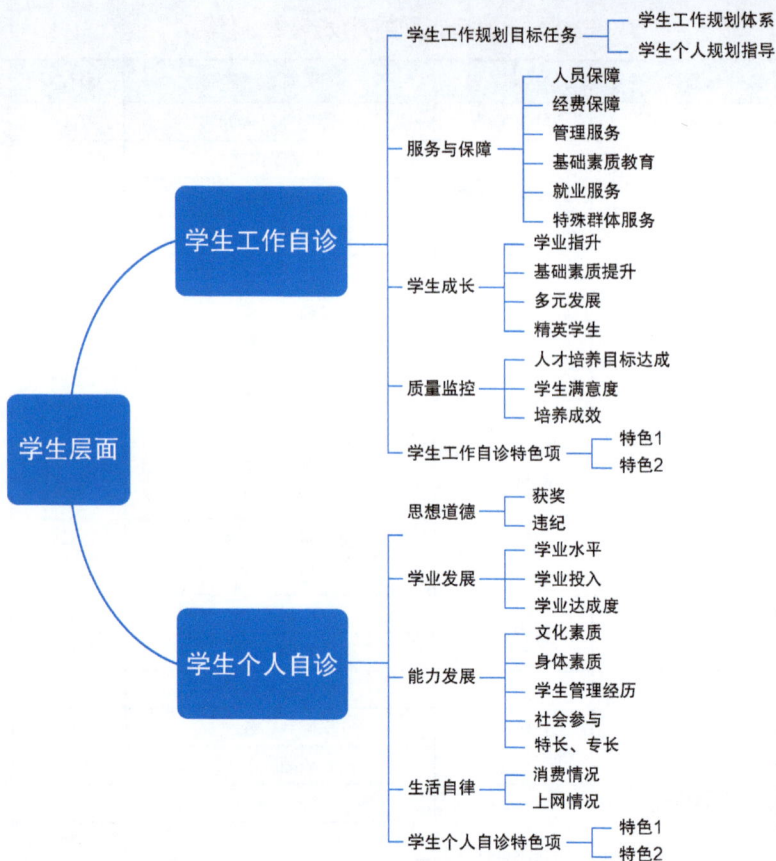

图 2-27 学生层面自诊指标体系

表 2-12 学生工作自诊指标简表（样例）

诊 断 要 素	诊 断 点	诊 断 指 标
学生工作规划 目标任务	学生工作规划体系	学校学生工作规划年度任务完成率
		分院（部）学生工作规划年度任务完成率
		学生学业生涯规划覆盖率
	学生个人规划指导	学业导师参与度
服务与保障	人员保障	辅导员平均管理班级数
		班级班主任配套率
		学业导师普及率
	经费保障	学生服务经费占教育经费比例
	管理服务	宿舍违章比例
		辅导员进宿舍次数
		学生意见及时处理率
		处理结果满意度
		学生突发事件数量

续表

诊断要素	诊断点	诊断指标
服务与保障	基础素质教育	学生申请入党比率
		星期二讲堂开课频率
		科学类社团占比
	就业服务	就业信息定向推送率
		通过学校就业服务获得工作学生比例
	特殊群体服务	助学覆盖率
		心理疾病干预率
		特殊学生对学校满意率
学生成长	学业提升	学分绩点达标比例
		学期3门不及格学生百分比
		缺勤旷课5次以上学生百分比
		英语A级达标率
		计算机一级达标率
	基础素质提升	社会学时完成率
		学生违纪人数
		社团参与率
		体质健康达标率
		校级及以上竞赛（各类竞赛）学生参与比例
		校级及以上科研项目参与学生比例
		申报创新创业项目学生参与比例
		学期开始后未入馆学生所占比例
		学期开始后未借阅学生所占比例（动态）
	多元发展	专转本率
		转专业率
	精英学生	优秀校友占比
		获得校级以上奖励学生比例
质量监控	人才培养目标达成	毕业生毕业率
		毕业生职业资格证书获取率
		毕业生综合素质测评优秀学生数比例
	学生满意度	教学工作满意度
		学生工作满意度
		学生生活服务满意度
		学生社团满意度
	培养成效	毕业生就业率
		毕业生初次就业平均薪酬
		毕业生就业对口率
		毕业生自主创业比率
		毕业生平均薪酬
		毕业生中期岗位升迁率（3～5年）
		毕业生对母校满意率
学生工作自诊特色项	自定	

表 2-13　学生个人自诊指标简表（样例）

诊断要素	诊断点	诊断指标
思想道德	获奖与违纪	获奖情况
		违纪情况
		公益活动学时
学业发展	学业水平	课程到课率
		课程平均分
		课程成绩排名
	学业投入	月入馆次数
		图书借阅
		课外学习
	学业达成度	职业资格证书
		英语等级
		计算机等级
能力发展	文化素质	累计素质学分得分
	身体素质	体质测试达标
	学生管理经历	班级及以上学生班干任职情况
	社会参与	累计社会实践学时
		参与社团
	特长、专长	特长级别
		特长类别
生活自律	消费情况	消费金额
	上网情况	上网时间
		上网时间分布
学生个人自诊特色项	自定义	

　　"学生个人成长"源于个人发展目标的确立，学生个人根据自身专长与意愿，对接学校人才培养目标标准，从思想道德、学业发展、能力发展、生活自律等维度确定发展目标，制订学习计划；学生处负责采集每个学生的基本信息、身份归属、成长轨迹，并通过均值比对的办法，将教师的四维度成长状况可视化显现出现，即"学生四维度画像"，为学生个人自诊提供参考。

2.4　开展诊改试点保障措施

2.4.1　组织保障

　　为保证诊改试点工作的顺利进行，在试点启动阶段，学校组建内部质量保证体系诊断

与改进工作领导小组，领导小组由党委书记、校长任组长（双组长）；学校设诊改试点工作办公室，秘书处设在质控部，秘书处主任为教学分管校领导。诊改领导小组下设学校、专业、课程、教师、学生、信息化工作小组，分别由院办、教务处、人事处、学生处、信息中心负责人任工作小组组长。试点工作结束后，总结经验，在相关职能部门职责中融入诊改相关职责，形成常态质量保证体系组织机构，如图 2-28 所示。

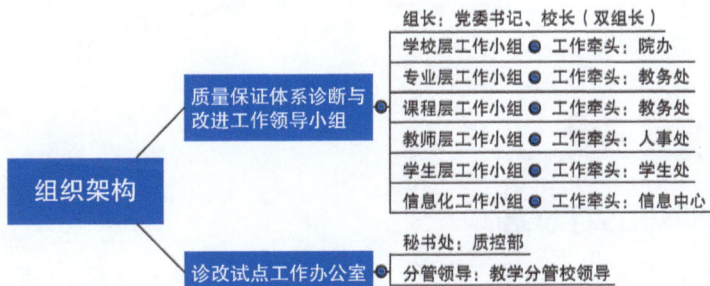

图 2-28 诊改试点工作组织保障

2.4.2 经费保障

学校内部质量保证体系建设与运行是事关学生成长成才和学校长远发展的重要战略任务，是一项综合性、复杂性、系统性和长期性的工程。为确保学校内部质量保证工作持续有效推进，学校在年度预算中统筹安排诊改专项经费预算，用于质量保证体系研究、"校情综合分析与决策支持"平台的开发、诊改培训与交流等。

2.4.3 制度保障

一是根据《教育部办公厅关于建立职业院校教学工作诊断与改进制度的通知》等文件精神，由质控部牵头发文制定《无锡职业技术学院诊断与改进原则意见》，各层面根据文件要求开展常态化的诊改工作；二是针对学校、专业、课程、教师、学生五层面，系统梳理与规划目标实现紧密关联的制度标准，通过制度的修订、新增、废除等方式，构建"规划标准、运行管理、约束激励、研究实践"质量保证核心制度；三是实行激励与问责机制，将诊改与部门年终考核相结合，对部门的工作绩效、目标达成情况进行全面考核。

第3章 内部质量保证体系核心制度

3.1 质量核心制度设计

3.1.1 核心制度设计思路

高校质量管理涉及理念、制度、队伍、资源、文化五个基本要素，质量管理制度的系统设计是学校质量保证体系运行的体制保证，是学校及其构成机构、教职员工教育教学质量保证的行为准则。

根据新时代对高职教育质量的发展要求，学校将内部质量保证体系全面升级为V3.0。"内部质量保证体系V3.0"传承了无锡职业技术学院2003年建立的"质量管理体系V1.0"全面质量管理TQM思想、2009年建立的"质量管理体系V2.0"戴明循环PDCA质量螺旋基础，以学校、专业、课程、教师、学生为横向五层面，以决策指挥、资源建设、支持服务、质量生成、监督控制为纵向五系统，形成"五纵五横质量保证体系架构"，体系突破教育教学各质量主体孤立运行的状态，强化各层级管理系统间的质量依存关系，融入"知识创新理论、大数据思维"，形成常态纠偏与阶段改进相结合的"8"字形螺旋。在此基础上，学校以"制度管权、流程管事、过程可溯、绩效可测"为目标推进制度建设，构建"五层面四模块"的质量保证制度体系，系统设计内部质量保证体系核心制度。

"五层面四模块"质量保证制度体系如图3-1所示，在制度体系中五个层面是制度设计所涉及的质量检测主体或对象，四模块是制度系统设计的质量保证准则。

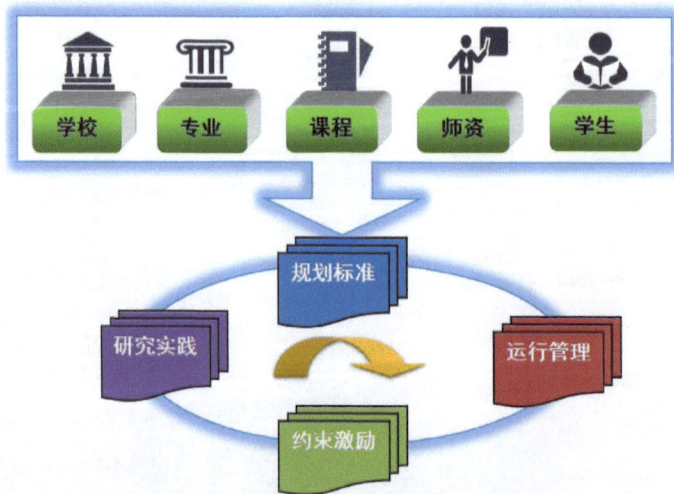

图 3-1 "五层面四模块"质量保证制度体系

1. 五层面多元质量保证主体

高校的教育质量核心是人才培养工作质量，构成人才培养质量的主要工作要素：学校办学理念、办学定位、人才培养目标，专业设置与条件、专业建设与改革，教师队伍与建设，课程建设与改革、课堂教学与实践，学生成长成才等。将这些工作要素归纳，形成学校、院系、专业、课程、教师、学生五个层面质量保证主体，每个主体构建既相对独立又适当交叉联动的自我质量保证机制，保障履行人才培养工作质量保证的主体责任。

2. 四模块制度体系设计要素

高校的管理制度一般包括决策制度、执行制度、评估制度。依据"8"字形螺旋工作模式运行要素，按规划标准、运行管理、约束激励、研究实践四模块系统设计质量保证制度架构。四模块系统层层递进形成循环系统，通过对标运行、约束激励、发展研究调整规划标准，实现螺旋上升。五个层面质量主体按四模块系列设计制度，通过梳理、修订、增补形成五个层面质量核心制度112个，从而保证了制度构建的系统性、有效性与可测可控性。

（1）"规划标准"部分的制度设计是制度体系中的逻辑起点，规范各个不同的主体如何制订科学合理的规划计划，制定与规划目标建设内容相关联的各类标准与指标以及学校教育教学标准。规划类制度如学校层面中"十三五"事业发展规划编制工作方案，该制度作为学校"十三五"规划的标准文件，应对规划制定的机构、制定原则、制定要求、制定内容等进行规范，以保证规划的系统性、科学性、可执行性；标准类制度如"教师教学工作规范"，规定了教师开展教学工作需要遵循执行的指标。

（2）"运行管理"制度属于执行制度，对主体的工作过程提出质量规范、方法路径、实施办法等，以达到相关标准，实现过程控制。例如，人才培养工作状态数据采集与管理工作规范，对学校教育教学及运行管理的数据采集、管理、应用通过制度实现规范。

（3）"约束激励"制度主要是针对主体相关工作运行质量、目标与标准达成度设计评价指标、评价方法、评价结果应用等形成约束与激励。例如，教师教学工作考评办法，其约束考核指标与"教师教学工作规范"关联，以目标标准导向测量达成度，以数据客观公正体现结果。

（4）"研究实践"制度是主体在工作中有创新研究，并在运行中产生较大影响力与实效的相关制度。例如，关于导师制项目课程实施办法，该制度对发挥学生个性特长，培养学生的创新、创业能力起到了杠杆作用，学生在国内、国际大赛中获奖名列前茅。

质量保证制度建设思考。制度是工作准则，制定制度应从执行者角度考虑规则的明确性、合理性、可操作性；质量目标与标准由需求导向是动态的，制度也需要体现时效性进行适时动态修订。

重视质量内化。质量是以人为本的文化，应重视质量文化导向与潜移默化，刚性的制度与柔性的文化相互作用，质量保证才能从制度约束到自律保障。

3.1.2 核心制度目录

第一部分：校级层核心制度

（一）规划标准

1."十三五"事业发展规划编制工作方案

2. 无锡职业技术学院教学工作基本规程

3. 教师教学工作规范

（二）运行管理

4. 关于内部质量保证体系职责分工与运行程序的原则意见

5. 督导工作条例

6. 质量信息员工作条例

7. 教学检查制度

8. 教育质量年度报告编制与公布办法

9. 关于进一步加强和改进师德建设的意见

10. 人才培养工作状态数据采集与管理工作规范（修订）

11. 教育教学内部质量事故管控原则意见(试行)

（三）约束激励

12. 诊断与改进工作原则意见（修订稿）

13. 教师教学质量考核与评价办法

14. 教学质量管理奖评选办法（修订稿）

15. 教学成果奖励办法

（四）研究实践

16. 关于深化产教融合推进校企合作工作的实施意见

17. 机关及直属部门目标管理考核实施办法（修订）

18 教学业务部门年度综合考核方案（试行）

第二部分：专业层核心制度

（一）规划标准

1. "十三五"专业建设规划制定原则意见

2. "十三五"专业建设规划

3. 专业建设规范(试行)

（二）运行管理

4. 关于开展专业调研的原则意见（修订）

5. 关于制（修）定2018级高职专业人才培养方案的原则意见

6. 专业、课程、教材建设与管理工作的实施意见（修订）

7. 专业建设课题管理办法（修订）

8. 课程建设课题管理办法（修订）

9. 关于实践基地建设与管理实施意见（修订）

10. 系部（教研室）教研活动工作指南

（三）约束激励

11. 专业建设评价与验收办法（试行）

12. 专业诊改实施方案（修订）

（四）研究实践

13. 专业建设评价标准（试行）

14. 数字化教学平台管理与使用办法（试行）

15. 学科与技能大赛管理办法 (修订)

16. 专业集群建设原则意见（试行）

第三部分：课程层核心制度

（一）规划标准

1. "十三五"课程建设规划制定原则意见

2. "十三五"课程建设规划

3. 关于制订理论课程（含课程实践教学）模块教学大纲的原则意见

（二）运行管理

4. 课程建设与管理工作的实施意见

5. 教学进程表、课表等管理规定

6. 关于制定和实施课程教学规范的意见

7. 实践教学工作条例（修订）

8. 实习工作条例

9. 关于毕业班学生提前上岗学业的有关规定（修订）

10. 毕业设计（论文）工作条例（修订）

11. 关于统一课程试卷格式与送印规范的规定

12. 教师监考工作规范

13. 教学事故认定与处理办法

14. 听课制度

15. 教师教学资源中心资源制作管理办法

（三）约束激励

16. 课程评价标准

17. 课程教学评教制度

18. 课程教学教师评学实施标准

19. 关于推行一页开卷考试制度的规定

20. 关于考试（核）管理的规定（修订）

21. 考场管理规定与学生考试违纪处理办法

22. 实验教学考核与成绩评定的规定

23. 关于开展课程诊改的原则意见（修订）

（四）研究实践

24. 全课程信息化工作管理办法（修订）

25.导师制项目课程实施原则意见

第四部分：教师层核心制度

（一）规划标准

1."十三五"师资队伍建设规划

2.专业带头人选拔与管理办法（试行）

3.骨干教师队伍建设管理办法（试行）

4.教师双师素质认定与管理办法

5."教授、博士培养工程"实施意见

6."青蓝工程"实施办法

（二）运行管理

7.岗位设置与聘用办法

8.专业技术资格评审推荐办法

9.教职工出国（境）进修管理办法

10.教职工国内进修学习管理办法

11.教师企业实践管理办法（试行）

12.科技创新团队建设计划实施办法（暂行）

13.高层次人才引进办法（修订）

14.专业技术人员分类管理暂行办法

15.特聘教授聘任管理办法（试行）

16.客座教授管理办法（试行）

17.兼职教师管理办法

（三）约束激励

18.教职工年度考核办法

19.教学名师奖评选表彰办法

20.教职工行政纪律处分暂行办法

21.教师层自诊实施办法

（四）研究实践

22.学生最喜爱的教师评选办法（修订稿）

第五部分：学生层核心制度

（一）规划标准

1.学生工作"十三五"发展规划

2.大学生成长发展规划实施办法（试行）

3.学生综合素质条例与标准（试行）

（二）运行管理

4. 关于进一步加强和改进素质教育工作的意见

5. 创新创业教育项目实施办法（试行）

6. 关于文化素质教育公选课管理办法（修订）

7. 大学生心理健康教育工作暂行规定

8. 关于进一步加强我校学生社团建设与管理的实施意见

9. 勤工助学管理规定（修订）

10. 学分制管理办法（修订）

11. 学生转专业管理规定（修订）

12. 应征入伍学生学籍管理及优待奖励规定（修订）

13. 贫困生认定及资助工作实施条例（修订）

14. 校园安全管理规定

15. 突发公共事件应急预案

16. 食品卫生安全管理制度

17. 大学生心理危机干预及自杀预防实施方案

18. 关于特殊学生群体服务与资助的实施意见（试行）

19. 关于心理健康需重点关注学生教育管理实施的意见

20. 学生申诉处理条例

（三）约束激励

21. 关于大学生社会实践学分认定及成绩评定的实施方案（试行）

22. 学生评奖评优实施细则（修订）

23. 学生单项奖学金申报评审实施细则

24. 班主任工作职责及管理办法

25. 学生违纪处理规定

26. 辅导员队伍建设规定（试行）

27. 院系学生工作考核条例（修订）

28. 安全工作先进集体及先进个人考核办法

29. 学生工作诊断与改进实施细则

（四）研究实践

30. 班级导师聘任、管理、考核办法（修订）

31. 学分银行管理办法

3.2 质量核心制度案例

根据教学质量管理要求，无锡职业技术学院设计了以下四个方面的核心制度文件。

3.2.1 教育教学内部质量事故管控原则意见

教育教学内部质量事故管控原则意见（试行）

锡职院质〔2018〕2 号

一、总则

1. 编制依据

本意见参考《无锡职业技术学院诊断与改进工作原则意见》《无锡职业技术学院内部质量保证体系建设方案》，《关于无锡职业技术学院内部质量保证体系职责分工与运行程序的原则意见》。

2. 目的

为了引导建立质量事故管控反馈机制，明确质量事故管理、处理办法及处理流程，引导各质量主体自觉维护质量、明确职责，形成常态化质量事故管理、反馈机制，特制定本意见。

3. 适用范围

本意见适用于无锡职业技术学院各质量主体应对质量事故处置工作。质量事故范围覆盖五层面、五纵向，"8"字形螺旋全过程，所有不能满足使用要求和使用程度的事故内容，并且未上升至公共事件的情况，参照本原则执行，对已成突发公共事件的情况，参照《无锡职业技术学院突发公共事件应急预案》予以处理。

二、质量事故分类

根据学校管理、服务的功能及职能划分，便于落实责任主体，将质量事故分为如下几类：

1. 教学类

教学类包括任课教师、教学辅助人员、教学管理人员、教学服务人员和其他相关人员的直接或间接责任，导致教学秩序、教学进程和教学质量等受到影响，并造成不良后果的行为或事件。

2. 资源保障类

资源保障类包括为五层面提供资源保障和支持服务的所有事项，如设备维护、公共卫生保障、食品安全、宿舍保障、保卫、基建资产管理、网络与信息安全等，给学校、师生造成损失的行为与事件。

3. 履职不善类

履职不善类包括校园各部门未履行职责，导致发生学生、教师投诉、群体性事件等应激反应，造成负面影响与损失的行为与事件。

4. 其他类别

其他行为与事件。

三、质量事故分级

学校质量事故原则上，需按照事故的重要程度、紧急情况、可能造成的危害和影响、事故的普遍程度等由低到高，分级管理。原则上分为一般、较大、重大三个等级。具体等级划分由各质量事故认定与处理办法予以规定。

四、质量事故管控机构与职责

学校建立"两级一协调"质量管控机构，质量管控机构间相互协作、互相联动，负责质量事故的常态化管控。

1. 校级质量事故管控机构

各职能部门负责职责范围内质量维护工作，负责受理、处理师生、其他部门提出的职责范围内的质量事故。

2. 院级质量事故管控机构

各教学部门需通过各种形式，采集质量信息，受理、处理师生、其他部门提出的职责范围内的质量事故。

3. 协调机构

质量监督与控制部负责协调各部门解决需多部门协调解决的、较大以上质量事故。纪委针对本部门职责范围，负责较大以上质量事故的受理与处理。

各质量事故管控机构需定期自查自纠，应用"校情综合分析与决策支持"平台、开展常态纠偏与阶段改进工作，对预警指标及时查找问题、及时解决，并对日常检查、日常投诉等发现的质量事故按照下面的质量事故处理流程，及时、有效地处理，通过平台监测与日常检查相结合的方式，形成质量事故管控常态化管理的反馈机制。

五、质量事故处理流程

1. 质量事故受理

各部门需对外公开办公地点、通信方式，保持联络方式畅通，对电话、网络、登门等方式的质量事故投诉，均需认真、平等对待。遇到师生向各部门投诉其权限范围内的质量事故时，各部门不得推诿，需安排专人专门受理各类质量事故投诉。

2. 质量事故处理

对受理的质量事故，部门能解决的需五个工作日内解决或者提出解决方案；对需协调解决的，可主动与其他部门协商解决，或向协调机构（质量监督与控制部）提出申请，予以协调解决。

3. 质量事故认定

对较大以上质量事故，造成较大影响的事故，需认定处罚方式，教学事故向教务处提出认定申请；涉及学生非党团事务可向学生处提出认定申请；事故责任人需追究党（团）内处分，可向对应组织提出申请。

4. 质量事故反馈

对受理的质量事故，在确定解决方案后，需以书面或面谈方式向投诉人予以反馈，

并了解投诉人对质量事故处理办法或处理结果是否满意。

5.质量事故归档

各部门对较大以上质量事故需归档，归档方式电子、纸质均可。

六、附则

1.对应职责部门，自本意见发布日起，根据本意见需逐步起草、完善对应质量事故认定与处理办法，并予以公布。

2.各质量保证主体需认真对待，处理质量事故，若因渎职造成师生员工、学校损失，可上报有关部门，追究个人或部门相应责任；造成事态扩大，上升至公共事故，将按规定，追求责任主体相应责任。

3.本意见由质量监督与控制部负责解释。

4.本意见自发布之日起实施。

3.2.2 诊断与改进工作原则意见

诊断与改进工作原则意见（修订）

锡职院质〔2018〕3号

为贯彻落实教育部及江苏省高等职业院校"内部质量保证体系诊断与改进"（简称诊改）系列文件要求，根据《无锡职业技术学院内部质量保证体系建设与运行实施方案》（简称《实施方案》），特制定本意见。

一、组织分工

全校内部质量保证体系诊断与改进工作由学校党政主要负责人统一协调，质量监督与控制部负责组织实施，质量保证体系五层面诊改（学校、专业、课程、教师、学生）负责牵头部门如下：

学院办公室：学校层自诊

教务处：专业、课程层自诊

人事处：教师层自诊

学生处：学生层自诊

职能部门是学校层自诊的主体，教学部门主动对接职能部门，做好专业、课程、师资、学生等层面的自诊。

二、责任主体及自诊范围

根据《实施方案》，诊改工作覆盖学校、专业、课程、教师、学生五层面，责任主体及自诊范围如下。

1.学校层自诊

部门行政负责人：职能部门、教学部门自诊。

2．专业层自诊

专业负责人：学校在运行且有三年以上毕业生的专业自诊。

各级专业管理者：汇总专业自诊数据，为分析决策提供依据。流程：各专业自诊（专业负责人，根据专业数据分析）→分院专业自诊数据汇总（分院教学院长，根据分院专业数据汇总分析）→学校专业自诊（教务处长，根据全校专业数据汇总分析）。

3．课程层自诊

任课教师：对学期班级课程自诊。

课程负责人：对所负责的课程自诊（教学计划内课程）。

各级课程管理者：汇总课程自诊数据，为分析决策提供依据。流程：学期班级课程自诊（任课教师对未达标项分析）→学年课程自诊（课程负责人，根据课程数据汇总分析）→专业的课程自诊（专业负责人，根据专业所有课程数据汇总分析）→学校课程自诊（教务处长，根据全校课程数据汇总）。

4．教师层自诊

专任教师：个人自诊。

教学部门教师工作负责人：对本部门师资队伍建设质量自诊。

人事处负责人：汇总教学部门师资队伍建设自诊数据，为决策分析提供依据。

5．学生层自诊

在校学生：个人自诊。

分院学生工作负责人：对三部门学生工作质量自诊。

学生处负责人：汇总分院学生工作自诊数据，为决策分析提供依据。

三、自诊要求

1．建立目标标准

围绕学校"十三五"事业发展规划、江苏省高水平优质校建设、第四届党代会的建设目标，以及"培养高素质技术技能人才"的培养质量目标，各层面质量主体在开展需求分析、基础分析、问题分析的基础上，根据"上挂下联、互相对接"原则制定质量目标和标准，形成目标标准链。

2．开展常态自诊

根据《实施方案》所确定的"8"字形螺旋运行模式，要求结合日常工作，通过系统采集的实时信息和预警指标，对实施过程质量进行常态自诊，随时做好纠偏与修正。

3．开展阶段自诊

按照诊改周期定期开展阶段自诊，并在"校情综合分析与决策支持"平台中撰写提交自诊报告，要求根据各层面指标测定结果、分析未达标原因，提出改进措施，对比上一轮测量数据，总结诊改成效与存在的问题。

4．汇总分析

依托"校情综合分析与决策支持"平台，对自诊指标测量数据逐级进行汇总分析，

为五层面管理者提供决策依据。

5．反馈改进

各质量主体根据自诊结果，对未达标项进行分析研究，采取切实可行的措施，确保诊改取得成效；各层面诊改牵头部门负责对质量主体进行监督与控制，并进行激励约束；质量监督与控制部对诊改工作进行检查、抽查，通过质量简报公布相关信息、通过定向反馈有针对性地反馈信息。

四、自诊报告撰写提交时间

1 月、7 月：课程层（班级、课程级），任课教师与课程负责人以学期为自诊周期开展阶段性自诊，并撰写自诊报告。

11 月：专业层、课程层（专业级与校级）、教师层、学生层以学年为自诊周期开展阶段性自诊，并撰写自诊报告。

12 月：学校部门以年度为自诊周期开展阶段性自诊，并撰写自诊报告。

五、技术支持

信息中心负责诊改技术支持，做好以下工作。

（1）建设"校情综合分析与决策支持"平台，为诊改提供技术支持。

（2）协调全校各部门业务系统的完善，提供实时、动态、真实的数据来源。

（3）建设、维护、更新学校中心数据库，提供实时自诊数据。

六、检查与考核

学校内部质量保证体系诊断与改进工作是一项覆盖全员、全程、全方位的综合性工作，是学校内涵建设的重要任务，质量保证人人有责，全校师生员工必须高度重视，负起质量的主体责任。

学院办公室、教务处、人事处、学生处分别做好五层面诊改的工作落实，要求细化任务、布置工作，督促各层面按时高质量完成诊改工作，质控部做好抽查与检查工作；诊改工作纳入内涵建设重点工作，与部门年度考核相挂钩，实行诊改工作一票否决制，未按要求完成任务的部门取消评优评先资格。

本办法自颁布之日起执行，由质控部负责解释。

3.2.3 开展专业调研的原则意见

关于开展专业调研的原则意见（修订）

锡职院教〔2019〕1 号

为对接区域支柱产业、战略新兴产业、先进制造业、现代服务业，培养适应区域经济转型升级需求的专业人才，科学制订专业人才培养方案，进一步明确我校设置专业的培养目标和定位，为课程体系构建和课程改革提供参考意见和建议，特制定本专业调研原则意见，并以此为基础建立人才培养质量反馈渠道和评价制度。

一、调研目的

1. 了解区域经济,特别是长三角地区、无锡市地区相关行业企业的发展现状、发展趋势。

2. 了解用人单位对人才的需求状况和岗位核心能力要求,包括未来三年内人才需求量、对人才的学历层次和核心能力要求、岗位核心能力要求包括变化情况等。

3. 了解用人单位对专业人才职业素养、专业能力等要求,明确专科层次专业人才的需求特征、受聘人员来源以及企业对我校人才的满意度。

4. 了解毕业生的就业竞争力与成长轨迹。

5. 了解新技术新技能的应用,为开设新专业奠定基础。

二、调研对象

1. 企业单位

面向毕业生主要就业区域的企业单位,主要调研人员为企业基层管理人员、中层管理(如人力资源经理等)、高层管理(总经理)等。每个专业选10～15家企业,所调研的企业经营规模应多样,即应包括大型、中型、小型企业,企业性质须含有国有企业、民营企业、合资企业、外资企业等。

2. 毕业生

所调研的毕业生包含应届毕业生和往届毕业生。应届毕业生调研覆盖率不少于70%,小班专业力争全覆盖最小样本不少于30份。往届毕业生一般为近五年的毕业生,包括毕业后仍在本专业岗位的学生和毕业后已经转岗的学生,调研规模不少于近五年总毕业生的10%,最小样本不少于60份。

3. 行业专家

主要是指本专业领域的有丰富行业经验区域性行业专家、技术人员等,人员可由合作企业推荐,专家数量为五名左右。

4. 兄弟院校

所调研院校本专业须处于全国靠前位次,省内及省外兼顾,数量不少于四所。

每年调研对象至少应覆盖企业单位、毕业生二类,其他二类按专业需求选择。

三、调研时间

各专业每年可利用暑假进行调研,也可以根据实际需要安排,但必须在专业人才培养方案制定(修订)之前完成。

四、调研内容

1. 本专业行业发展情况

本专业全球、全国、江苏省、无锡市发展规划、发展现状、发展趋势、专业教育现状。

2. 企业人才需求情况

调研企业基本情况,人才需求情况及岗位类型。

3. 职业岗位情况

本专业企业就业岗位及其岗位具体工作任务,岗位职业能力要求包括专业知识、职

业能力、职业素养、资格证书及其变化情况，新技术新技能的应用情况等。

4. 毕业生岗位适应性

用人单位对本专业毕业生职业素养、专业能力等要求，受聘人员来源以及企业对我校人才的满意度。

五、调研方法

1. 企业、专家、兄弟院校访谈

事先应拟定访谈提纲，就专业发展空间和趋势、人才现状和培养需求、人才培养方案和课程体系等进行调研和咨询。

2. 问卷调查法

采取分层抽样调查方法，设计内容翔实的调查问卷，毕业生调查问卷应针对"在岗"和"转岗"的两类已毕业学生，调研的内容应有所偏重，调查问卷应有所不同。

3. 现场观察法

在调研期间，参与调研的教师应根据自己的课程方向根据现场观察和跟踪，为课程建设和改革积累丰富的第一手资料。

4. 网络筛选法

利用网络，依托百度等搜索引擎，根据企业招聘信息、企业发布的新闻，筛选对本专业有用的信息，并加以分类和综合，抽取出调研内容。

六、提交成果

1. 专业人才需求调研方案

方案内容包括调研时间、调研地点、调研对象、调研方法、调研内容、用人单位调查问卷、毕业生调查问卷等。

2. 专业人才需求调研报告（见附件）

专业人才需求调研报告须涵盖以下内容。

（1）综述：包括调研时间、单位、对象、方法、参加人员、方案设计等。

（2）区域产业发展概述。

（3）调研分析：人才需求增量及其层次结构分析；专业岗位技术、能力、素质需求分析；毕业生适岗性；就业满意度；教学满意度；课程重要度等。

（4）调研总结：从调研数据总结专业认可度与存在问题，包括用人单位对专业建设的意见和建议、对人才培养方案的修改意见等，提出改进措施。

3. 调研报告支撑材料

调研问卷、调研照片、调研过程记录。

七、附则

本规定自公布之日起执行。由教务处负责解释。

附：专业调研报告格式样例

《××××》专业 ×× 年专业调研报告

一、调研综述

（一）调研目的

由哪些需求导向、问题导向开展专业调研（每年调研可有侧重点）。

（二）调研人员

......

（三）调研时间

......

（四）调研对象及方法

1. 调研对象：行业代表；企业基层、中层、高层管理人员（如人力资源经理、工段长等）；毕业生；......（按实际调研填）。

2. 调研方法：走访座谈、问卷调研......（按实际调研填）。

（五）调研方案设计

走访座谈、问卷调研......

调研方案设计（按实际调研对象填）

调研对象	主要调研内容
行业代表	产业转型升级技术需求、人才需求相关数据......
工段长	岗位技术、能力、素质要求；毕业生适岗性......
人力经理	用人需求；毕业生分布岗位及成长轨迹......
总经理	企业发展及人才需求；企业文化；毕业生素质要求......
毕业生	适岗性；就业满意度；教学满意度；课程重要度......
......	......

将主要调研内容量化成指标，形成问卷调研表，以走访座谈结合问卷调研。

（六）调研单位及样本

调研单位一览表（数量不少于10个，规模、性质不少于2类）

序号	企业名称	规模（大型/中型/小型）	性质（国企/民企/外资）
1			
......	......		

注：企业类型（大型2000人以上；中型300～2000人；小型300人以下）

调研样本：本次调研向企业发放问卷共计×份，回收问卷×份，其中有效问卷×份。（有效问卷不少于近五年总毕业生的10%，最小样本不少于60份。）

二、区域产业发展概述

区域产业发展现状与发展趋势、产业转型升级技术需求、人才需求等相关数据……

三、调研分析

用分类统计法将主要调研指标量化，并尽可能用柱状图、曲线图、饼图、雷达图等展示分析。

（一）用人需求类

1.用人单位目前最希望引进的高职层次管理人才类别，见下图。

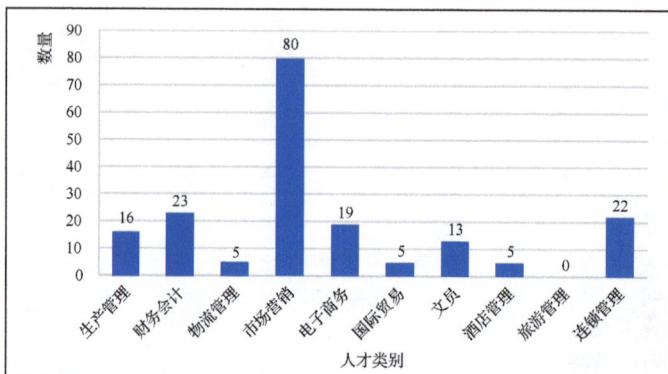

其他：设计、电器调试员等

由上图我们可以看出，在目前用人单位最希望引进的的高职层次管理人才类别上，市场营销专业受欢迎，高于其他专业。

……

四、调研总结

（一）从调研数据看专业认可度（归纳几条）

……

（二）从调研数据看专业存在问题（归纳几条）

……

（三）改进措施

针对调研中专业存在问题，对应在人才培养方案设计、专业课程教学等环节提出切实可行的措施。

执笔人：_____   日期：_____

3.2.4 专业建设评价标准

专业建设评价标准（试行）

锡职院教〔2018〕6号

为进一步提升专业建设质量，根据学校"十三五"规划，结合各专业实际，制定各类专业建设评价标准。本标准采用分层分类设计，适用于对全校专业的质量监控、推荐申报等评价依据，也可为各级质量工程立项的专业建设过程质量监控、专业动态调整等提供工作参考。

本专业建设评价标准分为国家级（A+）、省级（A）、市级（B）、校级专业（C）（包含毕业生未满三届的新专业、暂停招生但仍有在校生的专业）四类。具体指标及内涵见表3-1。

表 3-1　无锡职业技术学院专业建设标准指标

一级指标	二级指标		指标内涵	A+国家级	A省级	B市级	C校级
1.专业规划与人才培养模式	1.1专业设置与规划	专业设置	专业设置准确对接区域支柱产业、特色产业、新兴产业或特种行业，紧跟产业调整和产业升级，专业招生计划完成率高	95%	95%	90%	85%
			专业调研机制完善，调研活动持续开展，调研报告齐全、可信度高	满足	满足	满足	满足
		专业定位	明确国内外同类专业建设的标杆，本专业在全国、全省同类专业中所能达到的领先水平排阵	全国	全省	全市	
		建设规划	1.有符合学校办学定位和特色发展方向的专业建设规划。2.参照悉尼协议的"以学生为中心、以成果为导向、质量持续改进"理念和"体系化构建、常态化监测、第三方质量评价"的专业建设范式，形成系统解决问题的思路和改进方案	满足2条	满足2条	满足1条	满足1条
		专业教学标准	制定职业（能力）标准1.将技术研发所形成的新技术转化为能力要求2.对接发达国家的职业能力标准或职业资格证书能力要求3.融入行业企业发展所需的职业能力与素质要求	满足3条	满足3条	满足2条	满足1条
			制定专业教学标准，并依据专业职业标准，将立德树人、职业能力培养贯穿于学生培养全过程，开发形成专业教学标准，主要涵盖课程体系、教学条件（师资、设施、教材、数字化资源）、教学方法手段、教学组织形式、评价考核、教学管理和继续深造接口	满足	满足	满足	满足
		培养模式与机制	1.实施校企合作、工学结合，开展市级以上校企合作重点项目，实施现代学徒制试点、订单班等，相关方案完备且运行良好2.开展中外合作办学项目或招收留学生，相关方案完备且运行良好3.开展导师制项目训练或创新班教育等，相关方案完备且运行良好4.探索现代职教体系，开展中高职衔接试点、高职本科试点，相关方案完备且运行良好	满足4条	满足3条	满足2条	满足1条

续表

一级指标	二级指标		指标内涵	A+ 国家级	A 省级	B 市级	C 校级
2. 课程与教学	2.1 课程开发	课程	依据专业职业能力标准，选取专业课程内容，突出职业能力培养，开发专业核心课程标准。学生对核心知识的满足度高	高于国示范均值	高于国示范均值	国示范均值	
			与行业企业合作开发专业（校本）课程＋嵌入或融入职业资格证书培训课程（尤其是发达国家职业资格证书的培训课程）的数量	≥8	≥7	≥5	≥2
		教材	近五年主编省级以上重点或规划教材数量	≥4	≥2	≥1	
			自编并投入使用校本教材	√	√	√	√
	2.2 教学方法与效果		积极实践任务驱动、项目导向、理实一体化等教学模式，考核方式多元。专业核心课程成绩优良率达成度高	85%	80%	70%	60%
			能够针对生源特点和学生特长，开展个性化教学，有效调动学生学习兴趣。专业核心课程学生评教优秀率达成度高	92%	90%	85%	80%
			运用现代教育技术，开发和应用"微课"等优质教学资源和在线开放课程，专业资源点击率高，教师在信息化大赛中获奖	3	2	1	
			专业课督导听课成绩均值／低于 75 分教师数	88/0	85/0	80/0	80/0
			专业课教师评学成绩均值	≥85	≥85	≥80	≥75
	2.3 毕业设计		毕业设计按时开题率	100%	100%	95%	95%
			毕业设计成绩优良率	50%	50%	45%	40%
			省级优秀毕业设计二等奖以上或团队数	≥4	≥2	≥1	
3. 师资队伍建设	3.1 专业带头人		具有高级职称、双师素质，有较高的教学研究水平，有市级以上教科研成果，能够带领专业教学团队开展教学改革和科技研发工作	√	√	√	
	3.2 教学团队	团队培养	有专业师资队伍发展规划和培训计划，每年 10% 以上专任教师参加各级各类培训和进修	≥40%	≥30%	≥20%	≥10%
			专任教师平均每年到企业实践不少于 15 天	40%	30%	30%	15%
		团队结构	专职专业教师数量充足，专业生师比（不含专业平台课）合理	30/1	30/1	30/1	35/1
			专职专业教师"双师"比例	100%	95%	90%	≥85%
			专职专业教师高级职称比例	≥45%	≥40%	≥35%	≥30%
			专职专业教师博士学位比例	≥20%	≥20%	≥10%	
			拥有来自行业企业的工匠、技能大师、高工、高管等作为兼职教师	≥7	≥5	≥3	≥2
		科研水平	每年开展国家级、省级、市级或省级以上协会教改课题	≥3	≥2	≥1	
			每年教师本人或指导学生在校级以上教学和技能竞赛中获奖数量	≥3	≥2	≥1	
			每年教师教育教学论文在省级以上刊物发表数量，以及论文获省级以上奖项数量	≥7	≥5	≥3	≥2
			每年教师主持或参与技术研发和社会服务项目的数量	≥4	≥2	≥1	
			每年纵横技术研到账指标完成率	95%	95%	90%	80%
			每年发表科研论文数量	≥7	≥5	≥3	≥2
			每年申请获得专利数量	≥10	≥5	≥3	≥2
		团队荣誉	市级以上名师工作室；市级以上技能大师工作室；省青蓝工程；国家、省教学名师；国家、省教学团队；333 人才工程	≥5	≥3	≥2	
			近三年教师团队取得市级成果或荣誉一项以上	≥3	≥2	≥1	

续表

一级指标	二级指标	指标内涵	A+ 国家级	A 省级	B 市级	C 校级
4. 教学条件	4.1 实践条件	专业实践课时比例 / 合规性	≥50%	≥50%	≥50%	≥50%
		专业必修课的实验实训开出率	100%	100%	≥80%	≥60%
		申请获得国家、省、市实践基地数	省	省	市	校
		合作协议满三年的校外实训实习基地数量	≥8	≥6	≥4	≥2
		学生顶岗实习或校外实践岗位与专业对口，学生的满意度高	≥95%	≥95%	≥90%	≥85%
	4.2 教学资源	专业资源库级别（国家、省、校级）	国家	省或参与国家	市级	校级
		开发国家级、省级在线开放课程，以及市级、校级精品在线开放课程	≥5	≥3	≥1	
5. 质量监控与保障	5.1 学生专长	学生技能水平较高，技能考核通过率或职业资格证书获取率（双证率）	100%	100%	100%	≥95%
		毕业生英语等级考试通过率	高于校均值	高于校均值	高于校均值	
		毕业生计算机等级考试通过率	高于校均值	高于校均值	高于校均值	
		学生每年在各级各类专业技能竞赛中获得过省级以上奖项数量	≥5	≥2	≥1	
		每年专业学生取得的创新创业成果，包括公开发表论文、申请获得专利、完成科技作品或创新创业项目、开展创业活动等	≥15	≥10	≥6	≥2
		学生在各级各类德育、体育、艺术等素质类竞赛中获省级以上奖项数量	≥3	≥2	≥1	
	5.2 学生就业	近三年毕业生平均一次就业率	≥99%	≥99%	≥97%	≥95%
		就业专业相关性	≥国示范均值	国示范均值	国示范均值	国示范均值 90%
		相对省内同类专业，应届毕业生薪酬水平	≥国示范均值	国示范均值	国示范均值	
		毕业生中期薪酬（3～5年）	≥国示范均值	国示范均值	国示范均值	
		毕业生中期岗位升迁率（3～5年）	≥国示范均值	国示范均值	国示范均值	
		用人单位满意度	≥国示范均值	国示范均值	国示范均值	
	5.3 专业诊改	1. 建立以学校为核心、第三方参与的人才培养质量评价机制，有专门机构和人员负责质量监控工作； 2. 专业建设相关教学管理制度完善，建立系统的专业诊断与改进制度，形成教学质量持续改进机制，专业诊断结果为有效	满足2条	满足2条	满足2条	满足1条

注：① 每项指标内涵10分，完成指标得10分，完成50%以上得6分，完成50%以下得3分，未做0分。

② 数据来源：学校各应用系统采集、第三方评价数据引用。

③ 评价结果：完成总分80%以上优秀，60%～80%合格，60%以下待改进。

第4章 诊断与改进运行实践

4.1 学校层面诊改实践

依据《无锡职业技术学院内部质量保证体系建设与运行实施方案》，进行"学校内部质量保证核心制度""职能部门自诊指标体系""教学部门自诊指标体系""学校层面'8'字质量改进螺旋"等专题研究，制定学校层面自诊操作细则，按规划标准、运行管理、约束激励、研究实践四模块系统设计质量保证制度架构，梳理学校层面教育教学内部质量保证核心制度共 18 项，其中规划标准 3 项，运行管理 8 项，约束激励 4 项，研究实践 3 项。学校内部质量保证体系的重点是职能部门的自诊，职能部门代表学校在牵头制定专项发展规划的同时，承担着规划任务的落实和执行，2017 年起采取工作月报等多种形式，以部门年度重点工作进度监控为抓手，开展常态纠偏，依托"校情综合分析与决策支持"平台，以年度为周期开展职能部门阶段性自诊，撰写自诊报告，至今连续两年分别完成职能部门自诊报告 26 份、24 份；2017 年起，还对教学部门进行了年度自诊，连续两年分别完成教学部门自诊报告各 11 份。借助平台的汇总与分析功能，对关键指标进行全校性汇总分析，通过问题查找、对策研究、成效总结，最后形成两年的学校自诊总报告。

4.1.1 学校层面诊改操作要点

修订《无锡职业技术学院诊断与改进工作原则意见》，配套学校层面的自诊操作细则，明确组织分工、诊改范围、操作步骤等内容，用于指导职能部门及教学部门开展自诊。

学校层面自诊涵盖职能部门、教学部门。院办组织牵头学校层面的自诊，质量主体是职能部门负责人、教学部门行政负责人。同时，院办负责全校部门的年度考核工作。学校层面自诊依据是"8"字形螺旋，依托"综合分析与决策支持"平台的测量结果开展诊改，利用平台的汇总分析功能，形成全校性的统计指标，为学校自诊总报告的撰写提供数据支持，为管理者提供分析与决策依据。"8"字形螺旋运行模式共包含 13 个节点，为方便实施，在诊改制度设计中，将操作步骤处理成事前、事中、事后"三部曲"。

（1）事前包括目标、标准的确立，主要工作是由五层面相关职能部门牵头，指导各质量主体制定规划，自主确定目标，并由职能部门负责梳理、协调目标与标准链，使之纵向衔接、横向贯通，围绕目标创设工作任务、验收标准，制定完善与目标任务紧密相关的质量核心制度，保证规划执行的顺畅，保证目标达成度。

（2）事中包括设计、组织、实施、监测、预警、改进、设计，主要工作是通过线上线下的质量实时监控，对实施过程的质量行为进行规范，对出现的问题进行及时纠正，形成常态纠偏质量螺旋。

（3）事后包括诊断、激励、学习、创新、改进、目标标准、目标，其终点也是"8"字形螺旋的起点，形成质量的阶段改进螺旋，五个层面主体通过周期性的质量指标测量，诊断存在的问题，分析原因，提出改进策略，撰写自诊报告。

与"三部曲"相对应，采用"三工具"开展自诊。事前设计建标主要是通过借助 SWOT 分析法等工具，依据 SMART 原则科学制定规划，确立目标标准，创设并落实任务（或项目）；事中常态纠偏是借用信息化平台等多形态的预警与推送工具，在实施环节随时进行，通过实时采集信息等多形态的监测预警，结合日常工作，形成一个快速的纠偏螺旋；事后阶段改进是借助信息化平台，实现质量数据的源头采集、自动测量、诊断分析等工具，帮助质量主体开展阶段自诊、撰写自诊报告，并通过平台实现数据共享、汇总分析，形成各层面的质量联动机制。

4.1.2　学校层面目标标准链建立举例

学校层面目标标准链建立是学校层面自诊的重点，建立目标标准链的目的是落实学校发展规划目标任务，方法如下。

首先由院办（与学校发展规划合署办公）制订学校事业发展规划编制工作方案，牵头制定学校事业发展总规划，明确学校发展战略目标，形成学校规划目标任务，并在进行梳理、归类、提炼后，将总目标任务分解为专项任务；然后指导并组织相关职能部门制定专项分规划，共有党建与思政、专业建设、课程建设、学生工作、师资队伍建设、科研工作、国际交流与合作、信息化建设、后勤、内部质量保证 10 个重点专项分规划；最后各职能部门分头制定分规划，分规划目标任务向上对接学校总规划，向下对接教学部门，将各项任务落实到专业、课程、教师、学生，形成规划体系的目标标准链，规划体系中的目标任务是学校年度工作计划制订的重要依据。

1. 学校层面规划体系的目标标准链建立

学校总规划与分规划之间的目标要上下响应、相互衔接，围绕目标还要创设任务，通过任务的落实来达成目标。对于每项任务，还要确定完成的验收标准及完成的时间度，落实在五年规划的各个年份中。由院办牵头，与各分规划的负责部门进行反复沟通后形成学校层面"十三五"事业发展规划目标链、标准链与主要指标任务按年度分解表，节选见表 4-1。

2. 职能部门年度工作计划主要目标任务制定举例

每年年初，院办负责安排学校年度重点工作，落实规划任务，与职能部门沟通后按部门下达重点年度工作任务及标准。

职能部门需根据院办下达的学校年度工作计划，制订本部门的年度工作计划，确定年度工作目标与标准，部门年度重点工作至少应包含学校下达的年度重点任务、其他交办任务、部门职责范围内的常规任务等方面，工作任务的性质分为 A、B、C 三类。其中，A 类为院办下达的规划内的重点目标任务；B 类为校长办公会议决议的规划外的年度重点工作任务；C 类为部门职责范围内的常规工作任务。

图 4-1 是以科技处为例制定的职能部门年度重点工作目标任务示意图。表 4-2 为科技产业处 2018 年度目标任务与标准（节选），表 4-3 为教务处 2018 年度目标任务与标准（节选）。

表 4-1 学校层面"十三五"事业发展规划体系目标链、标准链与主要指标任务按年度分解表（节选）

学校总目标	分规划目标	分规划目标分解	分规划任务	目标任务验收标准	分年度建设任务				
					2016 年	2017 年	2018 年	2019 年	2020 年
"国内一流、国际水准、特色鲜明的高职名校"建设目标。	专业建设目标	6 个：人才培养、专业团队、技术技能积累、优质专业资源、专业教学信息化、专业评价等	15 项	例 1：技术技能积累/累计申请获得专利 1300 项	200	200	300	300	300
				例 2：专业团队/省级教学科研团队 5 个	1	1	1	1	1
	课程建设目标	4 个：课程标准、国内外优质课程资源、课程信息化、课程评价等	11 项	例 1：课程标准/根据各专业要求每年动态调整一次	1	1	1	1	1
				例 2：课程教学信息化/100% 课程在教学平台运行	30%	50%	80%	90%	100%
	学生工作目标	7 个：思政教育、就业创业教育、文化素质教育、身心健康教育、国防教育、学生服务、学生工作队伍	13 项	例：就业创业/每年参加创新创业类竞赛省级及以上获奖 10 项以上	12	25	19	19	19
	师资队伍建设目标	7 个：师资制度、师德师风、师资培养、师资规模、师资结构、高水平师资队伍、师资培养教育	14 项	例：师资引培/引进培养有发展潜力的专业带头人 15 人	2	4	3	3	3
	科研工作目标	7 个：科研管理机制、团队核心技术、科技平台、科技服务、大学科技园、标志性成果	15 项	例：科技平台/市级及以上科技平台 6 个	1	1	3	0	1
	国际交流与合作目标	7 个：制度建设、师资国际化水平、合作办学、出国交流、留学生规模、海外分校、国际资格证书	15 项	例：合作办学/中外合作办学项目总数达到 8 个	5	6	7	8	8
	党建与思政目标	12 个：政治学习、基层组织建设、干部队伍建设、党员管理、统战工作、宣传工作、校园文化	32 项	例：政治学习/制定政治学习相关制度 5 项，并贯彻落实	1	1	3	—	—
	信息化建设目标	6 个：有线无线网络、应用系统、全量数据中心、一站式服务中心、网络安全与文化	15 项	例：业务系统/核心业务信息化覆盖率达 90% 以上	70%	75%	80%	85%	≥90%
	质量保证体系建设目标	4 个：质量保证体系 V3.0、综合分析与决策系统、质量监督控制、质量报告	10 项	例：质量报告/编制与发布质量月报每年至少 8 期	8	8	8	8	8
	后勤服务保障目标	7 个：能源监控、资产管理、后勤服务、基建项目……	14 项	例：能源监控/平台完善及升级完成率 95% 以上	85%	90%	95%	95%	95%

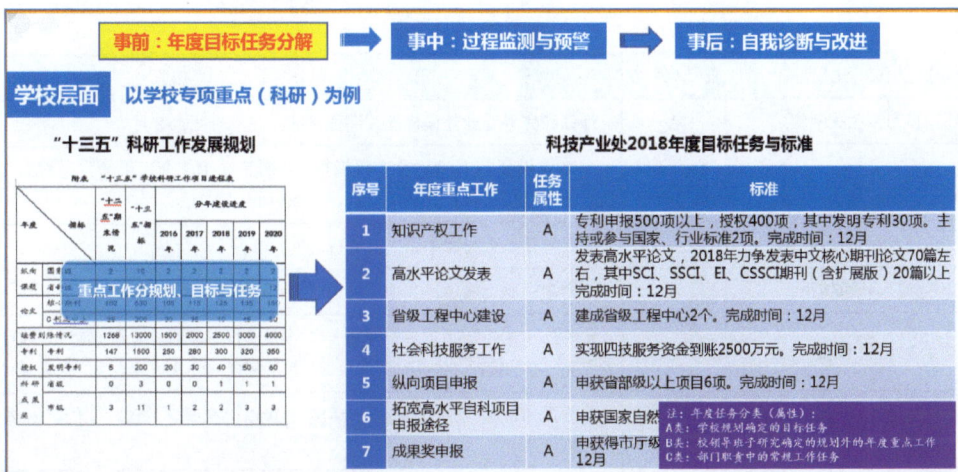

图 4-1 科技产业处年度目标任务

表 4-2 科技产业处 2018 年度目标任务与标准（节选）

年度重点工作	任务属性	标 准
知识产权工作	A	专利申报 500 项以上，授权 400 项，其中发明专利 30 项。主持或参与国家、行业标准 2 项。完成时间：12 月
高水平论文发表	A	发表高水平论文，2018 年力争发表中文核心期刊论文 70 篇左右，其中 SCI、SSCI、EI、CSSCI 期刊（含扩展版）20 篇以上。完成时间：12 月
省级工程中心建设	A	建成省级工程中心 2 个。完成时间：12 月
社会科技服务工作	A	实现四技服务资金到账 2500 万元。完成时间：12 月
纵向项目申报	A	申请获得省部级以上项目 6 项。完成时间：12 月
拓宽高水平自科项目申报途径	A	申请获得国家自然科学基金申报依托平台。完成时间：12 月
成果奖申报	A	申请获得市厅级科研成果奖 3 项，其中省部级 1 项。完成时间：12 月
大学科技园建设	A	建成校级或以上大学生创业园为基础的大学科技园。完成时间：12 月
科研管理信息化	A	上线运行科研管理系统，近五年成果均通过系统进行管理。完成时间：12 月
管理制度建设	B	修订完善纵横向课题等管理制度。完成时间：12 月
举办自科高水平讲座	B	积极做好项目申报辅导讲座，举办高水平讲座 3～5 场，为学校老师从事科学研究和项目申报提供咨询和帮助。完成时间：12 月
协会、学会的管理工作	B	科协争优创先，科普工作；各级各类学会的管理。完成时间：12 月
做好校企合作工作	B	推进校企合作；定期走访企业，年联系规模以上企业 20 家。完成时间：12 月
校办企业管理	B	积极做好校办企业管理，按期对企业进行外部财务审计，定期接受教育厅委托的审计。完成时间：12 月
科研工作量和高水平科研奖励统计	C	做好科研工作量和高水平科研奖励统计工作。完成时间：11 月
职称评审材料科技成果审核	C	配合人事处完成职称评审材料审核工作。完成时间：11 月
劳务派遣转雇员制评审材料审核工作	C	配合完成劳务派遣转雇员制评审材料审核工作。完成时间：11 月
相关数据上报工作	C	完成 2017 年度教育部科技统计、教育厅技术市场交易统计、教育部高校创新能力统计、教育部校办产业统计上报工作。配合相关部门完成高校基表、人才培养状态数据采集等工作。完成时间：12 月
宣传、档案管理、资产管理等工作	C	完成部门宣传、档案管理、资产管理等工作。完成时间：12 月
	C	

表 4-3 教务处 2018 年度目标任务与标准（节选）

年度重点工作任务	任务属性	验 收 标 准
修订和完善相关制度	A	修订和完善专业建设标准、课程标准。完成时间：12 月
落实省高水平高职院校建设任务	A	完善建设任务书和建设方案报批；全面启动 102 个三级项目系统任务填报，二级及一级项目负责人完成审核。完成时间：12 月
省级以上精品教材建设	A	获得省重点教材 3 本以上。完成时间：12 月
构建现代职教体系	A	新增中高职衔接项目 3 项。完成时间：9 月
办好创新学院	A	省赛获得一等奖 7 项、国赛一等奖 3 项；申请获得省级创新创业训练计划项目 15 项；省级优秀毕业设计（团队）评选取得一等奖和优秀团队奖共 4 项。完成时间：12 月
推进教学质量工程	A	获得国家级教学成果奖 1～2 项、省级以上在线开放课程 3 门、省重点教材 3 本以上
牵头教学层面的"工作标准提升年"相关活动	B	强化常规管理，制定教研活动安排指导意见；巩固"课堂教学质量提升年"活动成果，进一步提升课堂教学水平。完成时间：12 月
抓好教学诊改	B	专业、课程诊改指标体系完善；完成 2017～2018 学年专业、课程诊改工作；升级完善教务管理平台。完成时间：12 月
落实教学信息化"五全"要求	B	推进全课程信息化，所有本年度开课课程建课完成，预计建课 1300 门；每学期组织课程建设情况检查两次；组织参加国家、省职业院校信息化教学、微课大赛，取得一等奖两项以上；获得省级以上在线开放课程 3 门。完成时间：12 月
开好教学工作年会	B	召开教学工作年会。完成时间：4 月
落实品牌专业、创新行动计划等重点建设任务	B	扎实推进数控和物联网品牌专业建设和创新行动计划任务落实，完成 2018 年各项建设任务，做好项目结题验收准备；完成创新发展行动计划梳理总结，填报绩效数据，提炼案例。完成时间：12 月
做好高职本科各项工作	B	推进本科工程教育认证工作，组织有本科专业的分院落实工程教育认证工作要求；组织制订 2018 版高职本科专业人才培养方案；统筹好 2018 届本科生毕业、学位资格审核、毕业学位信息申报等毕业环节的各项工作；持续做好高职本科毕业生跟踪调查活动，完成高职本科人才培养质量报告。完成时间：12 月
完成数据采集	B	完成 2018 采集数据上报任务。完成时间：10 月
承办技能大赛	B	承办江苏省技能大赛两项、省技能大赛选拔赛三项。完成时间：11 月
招生专业调整	B	完成 2019 年新增及拟招收专业上报。完成时间：10 月
做好各级各类考试组织工作	C	计算机等级考试、英语四六级和 A 级考试、期末考试以及其他考试的组织工作；努力做到零事故。完成时间：12 月
录播室管理工作	C	根据教师视频录制需求，年录制视屏 150 课时以上。完成时间：12 月
实训室建设项目管理	C	建设实训室 25 个，项目预算 1000 万元。完成时间：12 月
教学常规管理	C	做好日常教学检查，杜绝教学事故。完成时间：12 月
教研工作量和高水平奖励审核	C	审核统计 2017～2018 学年教研工作量及高水平奖励。完成时间：11 月
教研课题管理	C	结题省级教改课题 4 项，结题高教学会课题 3 项，结题校级专业和课程建设课题 21 项。完成时间：12 月
	C	

4.1.3 学校层面常态纠偏举例

校级层面的常态工作纠偏与职能部门的日常工作相融合，其形式多样，主要有月报信息系统、业务系统、校情综合分析与决策平台预警、人工抽查等办法。

院办负责统筹与监控全校各部门年度重点任务落实，建立工作月报制度，通过月报信息系统，按月检查各部门年度任务的完成情况。

职能部门负责人结合日常工作对标进行常态自诊，依据信息系统测量数据、预警信息等，对部门运行中出现的问题随时纠正与改进。以科技产业处为例，图 4-2 是学校职能部门工作月报系统显示科技产业处 2018 年 10 月年度工作的完成情况，该部门任务完成度 75.55%，工作进度总体符合要求。但其中年度科研到账资金、高水平论文发表两项指标触发预警。科技产业处深入对照年度任务分解查找原因，发现主要是管理、财经、外旅、艺术等学院的任务不达标，在 OA（Office Automation，办公自动化）系统当月发布的"科技工作通报"将此信息揭示、预警，提醒相关学院。

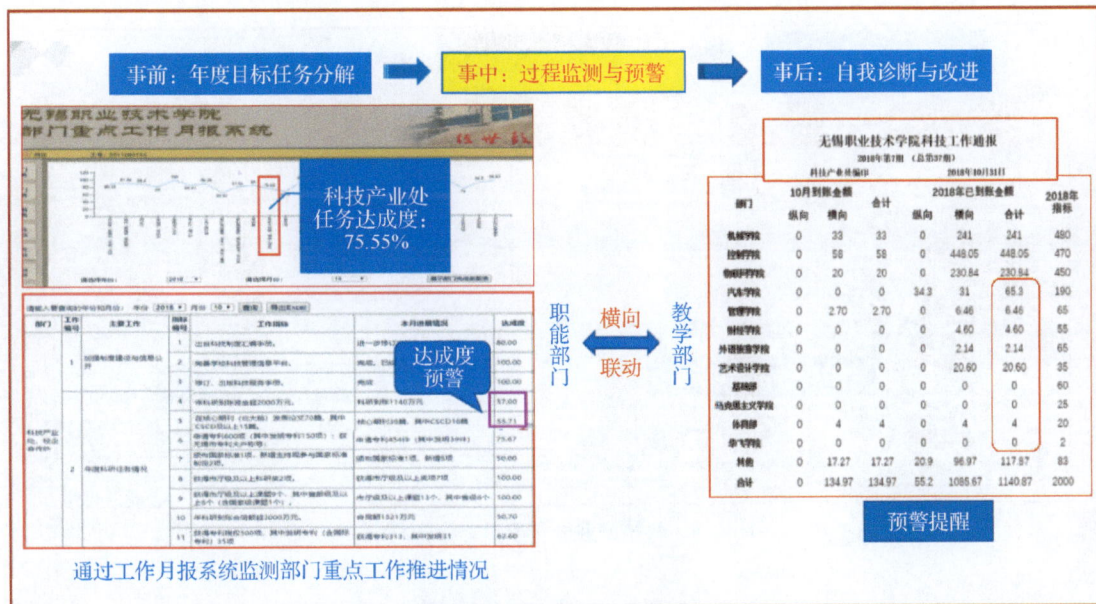

图 4-2 科技产业处根据工作月报常态纠偏举例

4.1.4 学校层面阶段自诊举例

学校层面的部门阶段自诊周期按自然年进行，通过"校情综合分析与决策支持系统"平台的诊改功能模块，部门负责人依据测量结果，查找问题，进行策略分析，撰写部门年度自诊报告。图 4-3 是系统显示的测量结果，图 4-4 是依据测量结果撰写的部门自诊报告。

通过校情综合分析系统进行自我诊断与改进分析

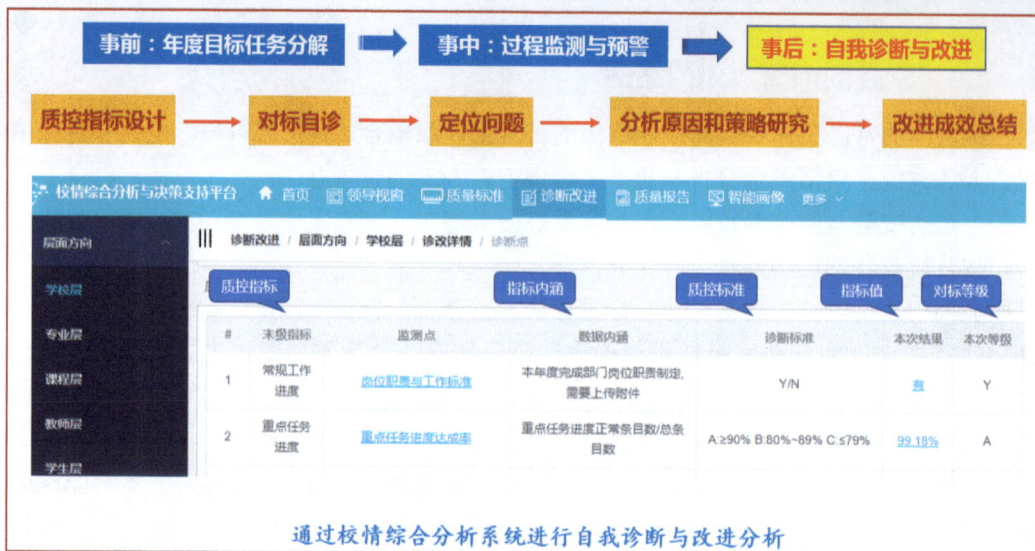

图 4-3　职能部门自诊指标测量结果举例

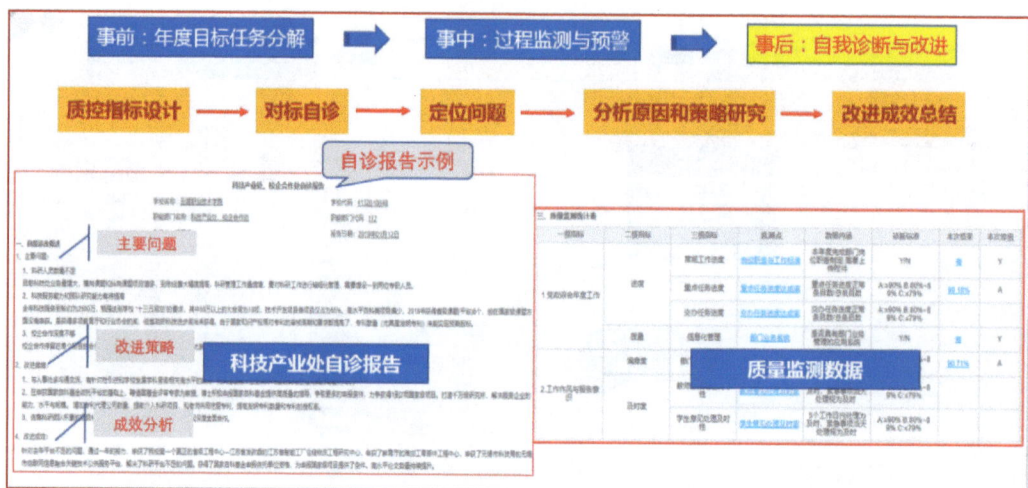

图 4-4　科技产业处年度自诊报告样例

4.2　专业层诊改实践

依据《无锡职业技术学院内部质量保证体系建设与运行实施方案》进行"专业自诊指标体系""专业层面、'8'字形质量改进螺旋"等专题研究，完善教学工作委员会工作机制，建立专业层"8"字形螺旋，制定专业诊改实施办法，围绕专业建设与教学运行，制定专业调研、专业建设与评价等相关制度 16 项，其中规划标准类 3 项，运行管理类 7 项，约束激励类 2 项，研究实践类 4 项。根据专业诊改实施办法，指导各专业开展常态与阶段相结合的专业自诊工作。2016 年采用电子表格形式开展自诊试点工作；2017 年起采用信息平台开展自诊，实施专业—学校两级自诊；2018 年实施学校—分院—专业三级自诊报告，全校 46 个专业全覆盖，形成 46 份专业报告、8 份教学院系报告及 1 份学校层面自诊报告。

4.2.1 专业层面诊改实施办法

专业层面诊改涵盖专业建设与专业教学运行两个方面，教务处牵头组织专业层面诊改工作。专业质量主体为专业负责人，遵循专业层面"8"字形螺旋，对照专业监测指标进行专业诊改。依托"校情综合分析与决策支持系统"平台汇总分析，为各级专业管理者提供管理与决策依据。

1. 建立目标标准

制定学校专业建设规划，学校46个专业对标学校专业建设规划总体要求，结合自身基础及发展目标（A+/A/B/C），分别制定专业建设规划，并细化具体建设目标与年度任务、标准。教务处负责全校专业建设与运行管理，指导分院各专业制定专业发展规划、专业人才培养方案，统筹学校专业规划、分院专业建设及单个专业建设规划，并与课程、师资、国际化合作等分规划相贯通，上下衔接、左右贯通形成专业建设目标与标准链，形成"学校专业建设分规划目标、任务、标准分解表"，将建设任务分解落实到分院各专业。各专业依据专业建设规划目标任务，结合专业自身建设要求，形成本专业建设与人才培养的目标任务，以此作为专业自诊的依据。

教务处关于专业建设规划中"建立专业建设目标标准"的要点说明

（一）专业分析

基于SWOT分析，建议提炼需求分析、基础分析、问题分析三大分析逻辑框架图及要点说明。

1. 需求分析

本地产业发展对本专业人才的需求情况分析，用数据或要点提炼；产业转型升级对专业提出的发展要求（与专业相关的新技术、职业能力与素质）。

2. 基础分析（时间节点为近三年）

（1）专业优势

专业现有能力水平与取得成果，用数据或要点提炼，如：

专业团队掌握××核心技术，每年纵横向课题到账××万元；毕业生面向××就业岗位，就业现状满意度×%，平均月薪××××元，高于示范性高职院平均×××元；建有×门×级开放课程……

（2）学情分析

生源质量（最高最低录取分数、报考率、录取率等）；学业成绩（优秀率、合格率、课程平均分、职业资格证书获取率）；学风分析（到课率、月入馆次数、学年借书量、学习主动性等）。

3. 问题分析

上挂学校"十三五"对本专业的定位（目标链要求）。对于A+专业，则需要与全国同类院校相同的（个别也可以是发达国家的）顶级专业进行比对，发现不足。

（二）专业建设目标

学校专业分级为 A+、A、B、C。不同级别专业建设目标标准要素也不同，具体参见学校专业建设评价标准。

1. 总体目标

建设达到的专业等级：专业水平、专业特色、专业突破、专业质量水准。如：

A+专业：以"技术积累，创新教育"为特色，聚焦技术标准研发、专业标准优化，用五年时间，将专业建设成国际水准、国内一流的"智能制造"专业，为中小企业智能制造转型升级提供精准解决方案的能力与水平全国第一。

C专业：表述要点为专业特色、专业突破、专业质量达成度。

2. 具体目标

具体目标应支撑总体目标的实现。围绕技术技能积累、优质教育资源建设、教育国际化、信息化建设、服务学生成长成才五个方面预期建设的标志性成果，并用 SMART 目标管理原则描述。

SMART 原则：目标必须是具体的（Specific）；目标必须是可以衡量的（Measurable）；目标必须是可以达到的（Attainable）；目标必须和其他目标具有相关性（Relevant）；目标必须具有明确的截止期限（Time-based）。如：

（1）智能制造核心技术领先，纵横向科研达××。

（2）国际合作规模达××，留学生××，引进转化国际优质教育资源××，师生跨境双向交流。

（3）实现专业核心课程全课程信息化，创建两门省级以上开放课程。

（4）学生就业竞争力××指标领先。

……

（三）专业建设标准

按学校专业等级及标准对标形成本专业建设标准。标准是目标的标尺、具象、质量监控的窗口。目标与任务关联，任务与标准关联。标准分运行标准（主要指制度与规范）和任务完成后的验收标准。此处主要罗列与任务相关的部分标准。

1. 技术技能积累（A+专业 3 项；其他专业 2 项）

（1）人才培养方案与课程体系分析：如何对接产业发展需求？专业技术、岗位核心能力如何与课程体系对接？专业教学标准的优化（必述项）。

（2）服务区域、产业发展智能制造需要，加强××应用技术的传承应用研发能力，横向技术服务主要领域与技术水平。

（3）纵向技术研究方向；行业技术标准研发。

2. 优质教育资源建设（A+专业 5 项；其他专业 2～4 项）

线上线下：教学资源、师资、基地。

（1）引进转化国际优质教育资源（国际先进工艺流程、产品标准、技术标准、服务标准、管理方法等）。

（2）专兼结合教科研团队建设；课程团队建设。

（3）技术技能大师工作室。

（4）服务专业升级校内实践基地的线上线下资源的整合优化、管理制度，支撑教学模式改革，开发新的实践项目等。

（5）与积极拓展国际业务的大型企业共建国际化人才培养基地。

（6）与品牌企业合作"现代学徒制"试点。

3. 教育国际化（A+ 专业 5 项；其他专业 2 ～ 3 项）

（1）对接国际标准，探索工程技术教育认证。

（2）国际职业资格证。

（3）中外合作招生。

（4）留学生。

（5）师生跨境双向交流。

4. 信息化建设（A+ 专业 4 项；其他专业 2 ～ 3 项）

（1）全课程信息化。

（2）校 / 市 / 省 / 国家开放课程建设。

（3）校 / 市 / 省 / 国家专业资源库建设。

（4）全国职业院校信息化教学大赛。

应用信息技术改造传统教学，促进泛在、移动、个性化学习方式的形成；推广教学过程与生产过程实时互动的远程教学，形成教学方法、评价方法的新形态。

5. 服务学生成长成才（A+ 专业 4 项；其他专业 2 ～ 3 项）

（1）对学生个性化的学习支持与教育服务，提升学生学习主动性。

（2）拔尖创新人才培养。

（3）全国职业院校技能大赛。

（4）学生社会评价指标（第一报考率与报到率、毕业生就业率、专业对口率、毕业生月薪、毕业生就业现状满意度）。

2. 开展常态自诊

专业负责人按照"8"字形螺旋运行单元，在日常工作中随时对照专业建设任务的完成进度与质量、专业人才培养方案的运行状况开展常态自诊，依据信息系统测量数据、预警信息等，对建设与运行中出现的问题随时纠正与改进。

3. 开展阶段自诊

专业自诊以学年为周期，采用平台数据测量与人工抽检分析相结合的办法，依托"校情综合分析与决策支持系统"平台、教务系统等测量数据，对照专业自诊指标测量结果进行，也可在此基础上根据专业自身实际增补自诊指标，对未达标项加以深度分析，形成自我诊断意见和改进措施，完成年度专业自诊报告，下一年的自我诊改报告中增加诊改成效。专业自诊表见表 3-3。

4. 汇总分析

"校情综合分析与决策支持系统"平台对专业逐级进行数据汇总分析，为专业管理者提供决策依据。具体流程：各专业自诊（专业负责人，根据专业数据分析）→分院专业自诊数据汇总（分院教学院长，根据分院专业数据汇总分析）→学校专业自诊（教务处长，根据全校专业数据汇总分析）。

5. 反馈改进

专业负责人根据自诊结果，对未达标项进行分析研究，采取切实可行的措施，确保诊改取得成效；教务处负责对各专业诊改工作进行监督与控制，并将诊改工作与专业的绩效考核相挂钩。

4.2.2　单个专业自诊案例

专业诊改遵循专业层面"8"字形螺旋，加强专业事前、事中、事后质量管控，自诊数据通过平台自动采集统计，同时增加预警功能。以软件技术专业为例，围绕两链打造、实施运行、阶段自诊和成效体会四个方面，展示软件技术专业诊改的实施与成效。

软件技术专业目前在校生 503 人，包含 14 名留学生。该专业成立于 2003 年，由计算机应用技术专业转型；2006 年示范性建设期间专业建设成果初显，校企合作开展工学结合订单培养软件技术专业人才；2009 年加入服务外包校企联盟，获得全国机械行业特色专业，引入 NIIT 优质资源开展国际合作；2012 年建成市重点专业、省"十二五"重点专业、省服务外包人才培训基地；2017 年专业获得省高水平骨干专业建设立项。

1. 两链打造

1）专业建设目标标准

软件技术专业在学校"十三五"专业建设规划中定位为 A 类专业（省级品牌），教务处制定了专业建设（A+/A/B/C）的评价标准，对于 A 类专业有一系列的建设指标内涵。

SWOT 分析：软件技术专业的优势为国际化合作深入、学生成果突出、社会认可度逐年提高；劣势表现在教科研成果不显著、优质教育资源建设不足等方面；机遇是无锡新名片为软件发展提供了广阔空间，产业集群式发展为软件技术在智能制造领域的发展提供了空间；挑战是生源素质对卓越技术技能人才培养提出挑战、信息技术摩尔定律——软件新技术发展迅猛。

依据 A 类专业建设要求，基于软件技术专业建设基础，软件技术专业的建设总目标：面向"互联网+"和"中国制造 2025"的时代变革，以软件技术在物联网与智能制造领域的应用为主线进行专业优化改造，聚焦"工业视觉物联网应用""智能化信息处理""人工智能编程"三大核心技术，开展技术技能积累，基于"产教融合、创新创业"的教育理念，用五年时间将专业建成国际水准，在设计与开发智能制造工业领域应用软件的能力与水平方面处于全国第一方阵。

学校"十三五"建设规划中提出的专业建设规划、目标和任务，通过横向联动、向下贯通，通过 SWOT 分析及标杆学校常州信息和加拿大百年理工软件技术专业优劣势分析，确定软件技术专业建设目标，以及在技术技能积累、教育资源建设、专业国际化、信息化教学、学生成长成才五个方面的具体建设目标、任务、标准，同时向上支撑着学校目标和任务的实现。

图 4-5 专业目标标准链。

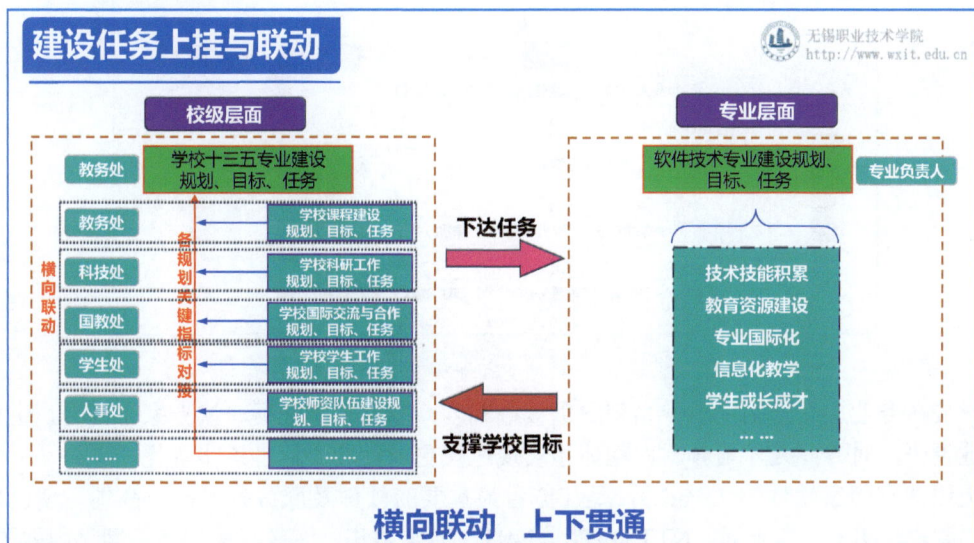

图 4-5 专业目标标准链

根据 SMART 原则细化专业五大具体建设目标内涵，制定建设标准，确认分年度任务指标，黑色为学校 A 类专业建设的规定动作，红色为专业发展所提出的自选动作。图 4-6 为软件技术专业建设标准与分年度任务指标。

具体目标	项目内涵	标准	分年度任务指标				
			2016	2017	2018	2019	2020
1.强化技术技能积累，提升专业服务产业能力	★1-1 聚集校内外资源，凝练方向，服务区域产业智能制造发展需要	获得专利36项，其中发明专利、国际专利5项	6（1）	6（1）	8（1）	8（1）	8（1）
		科研技术到账达440万	50	70	80	120	120
		年社会培训达0.2万人天以上	0.1	0.1	0.15	0.18	0.2
		省级教科研课题立项1-2项	0	0	1	1	0
		发表高水平论文18篇左右，其中SCI、SSCI、EI、CSSCI期刊（含扩展版）5篇左右	3（1）	3（1）	4（1）	4（1）	4（1）
	1-2 双标同步，优化专业教学标准	主持或参与1项智能制造关键技术领域国家标准和行业标准制定					1
		围绕智能制造专业集群建设思路优化软件技术专业教学标准			1	1	1
2.系统开发优质教育资源，夯实专业建设基础	★2-1引进转化国际教育教学优质资源	引进转化或开发国际优质教学资源4门	1	1	1	1	0
		双语授课专业1个	1	1	1	1	1
		引坐各类人才工程、名师2人	0	0	1	1	1
	★2-2建设高水平教科研团队	建成校级以上教科研团队1~2个	0	0	1	0	1
		双师素质教师比例100%	80%	80%	90%	90%	100%
		引进有企业背景的专任教师5名	1	0	1	2	1
	★2-3建设一批省级及以上精品教材	获批省级以上精品教材4部	1	1	0	1	1
	★2-4校内实践基地资源整合优化	建设移动应用开发、iOS创新、大数据应用开发等4个实训室	0	1	1	1	1
		联手品牌企业校企合作开发实践项目5个以上	1	1	1	1/2	1/2

图 4-6 软件技术专业建设标准与分年度任务指标

2）专业教学目标标准

专业建设服务专业教学，专业教学促进专业建设。在专业建设目标的基础上，专业教学从培养目标、教学、课堂三个方面制定具体的教学标准，通过教务系统和各类教学平台进行实时数据监控。图 4-7 为软件技术专业教学标准建立。

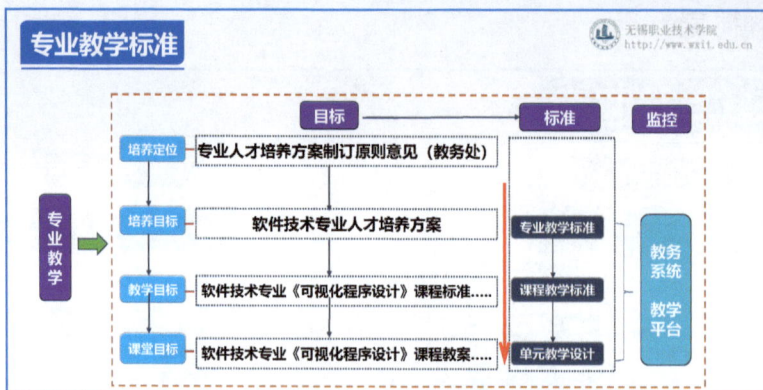

图 4-7　软件技术专业教学标准建立

学校在专业层面上制定了一系列质量核心制度，专业每年开展一次专家咨询会，进行两次企业调研，对专业人才培养、课程体系实现迭代更新，教学标准逐步优化。

无锡建有国家软件园（iPark），是江苏省最重要的软件及服务外包产业高地。现已聚集IBM、微软、NEC、富士通、NTT DATA、NIIT、万宝盛华、海辉、大展、浪潮、中软国际、金算盘等世界 500 强或全球服务外包 100 强企业在内的软件及服务外包企业 582 家，其中经认定软件企业 119 家，通过 CMM/CMMI（Capability Maturity Model Integration，智力成熟度模型集成）认证企业 18 家，经国家认定的 IC（Integrated Circuit）设计企业 22 家，占全省约 50%，形成了软件及信息服务外包、以数字内容为代表的文化创意及 IC 设计三大特色产业，荣膺"江苏省首批高层次人才创新创业基地""2009 年中国最受大学生欢迎软件园区"。

基于无锡国家软件园区域优势，根据对行业企业调研数据，细分市场需求，确定软件专业的人才培养目标：面向具有国际水平的企业服务和生产一线，所培养的技术技能型人才拥护党的基本路线，德、智、体、美全面发展，具有良好的职业道德和创新精神，掌握就业岗位所需的基础理论和专业技能，从事计算机程序设计中代码编写、软件测试、软件文档书写、软件项目开发、软件营销、软件应用维护等工作。

根据培养目标制定专业教学标准：根据主岗位和软件开发生命周期，划分专业对应的工作领域，对其进行职业能力标准分析。图 4-8 为软件技术专业职业能力分析。

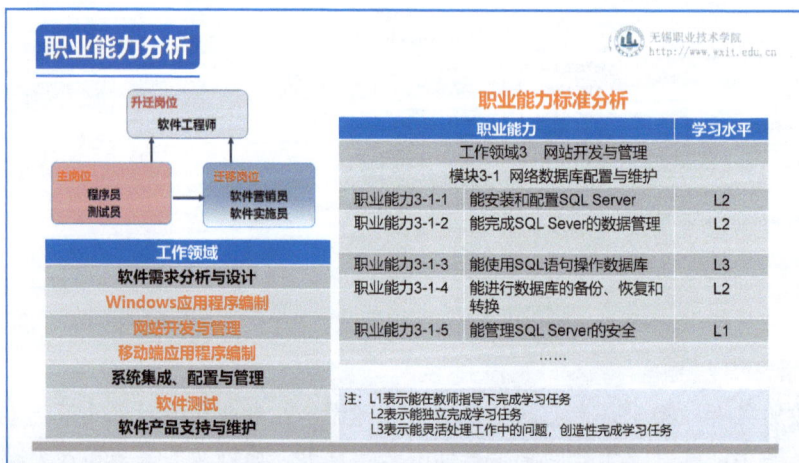

图 4-8　软件技术专业职业能力分析

借鉴软件项目开发迭代优化的思想，专业人才培养方案在学校教务处的统一指导下，逐步加入工程认证思想，不断进行迭代优化。2016 年形成培养目标与毕业要求的对应关系表；2017 年将各毕业要求分解为可以衡量的指标点，根据各指标点达成要求的知识和岗位能力需要，设置相应的支撑课程；2018 年确定各支撑课程对指标点的支撑强度形成课程权重值，完成人才培养目标实现矩阵表。形成培养目标与毕业要求的对应关系表，设置相应的支撑课程。图 4-9 为软件技术专业培养目标与毕业要求对应关系表。

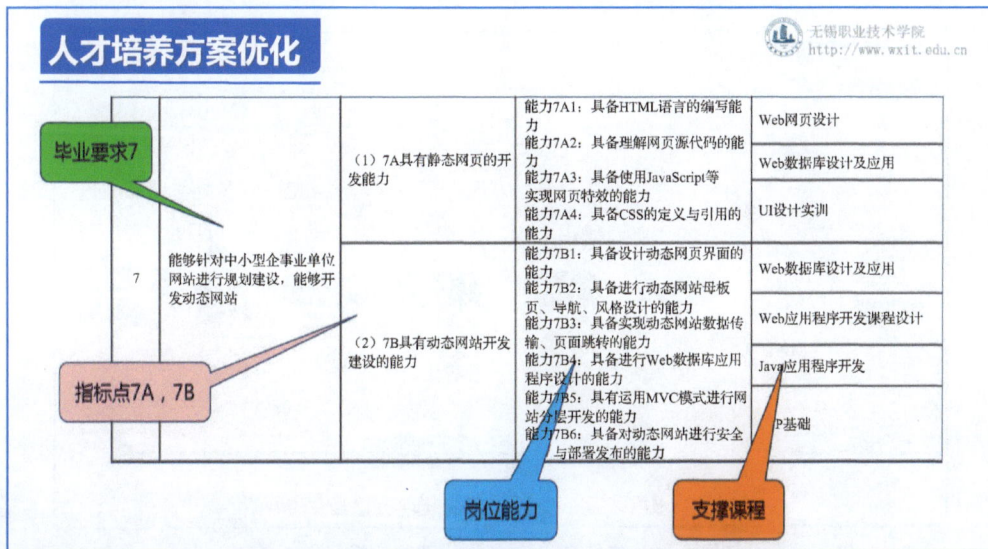

图 4-9　件技术专业培养目标与毕业要求对应关系表

专业课程体系围绕智能制造专业集群建设思路，根据物联网技术专业群底层共享、岗位对应专业核心课程、高层拓展互选三个层面进行构建并代际随动。可视化程序设计等是专业核心课程，物联网设备编程与实施是一门专业限选课，服务智能制造中的工业物联网应用。通过课证融通，学生可选择通过 C# 程序员等三种职业资格认证。图 4-10 为软件技术专业课程体系。

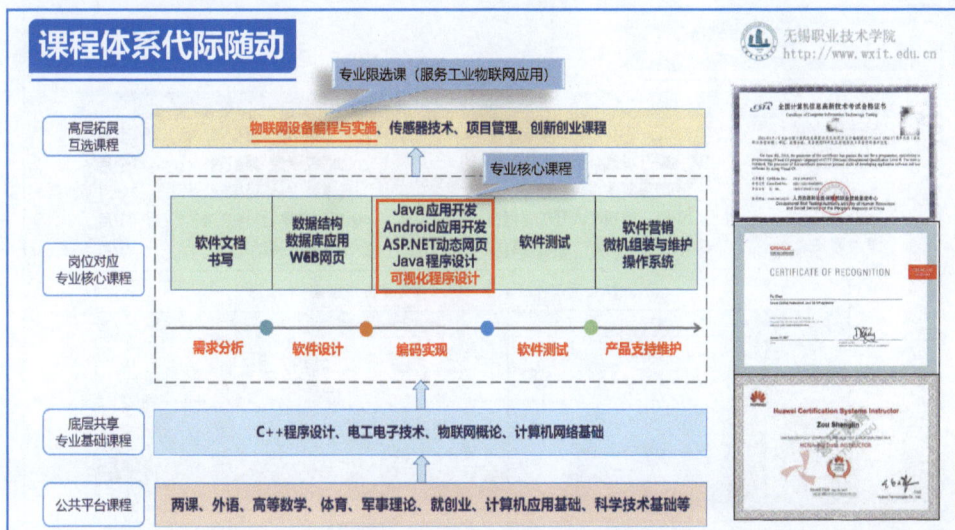

图 4-10　软件技术专业课程体系

2.实施运行

1）运行机制

按专业"8"字形质量改进螺旋，专业建设和专业教学双线运行。对标专业建设目标，采集专业建设状态数据，在数据统计、分析的基础上监测专业建设目标任务完成情况；运用信息化管理平台，采集课程教学状态数据，通过课上课下及时辅导、学习行为规范养成等进行常态纠偏。图4-11为专业建设和专业教学双线运行机制。

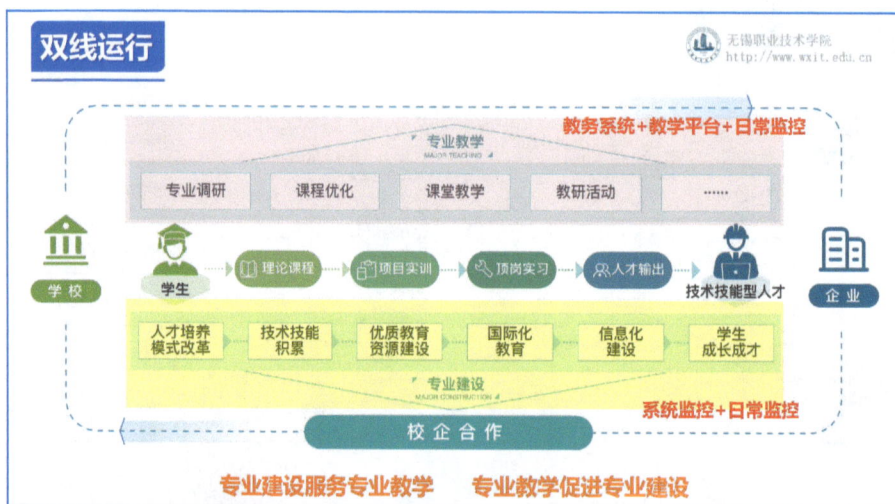

图4-11　专业建设和专业教学双线运行机制

2）专业建设常态纠偏

根据专业建设任务，采用月报、双月报、日常监控、优质校平台等进行专业建设实施与纠偏。以技术技能积累为例，这是2018年的月报进展情况，绿色表示进展顺利，红色表示有进展滞后预警。图4-12为专业建设任务月报制。

专业建设实施与纠偏

项目分类	验收标准	纠偏方法手段	纠偏周期
技术技能积累	获专利8项，其中发明、国际专利1项……	优质校平台+月报制	1个月
优质教育资源	引进转化或开发国际优质教学资源1门……	优质校平台+月报制	1个月
国际化	新增留学生在校人数4人……	日常监控+双月报制	2个月
信息化建设	建设国家级、省级在线开放课程各1门……	课程建设平台+月报制	1个月
学生成长成才	获得国家级学科、技能大赛1项……	日常监控+双月报制	2个月

2018年度软件技术专业建设任务年度进展表

项目分类	验收标准	1月	2月	3月	4月	5月	6月	7月	8月	9月	10月	11月	12月
技术技能积累	获专利8项，其中发明专利、国际专利1项	1	1	2			1 (1)		2 (1)	1	2		1
	年科研技术到账达80万		20		1	1			3		80		16
	年社会培训达0.15万人天以上							0.02	0.01				0.02
	省级教科研课题立项1项			1					1				
	发表高水平论文4篇左右，其中SCI、SSCI、EI、CSSCI期刊（含扩展版）1篇左右		1				1	1 (1)					2

图4-12　专业建设任务月报制

　　学校科产处按月进行科技工作通报，分院依此进行各系部工作月报，软件技术专业在高水平骨干专业建设中通过优质校平台填写建设情况，分院就"十三五"目标完成情况出各阶段的评估报表。图 4-13 为优质校平台数据。

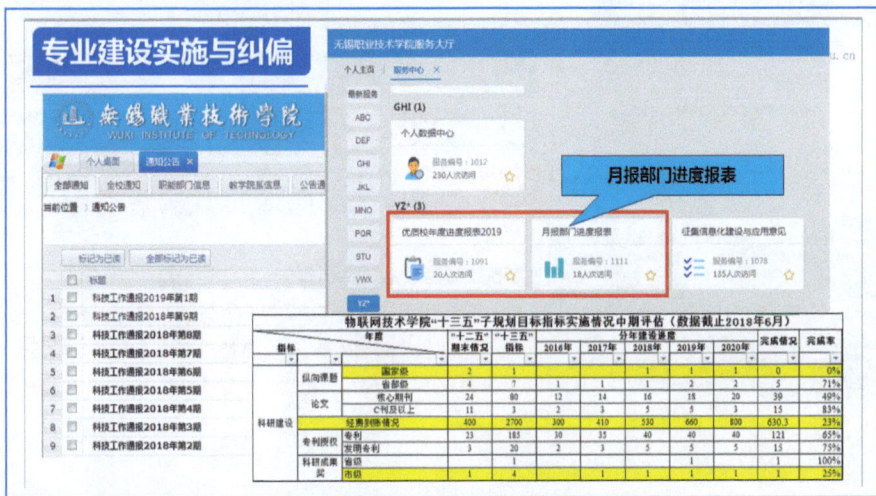

图 4-13　优质校平台数据

　　对标专业建设目标，采集专业建设状态数据，通过预警发现技术技能积累方面的问题后，专业依托工业视觉物联网校级科技创新团队，在横向技术服务研发方面上台阶，加强智能制造领域工控软件研发；纵向向智能制造相关算法等研究方面推进并取得实效。图 4-14 为专业建设任务常态纠偏。

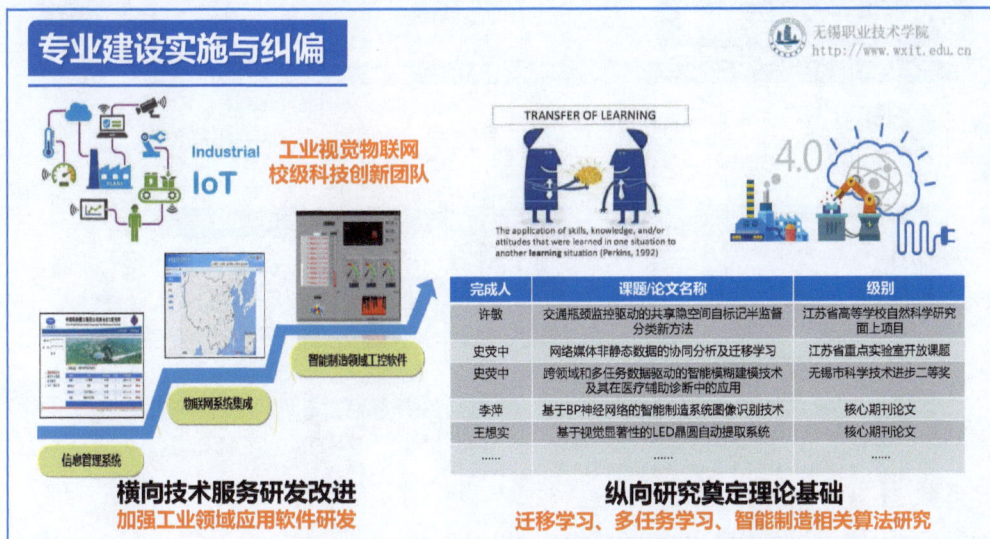

图 4-14　专业建设任务常态纠偏

　　在信息化建设方面，围绕专业建设任务，学校每学期期初和期末都会有信息化建设与应用情况检查，各教学平台汇总信息化建设与应用的数据，这是"物联网编程与实施"课程的信息化建设完成情况，如视频数、题库数等，课程负责人对标省级在线开放课程建设标准进

行及时改进。学校还对信息化建设出台了一系列的支持实施办法。图4-15为"物联网编程与实施"课程建设进展。

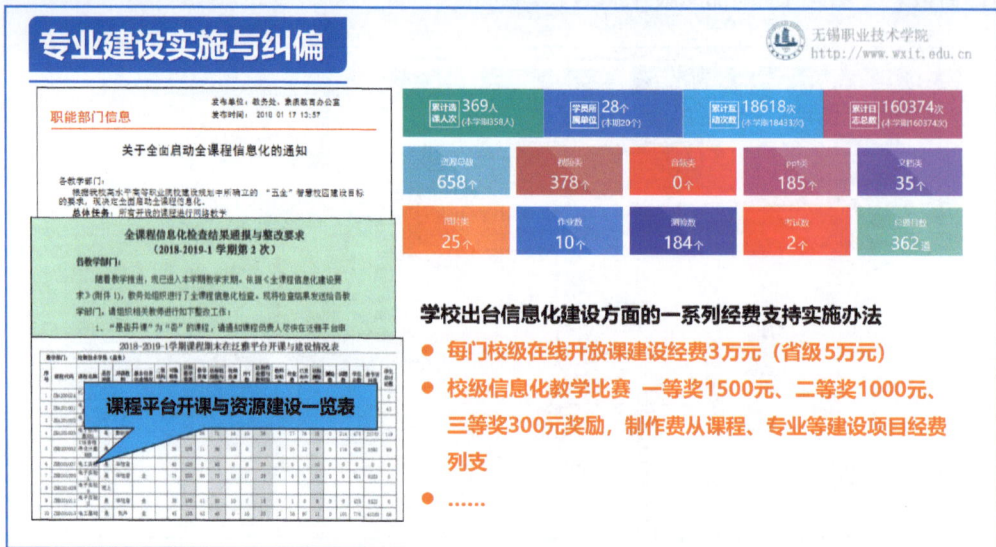

图4-15 "物联网编程与实施"课程建设进展

这是软件技术专业的各类信息化教学支撑平台，如尔雅平台、自主开发的Jitor软件等，借助平台实现教学方式方法的改革，实现了课前、课中、课后的全面监控。依托信息化建设的基础，软件技术专业建成了一系列在线开放课程。图4-16为课程信息化教学平台框架设计。

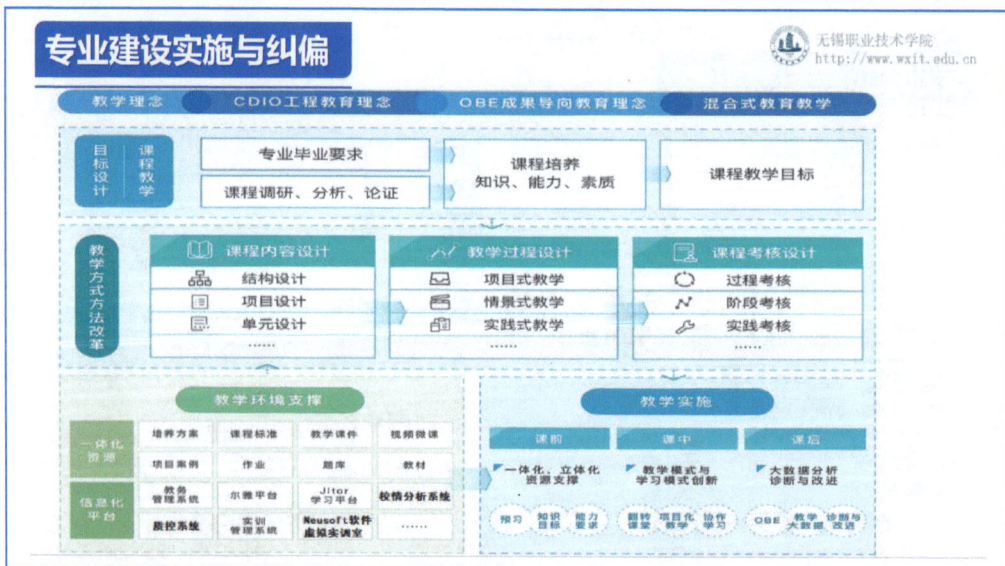

图4-16 课程信息化教学平台框架设计

3）专业教学常态纠偏

专业教学运行借助学校门户网站的教务系统、质控系统、校情分析系统对日常教学进行管理和纠偏。教师教学日志填报、学生缺课率等实现实时监测与预警。学生通过手机"摇一摇"功能进行上课签到,签到结果联动到教务管理系统并通过校情分析系统及时对缺课学生做出预警推送,班主任、任课教师、各级教学及学生工作管理者能看到预警信息,利用信息化技术横向联动实现了课堂纪律的监控。图4-17为学校门户网站。

图4-17 学校门户网站

课堂实施中借助学习通、智慧职教等平台能够精确把握学生学习情况。这是一次"随堂测试"的结果,通过系统可以看到第9题正确率偏低,教师就可以靶向性地进行知识点纠偏。图4-18为"随堂测试"界面。

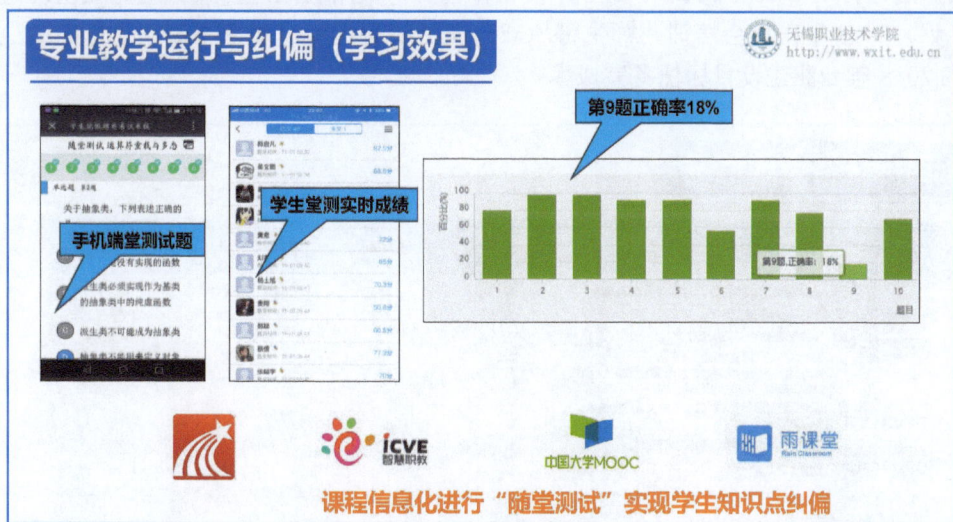

图4-18 "随堂测试"界面

自主研发了Jitor实训软件,采用游戏闯关的模式对C++等专业基础课进行实训操控。学生按步骤进行实验实训,教师通过后台监测每位学生的完成进度,对完成率较低的学生靶向实现技能点常态纠偏。引进国内最大软件公司的虚拟实训室进行综合类实训,实时监控每个小组和每个组员的开发任务完成率、测试任务完成率、项目bug统计、在线时长及经

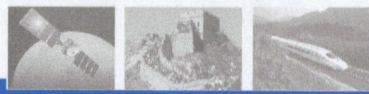

验值得分，评估出学生的岗位胜任力。图 4-19 为自主开发的 Jitor 实训软件游戏闯关界面。

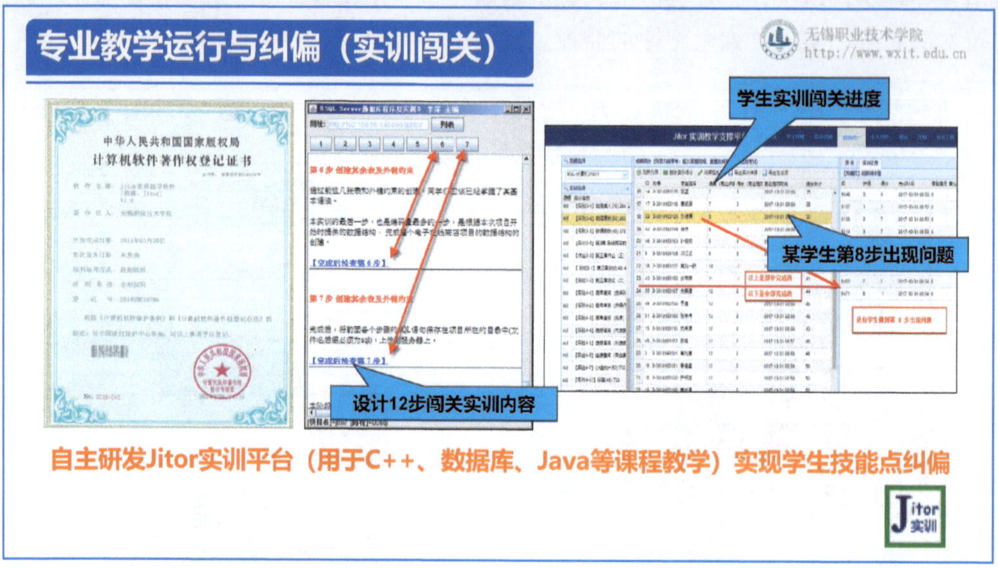

图 4-19　自主开发的 Jitor 实训软件游戏闯关界面

3. 阶段自诊

专业建设与专业教学运行按学年进行阶段自诊，一年一度。

1）专业建设阶段自诊

根据两链打造形成的 2018 年专业建设目标任务，采用红绿灯的模式对完成情况进行了醒目标识。2018 年在社会培训、师生跨境双向交流等目标上完成率不高，需思考改进。图 4-20 为 2018 年专业建设目标任务完成率。

目标任务完成情况

无锡职业技术学院 http://www.wxit.edu.cn

项目内涵	2018年建设任务	实际完成情况	使用经费	主要完成人	完成率
1-1 聚集校内外资源，凝练方向，服务区域产业智能制造发展需要	获得专利8项，其中发明专利、国际专利1项	11（2）项	1.65万元	史荧中、汪菊琴等	111%
	年科研技术到账达80万	121万		李萍、杨文珺等	150%
	年社会培训达0.15万人天以上	0.05万人天		杨文珺	33%
	省级教科研课题立项1项	2项		史荧中、许敏	200%
	发表高水平论文4篇左右，其中SCI、SSCI、EI、CSSCI期刊（含扩展版）1篇左右	6（1）篇		史荧中、汪菊琴等	150%
1-2 双标同步，优化专业教学标准	围绕智能制造专业集群建设思路优化软件技术专业教学标准	1个		刘培林、李萍	100%
2-1引进转化国际教育教学优质资源	引进转化或开发国际优质教学资源1门	1门	2万元	周薇	100%
	双语授课专业1个	1个		—	100%
……	……				
3-3开展中外合作办学，留学生培养，师生跨境双向交流	新增留学生在校人数4人	9人			100%
	师生跨境双向交流年均2人次	1人次（汪菊琴）	7.8万元	刘培林、李萍	50%
……	……				

图 4-20　2018 年专业建设目标任务完成率

2）专业教学阶段自诊

在学校"校情综合分析与决策支持系统"平台中，对照专业阶段自诊指标 61 个监测点进行 2017～2018 学年的软件技术专业自诊。系统监测数据：达 A 指标 20 个，达 B 指标 7 个，达 C 指标 9 个，25 个指标为 Y。图 4-21 为平台支撑的软件技术专业自诊报告。

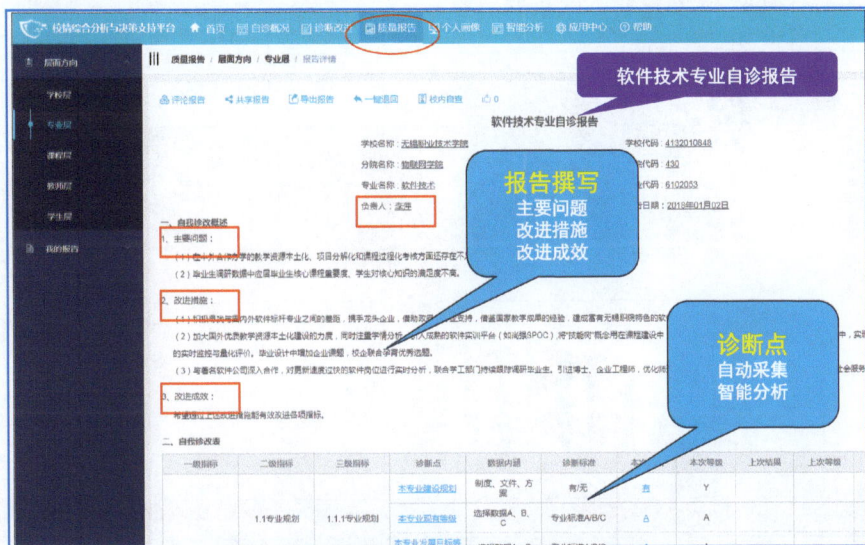

图 4-21　平台支撑的软件技术专业自诊报告

根据"校情综合分析与决策支持系统"平台专业诊断指标找出主要问题，提出改进措施，形成专业阶段自诊报告。对达 C 指标进行分析，如专业生师比为 31.36，主要原因是师资引进力度跟不上招生规模的发展，2018 年通过引进有企业工作背景的两名工程师担任专任教师进行改进。应届毕业生核心课程满足度为 48%，主要原因是软件技术发展迅速，改进方法是进一步加大课程内容与企业对接力度，升级改造课程体系。图 4-22 为 2018 年专业自诊分析。

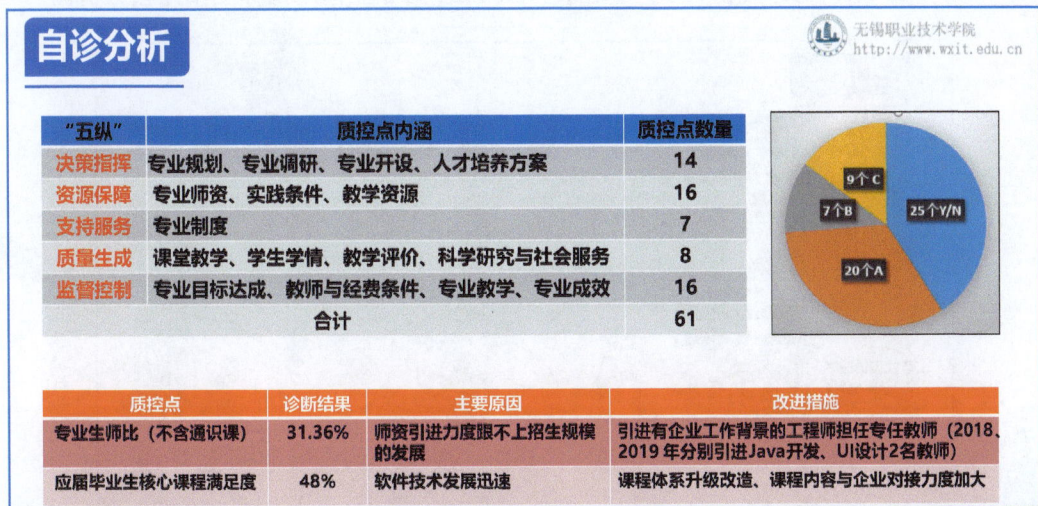

"五纵"	质控点内涵	质控点数量
决策指挥	专业规划、专业调研、专业开设、人才培养方案	14
资源保障	专业师资、实践条件、教学资源	16
支持服务	专业制度	7
质量生成	课堂教学、学生学情、教学评价、科学研究与社会服务	8
监督控制	专业目标达成、教师与经费条件、专业教学、专业成效	16
合计		61

质控点	诊断结果	主要原因	改进措施
专业生师比（不含通识课）	31.36%	师资引进力度跟不上招生规模的发展	引进有企业工作背景的工程师担任专任教师（2018、2019 年分别引进 Java 开发、UI 设计 2 名教师）
应届毕业生核心课程满足度	48%	软件技术发展迅速	课程体系升级改造、课程内容与企业对接力度加大

图 4-22　2018 年专业自诊分析

4.成效体会

通过目标导向、问题导向、常态纠偏，实现了专业的精准性管控和透明性管理，专业建设取得了一定的成效。专业建设达成度逐年提高，纵横向到账经费逐年增加，成立了 Oracle 学院，实施了 OCJP（Oracle Certified Java Programmer）的国际职业资格认证，有了首届国际留学毕业生。图 4-23 为专业诊改主要成效。

图 4-23　专业诊改主要成效

高标准运行提升了学生满意度，问卷星调查结果显示 Jitor 实训平台的使用提升了学生对教师的认可度。MyCOS 报告显示应届毕业生对教学满意度逐年提升，2016 年为 85%，2017 年为 97%，2018 年为 100%。近三年学生参加国家职业技能大赛、创新创业大赛、挑战杯大赛等，各类竞赛获奖丰硕，获国家职业技能大赛一等奖两项，二等奖两项。

对比 2016 ～ 2018 年自诊平台数据，可见在线平台学习达成度和课程优秀率达成度方面都有了不同程度的提高。毕业设计优秀率达成度虽然为 C，但通过下钻数据后可以看到软件 31531 班的毕业设计优秀率提升到了 B 等级。图 4-24 为专业诊断指标三年比较分析。

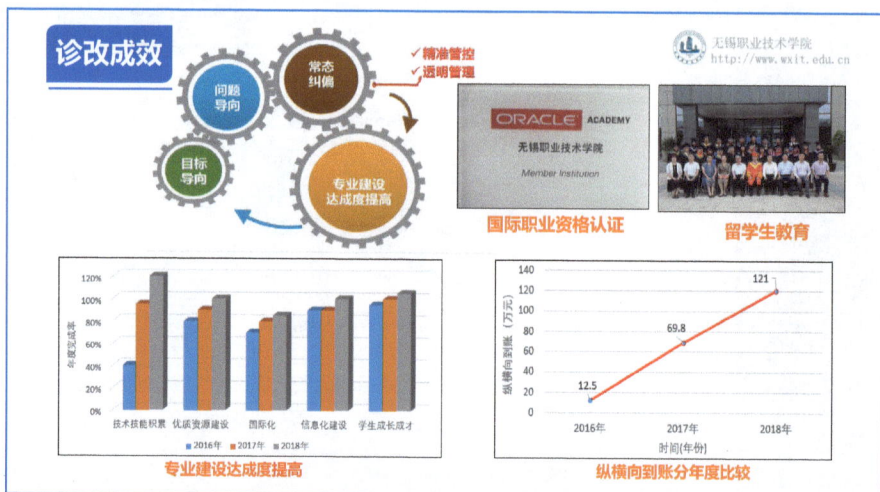

图 4-24　专业诊断指标三年比较分析

通过诊改教师形成了诊改意识、标准意识和协作意识，课堂教学实现了白箱化、透明化管理。教师在学校、专业大目标达成的背景下有了目标感、责任感和团队感，得到了全面成长。

诊改还有待改进的地方包括两点：一是教学标准还需紧跟时代更新，专业还需持续进行核心技术调研、岗位分析、职业能力、学习模块梳理，不断迭代产生新一代教学标准。二是资源建设还需努力，新技术积累与优质资源建设不能停滞，应常态引培技术技能大师，设立大师工作室，加大资源建设力度，助力人才培养质量提升。

"明者因时而变，知者随事而制"，专业诊断与改进工作的意义也正在此处。

4.2.3　校级专业层面诊改案例

学校专业层面诊改由教务处负责顶层设计、运行监测、阶段诊改，对全校46个专业事前（目标标准链的建立）、事中（状态数据实时监测纠偏）、事后（阶段诊改）进行全方位全过程质量管控，从两链打造、实施运行、阶段自诊和成效体会四个方面，展示全校专业诊改的实践成效。

1. 两链打造

1）专业建设目标标准链

根据学校"十三五"规划专业建设布局，对接区域高端装备制造业、物联网新兴产业、两化融合信息化、现代服务业、汽车制造与服务业、新兴文化产业、外向型经济等产业发展需求，构建机械技术、物联网技术、控制技术、制造业服务与现代消费服务、汽车与交通技术、设计文化创意、商务外语七个专业群，实现"精准服务，集约建设"。

依据学校专业建设基础，对全校46个专业进行A+/A/B/C四级分类建设。制定学校A+/A/B/C四级专业建设评价标准，引导专业特色发展。A+为国家高水平建设专业，A为省级品牌、特色专业，B为市级品牌、特色专业，C为校级普通专业。图4-25为学校专业四级分类。

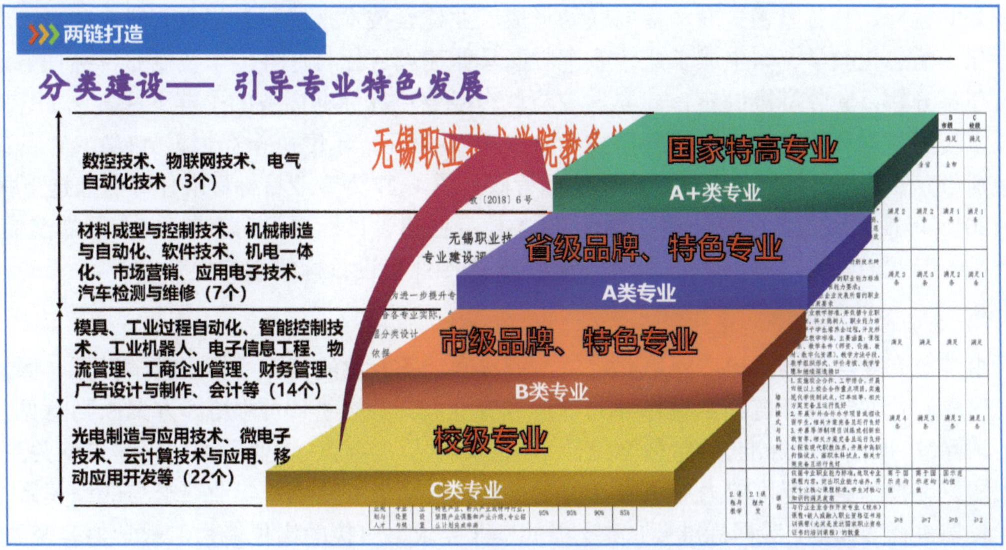

图4-25　学校专业四级分类

SWOT 分析：学校专业优势为专业积淀深厚、机电单打冠军、教改成果显著；劣势是专业发展不平衡、专业动态调整机制不够健全、学生侧关注不够；机遇是"中国制造 2025""一带一路"倡议、高水平院校建设（智能制造特色校）；挑战是品牌引领竞争、产业转型要求、专业集群建设。通过 SWOT 分析，明确专业建设新起点，找准专业需要解决的主要问题，科学定位专业建设目标。

专业建设目标标准链：专业建设规划与目标从上而下根据学校"十三五"事业发展规划目标，上挂下联依次制定学校十三五专业发展规划目标、单个专业发展规划目标，形成规划目标链；建立学校 A+/A/B/C 四级专业建设标准，46 个专业根据自身基础，分级对标按"规定动作 + 自选动作"形成单个专业的建设标准，形成标准链。图 4-26 为专业目标标准链的构建。

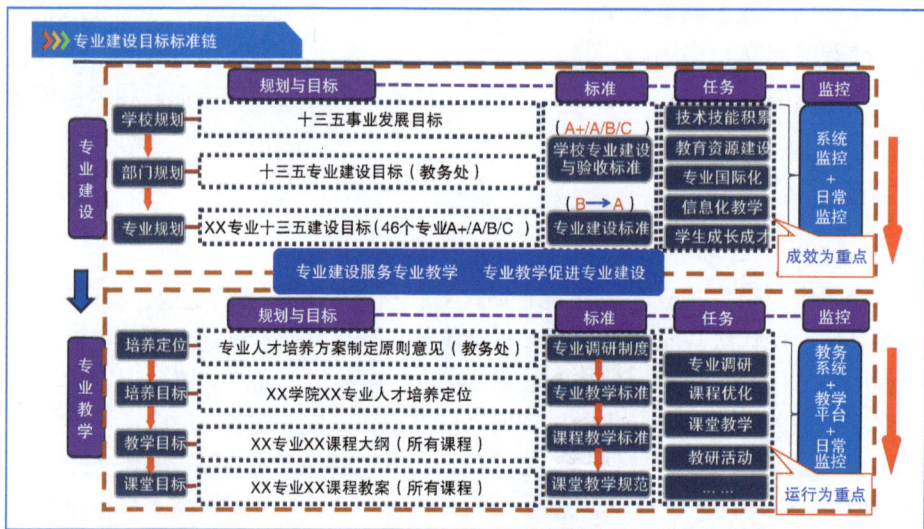

图 4-26　专业目标标准链的构建

"十三五"专业发展规划、目标、任务与专业课程建设、科研、国际化、师资、学生工作等规划的目标、任务紧密关联，横向联动形成专业建设技术技能积累、教育资源建设、专业国际化、信息化教学、学生成长成才五个方面具体建设目标与任务。学校专业目标任务通过年度任务分解，验收标准制定，建立学校与单个专业目标标准任务的上挂下联。例如，2018 年技术技能积累任务指标之一是科研技术到账 2850 万元，年度总指标根据 A+/A/B/C 四级专业级别与专业基础分解到各专业，实现建标考核。图 4-27 为专业目标标准任务的上挂下联。

2018 年根据省高水平院校建设要求，对学校专业建设目标进行动态调整，实现螺旋提升。由此，各专业的建设内涵也随之提升。图 4-28 为专业建设目标的螺旋提升。

2）专业教学目标标准链

由学校专业群布局对接产业培养定位，依次确定各专业的培养目标、教学目标、课堂目标，形成专业教学目标链。由目标导向，形成专业教学标准链：人才培养方案原则意见、专业教学标准、课程教学标准、课堂教学设计。专业教学标准要点：毕业要求与培养目标关系表，课程知识、技能点与岗位能力对照表，课程设置和教学基本要求，毕业要求与课程关系矩阵表，教学进程安排等；课程标准要点：支撑的毕业要求，对接的岗位能力，教学内容及要求，先修、后续课程，课程考核设计等；课堂教学标准：教学目的与要求、教学重点与难点、教学手段与资源、教学内容与设计、教学反思与检测等。图 4-29 为专业教学目标标准链构建。

>>> 专业建设目标标准链

学校专业建设目标标准

"十三五"专业建设总目标	具体目标	项目或内涵	标准（质量、效率、可测、数据化或质化）	分年度任务指标				
				2016	2017	2018	2019	2020
围绕地方经济转型和产业结构调整，提高专业服务产业贡献度；加强课程、教学资源、教学团队建设，提升专业建设水平深化创新创业教育改革，培养创新创业型技术技能人才	1.建立健全各项专业建设与管理制度	1-1修订完善相关制度	修订完善专业调研、专业规划、专业评价、专业诊改、专业建设管理等文件，每年至少2个	2	2	2	2	2
		1-2规范常规工作，做好专业建设管理工作	专业建设立项、评审、管理，规范达成度95%以上	85%	88%	90%	92%	95%
	2.强化技术技能积累，提高专业服务产业能力	★2-1聚集校内外资源，凝练方向，服务区域产业智能制造发展需要	累积申获专利1300项	200	200	300	300	300
			年均科研技术到账2850万	2600	2750	2850	2950	3100
			年均社会培训5万人天以上	4	4.5	5	5.5	6
		2-2双标同步，优化专业教学标准	主持或参与10项智能制造关键技术领域国家标准和行业标准制定	3	1	2	2	2
			优化20个智能制造类专业教学标准	4	4	4	4	4
			开发国家水平职业能力标准5个及培训资源5套	2	2	2	2	2
	3.系统开发优质教育资源，夯实专业建设基础	★3-1引进转化国际教育教学优质资源						
		★3-2建设高水平教科研平台						
		★3-3建设一批省级及以上品牌教材						
		★3-4深化校企合作，联合建设协同育人开放平台						

软件技术专业建设目标标准

目标与标准　总体目标

专利、科研指标上下贯通

图 4-27　专业目标标准任务的上挂下联

>>> 专业建设目标标准链

专业建设目标螺旋提升

省高水平院校建设

学校：高水平建成以智能制造专业集群为特色、领军全国的卓越高职院校
专业：创新智能制造专业集群模式、统领专业发展；加强智能制造发展和政策研究，准确定位集群发展；系统开发优质资源、夯实专业集群建设基础；加强骨干专业建设、打造专业集群特色；强化技术技能积累，提升专业集群社会服务贡献度；精细化管理发挥集约建设效应……

学校十三五规划

学校："国内一流、国际水准、特色鲜明"的高职名校"
专业：进一步对接产业需求，调整和完善专业结构；以职业能力培养为主线，构建多类型、多层次、递进式工学结合人才培养模式和课程体系；推进优质数字化教学资源建设和应用，切实提升教学效果；强化实践教学，全面推进实训项目模块化建设……

抓机遇、迎挑战、调目标、谋发展

图 4-28　专业建设目标的螺旋提升

>>> 专业教学目标标准链

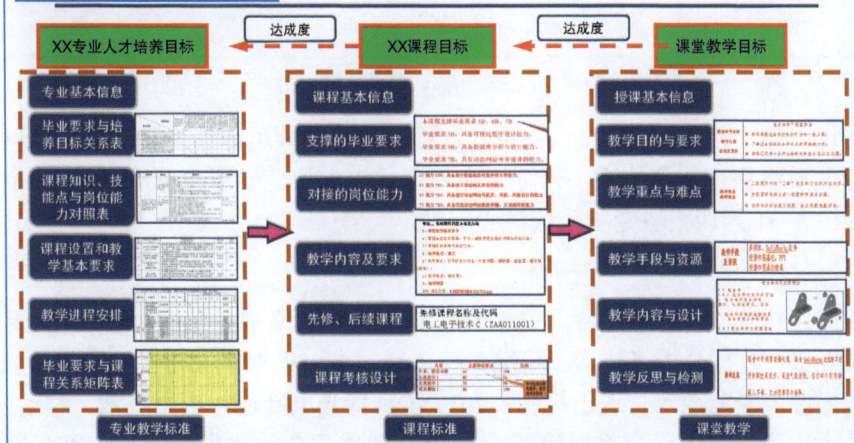

XX专业人才培养目标	达成度	XX课程目标	达成度	课堂教学目标

专业基本信息　　课程基本信息　　授课基本信息
毕业要求与培养目标关系表　支撑的毕业要求　教学目的与要求
课程知识、技能点与岗位能力对照表　对接的岗位能力　教学重点与难点
课程设置和教学基本要求　教学内容与要求　教学手段与资源
教学进程安排　先修、后续课程　教学内容与设计
毕业要求与课程关系矩阵表　课程考核设计　教学反思与检测

专业教学标准　　课程标准　　课堂教学

图 4-29　专业教学目标标准链构建

2. 运行实施

研究"8"字形螺旋内涵：专业层面"8"字形螺旋，是在"8"字螺旋普适模型基础上，通过梳理专业建设与专业教学相关要素，赋予其"13步"环节中每一步所具有的专业针对性运行内涵，规范引导专业质量改进。专业层面"8"字形螺旋从起点"目标"开始，始终围绕专业建设与专业教学要素，如"标准"需建立专业建设标准、专业教学标准等，为组织实施树立对标标杆；"预警"有平台自动预警、常规行政预警等组成。图4-30为专业层面"8"字形螺旋。

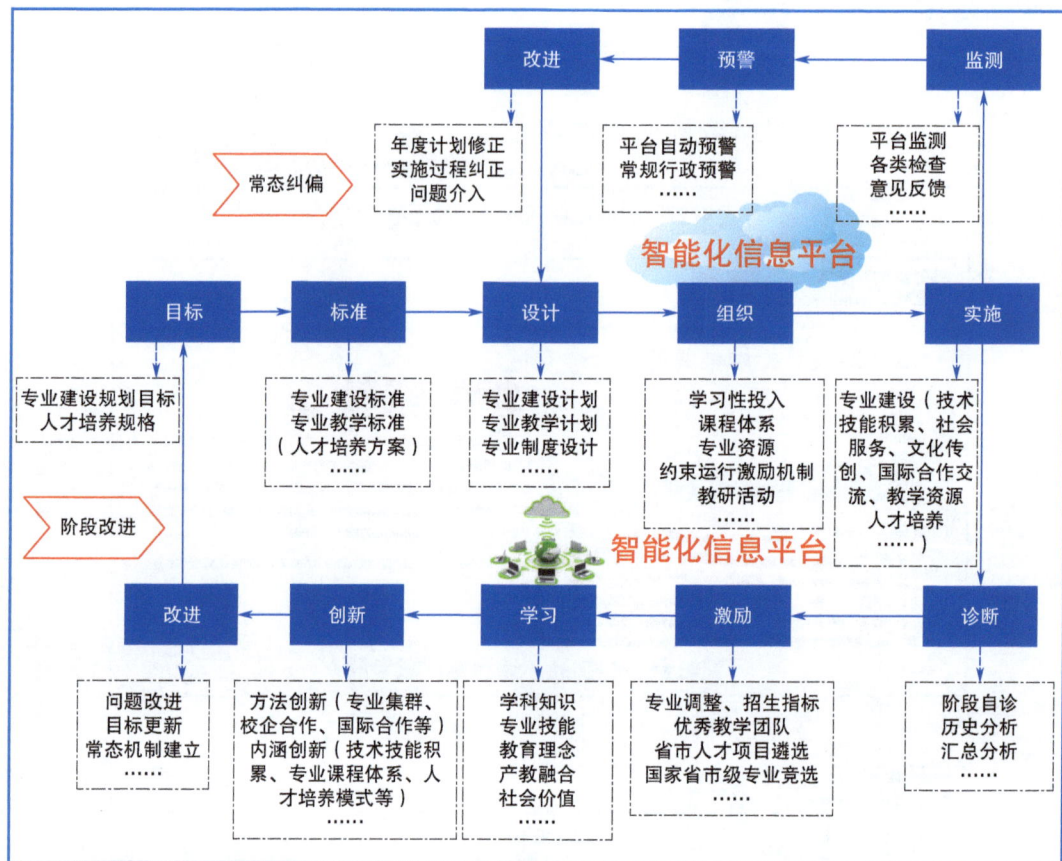

图 4-30　专业层面"8"字形螺旋

制度建设：以"制度管权，流程管事，过程可溯，绩效可测"为目标推进制度建设，构建四模块专业质量保证制度体系，修订、完善形成"专业建设评价标准"等16个专业质量核心制度。图4-31为四模块专业质量核心制度。

1）专业建设

（1）专业结构优化：研究出台"关于开展专业调研的原则意见"，规范专业调研的对象取样、方式方法、数据分析等要素，精准对接市场需求。根据专业招生、就业与专业调研行企需求数据，健全专业准入与退出机制，2017年新增光电制造与应用技术、移动应用开发、汽车电子技术、飞机机电设备维修等专业，2017年停招自动化生产设备应用、机电设备维修与管理、计算机应用技术三个专业；2018年新增云计算技术与应用、新能源汽车技术、

飞机电子设备维修、影视编导等专业。46 个专业在校生数量排前 15 的专业总人数为 6933，占在校生总数的 57.9%，高端装备制造、汽车服务、物联网等专业招生数名列前茅。

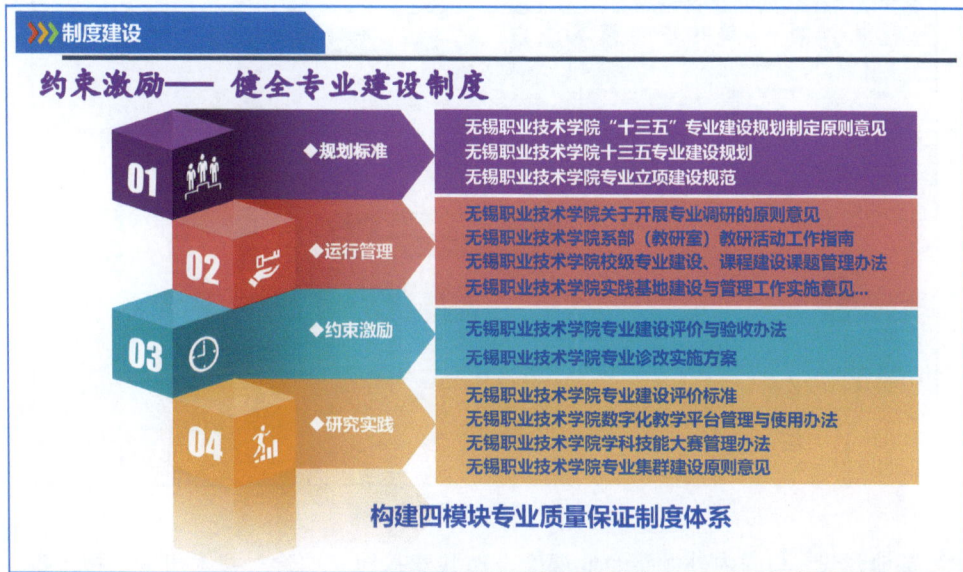

图 4-31 四模块专业质量核心制度

（2）技术引领：依托省级研发平台、省级科技创新团队精准定位智能制造数据融合技术研究与应用、新型材料成型加工技术、物联网信息融合关键技术、新型材料成型加工技术等服务领域与研究方向，提升专业服务能力。图 4-32 为专业科技创新团队主要研究方向。

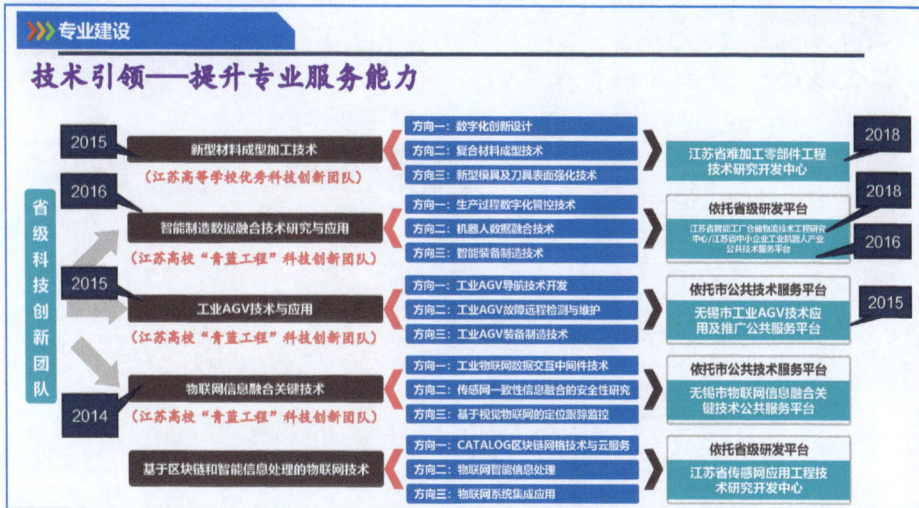

图 4-32 专业科技创新团队主要研究方向

依托科研管理系统在线开展横向项目管理、经费管理、成果管理等，系统采集业务数据、报表，为专业科研进展汇总提供数据、报表和分析。例如，近一年科研成果分布柱状图汇总全校项目、论文、著作、专利、艺术、研究报告总数；2018 年各学院科研达成情况柱状图蓝色代表完成任务，黄色代表指标任务。图 4-33 为科研管理系统数据。

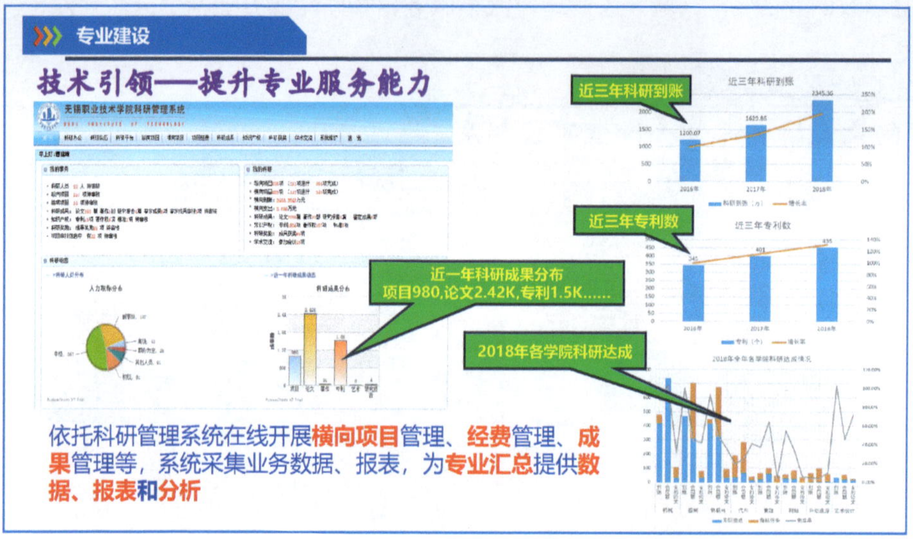

图 4-33　科研管理系统数据

（3）基地建设：与国内外龙头企业深度合作共建基地，构建"技术研发、技术推广、实践教学、生产示范"四位一体的产教融合协同育人平台。"以绩效挂钩"高标准建设实验实训基地，实施实训室使用绩效监测，建设进度监测、预警。通过教务系统获得教学地点数据，平台自动统计实训室的使用次数、使用学时，以此作为实验实训室使用率绩效考核与学校政策的支持度；通过后勤平台监测实验实训建设项目的招标与采购批次进展、资金使用率。图 4-34 为实验实训室使用绩效与建设进度监测。

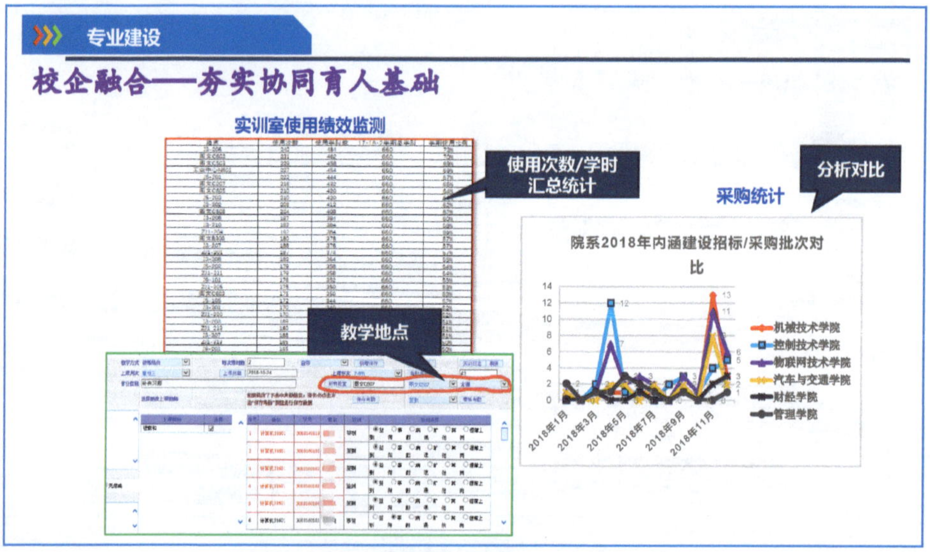

图 4-34　实验实训室使用绩效与建设进度监测

（4）优质资源开发应用："三跨"模式系统开发优质课程资源。通过优质资源开发及应用，全校在教学平台中开设了 1134 门课程，其中，有 14 门课程已在"学银在线"上线，面向社会开放学习。31 门课程申报了校级优质在线开放课程，18 门课程申报了省级在线开放课程。申请获得国家在线开放课程 2 门。通过平台在线监测资源建设信息、全校在校开放课程建设、使用数据分析、预警未完成任务。图 4-35 为在线监测课程资源建设与应用数据。

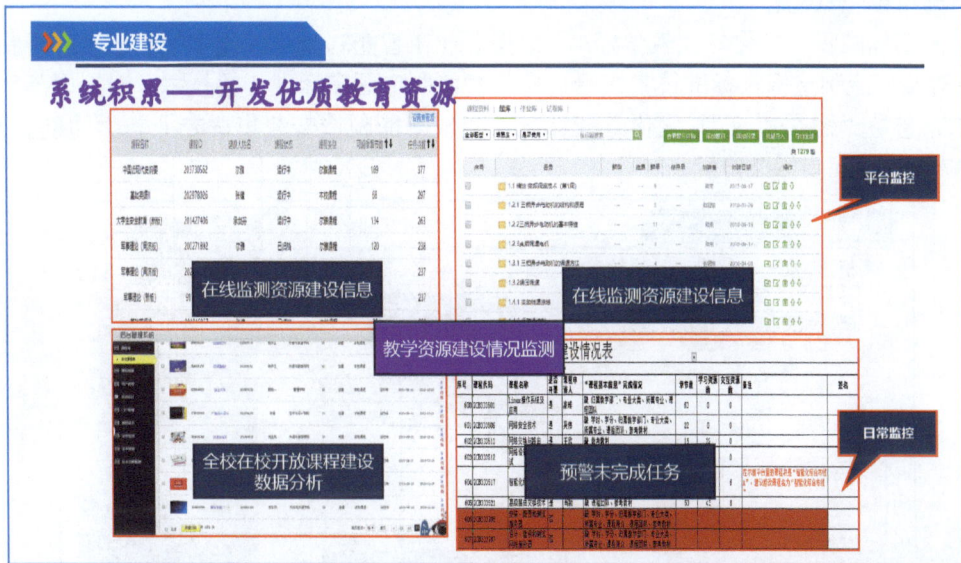

图 4-35　在线监测课程资源建设与应用数据

（5）过程管理：多措并举，强化建设过程管理。教务处等职能部门对专业建设重点工作实施月报制，依托优质校管理系统对在建的 102 个重点项目进度进行双月采集，通过部门重点工作月报系统监测重点工作完成进度；监测各专业项目经费使用率。2019 年起实施优质项目库制，根据"建设绩效、使用绩效、项目论证绩效"排序，以项目等资金。图 4-36 为教学部门项目资金使用统计。

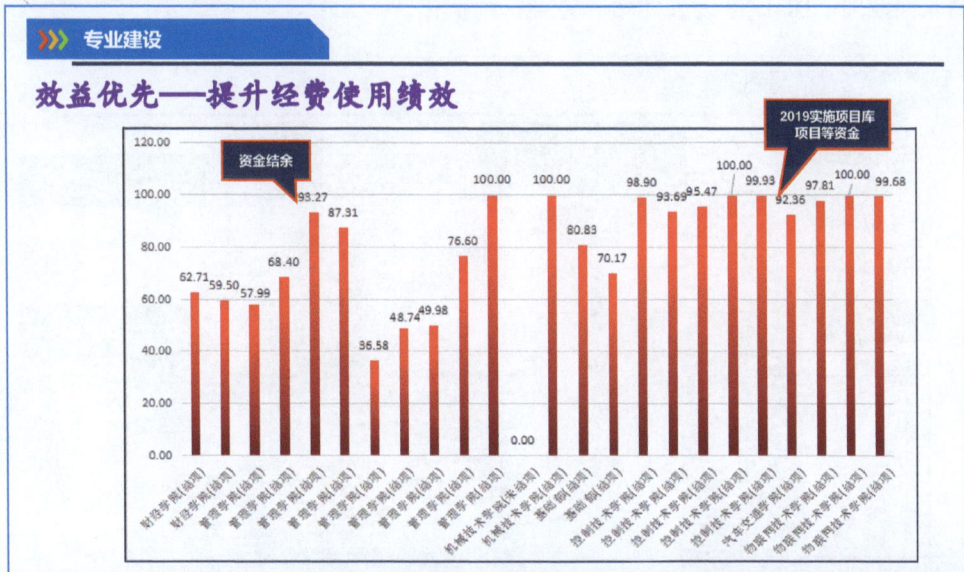

图 4-36　教学部门项目资金使用统计

2）专业教学

（1）教研先行,提升教育教学理论:出台"系部（教研室）教研活动工作指南",成立"机械行业职业教育标准研究所""职业技术证书研究中心",开展一年一度教学工作年会,推进教学研究改革先试先行。

（2）双标同步,优化专业教学标准:依托专业在智能制造领域技术技能积累,研制国家标准;对接智能制造国家标准技术内涵,应用智能制造国家标准相关技术,对接国际职业资格证书,借鉴"悉尼协议",优化专业标准,实现智能制造专业集群专业教学的创新发展。图 4-37 为双标同步标准开发。

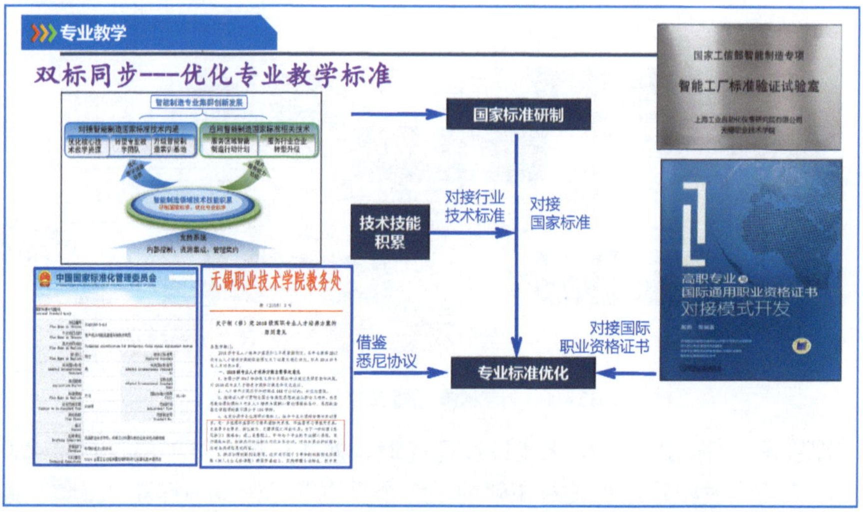

图 4-37　双标同步标准开发

专业人才培养方案 2016 年规范培养目标和毕业要求,建立毕业要求与培养目标关系矩阵表;2017 年细化分解毕业要求;2018 年进行所有专业课核心知识点与岗位能力对接;2019年绘制课程地图。图 4-38 为人才培养方案持续优化。

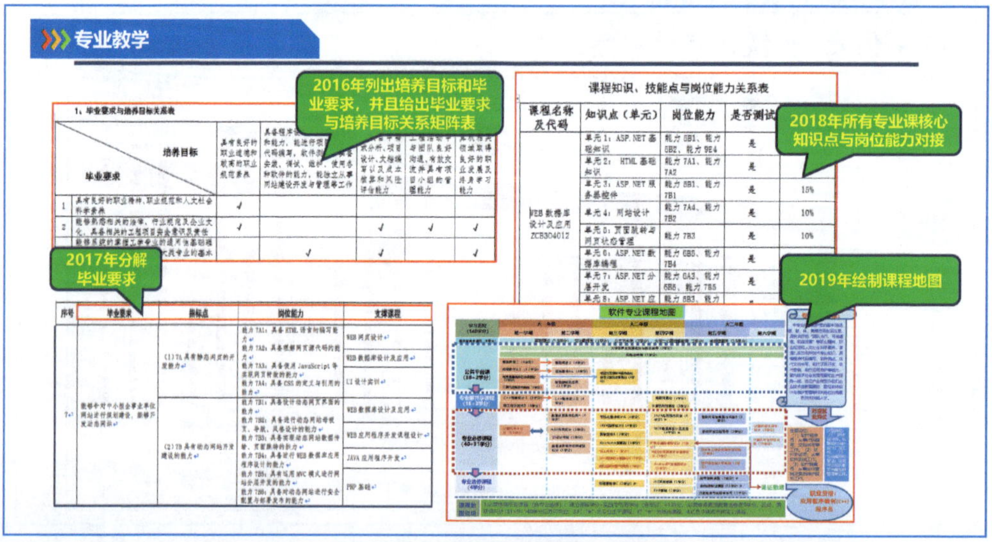

图 4-38　人才培养方案持续优化

（3）聚焦学情，服务学生多元成才：以基于学生个性化、多通道教育的"学分银行"制度改革为突破，形成服务全体学生多元成长成才培养机制。学分银行的建立，促进了"产教深度融合、专业教育与创新教育深度融合、课程标准对接国际职业资格证书"的"两融合一对接"人才培养模式的实施，完善了全面培养的素质教育体系构建。

（4）聚焦课堂，促进教学提标提效：学校坚持每年一主题持续提升教学质量，培育教育教学质量文化，实施"课堂教学人人提效，教学场所间间提标"。2016 年确定为"课堂教学质量年"，2017 年为"课堂教学质量提升年"，2018 年为"工作标准提升年"，2019 年为"专业建设年"。图 4-39 为每年一主题持续提升教学质量。

图 4-39　每年一主题持续提升教学质量

（5）透明管理，提升教学管理水平：加大教学管理信息化改革和投入力度，建成了覆盖人才培养方案制订、大纲制定、授课计划、课堂教学、实践教学（校内实验实训、校外实习、毕业设计）、教学日志填写、考勤、质量监控等完整教学活动的综合教学管理系统，实现实时、高效、便捷、全流程的网络化教学管理。图 4-40 为教学管理信息平台。

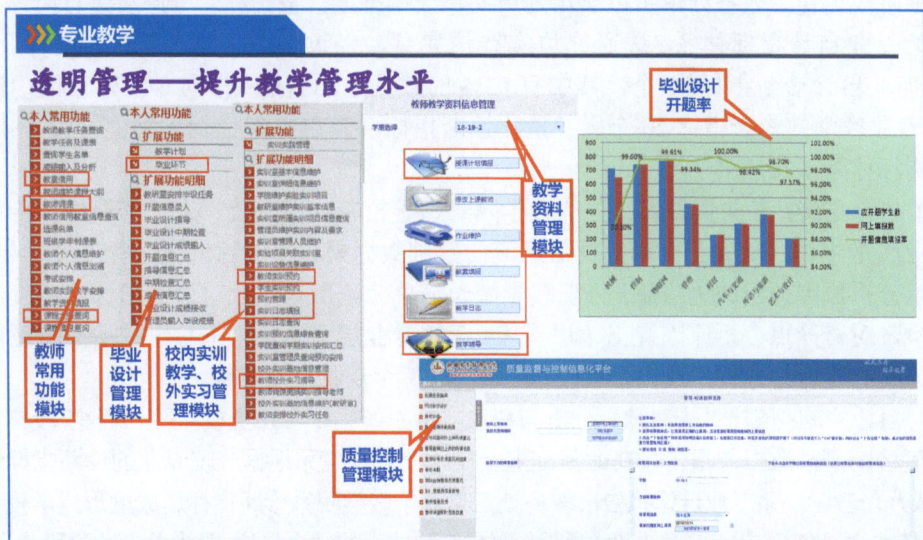

图 4-40　教学管理信息平台

（6）平台支撑，助力教学黑箱白化：出台《全课程信息化工作管理办法》《优质在线开放课程建设标准》《全课程信息化建设要求》等文件，规范全课程信息化的推进与管理及在线开放课程建设，目前全校已有1300多门课程在信息化平台上线，期初—期中—期末三次检查、反馈使用情况，并对资源使用活跃度等进行监测，如活跃度最高的课程、用户；较频繁的活动类型统计，如完成任务点、获得测试成绩、提交测试、获得作业成绩、提交作业、讨论等。使用教学平台，课堂上对知识点、技能点进行随堂测验，并实时获得所有学生的学情，发现共性问题，精确定位"短板"学生；实现对课程调课率、课程缺课率、教学日志等实时监控，向学生端、教师端手机及时推送预警信息。图4-41为课程教学信息平台。

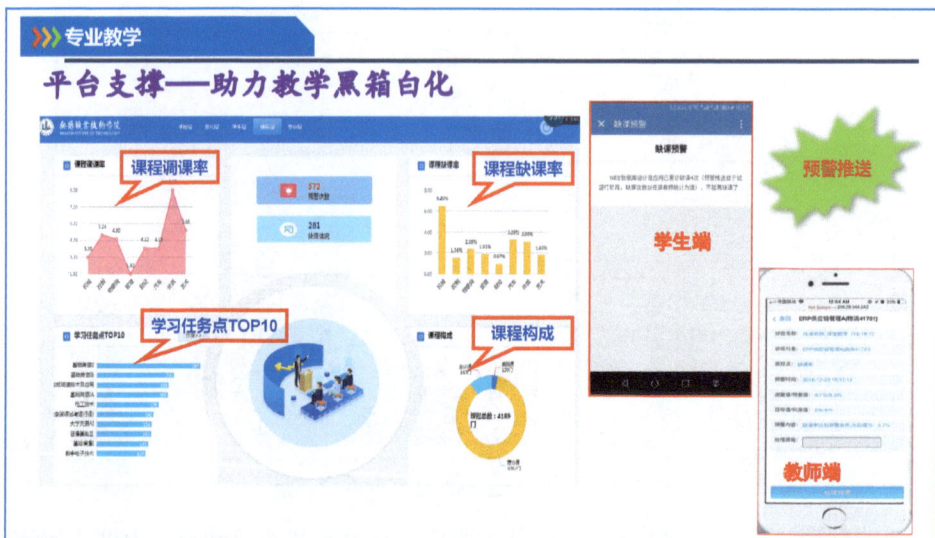

图4-41　课程教学信息平台

3. 阶段自诊

专业阶段自诊由教务处牵头以学年为周期，一年一度，按指标、分层级进行阶段自诊。

（1）专业自诊指标体系：边研究边实践边完善，经过2016～2018三年运行及调整，2018年专业自诊诊断指标61个，其中有93%的数据自动获取；指向专业建设的诊断指标41个，专业教学的诊断指标20个，并量化诊断指标，确立C级指标预警值。图4-42为专业自诊指标体系（2018年）。

（2）自诊层级：专业负责人、分院教学院长、学校专业层面负责人三个层级。专业负责人为专业质量主体，是专业自诊数据信息流的基础数据来源，对标测量进行专业学年自诊，对奇异点分析原因提出改进措施；分院教学院长汇总分院所有专业对诊断指标达成度进行统计与分析，对奇异点分析原因提出改进措施；学校专业层面负责人汇总学校所有专业对诊断指标达成度的统计与分析，发出预警反馈。图4-43为专业自诊层级。

（3）自诊实施：依托"校情综合分析与决策支持系统"平台，全校46个专业阶段自诊形成46份年度诊断基础数据与报告，在此基础上全校八个教学院系根据分院专业的诊断指标达成度汇总形成八份教学院系专业自诊报告，教务处汇总八个教学院系诊断指标达成度形成学校专业层面自诊报告。由此实现从点（单专业）到面（分院、学校）的综合自诊，既为单专业阶段建设把脉，也从学校专业总建设情况问诊，实现综合决策。图4-44为专业自诊流程与三级专业自诊报告。

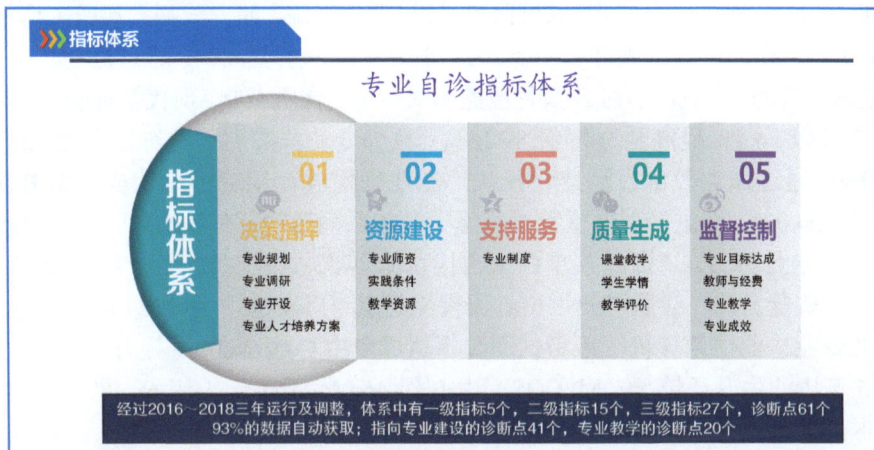

图 4-42　专业自诊指标体系（2018 年）

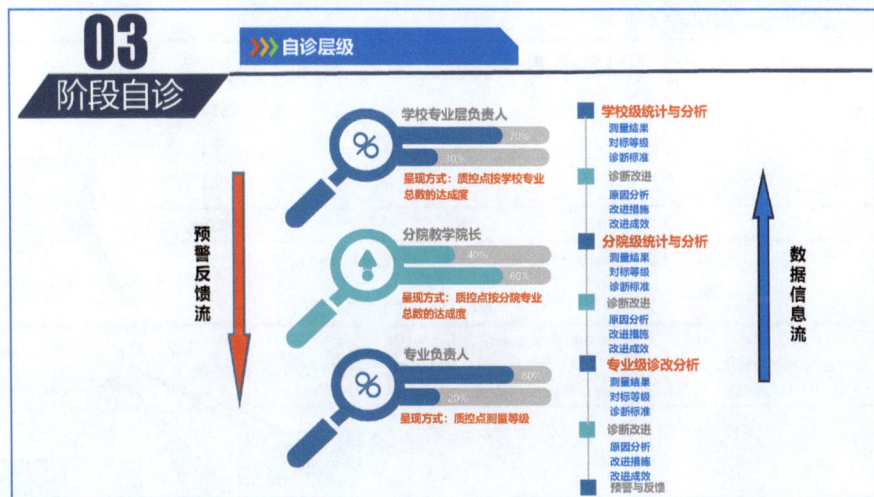

图 4-43　专业自诊层级

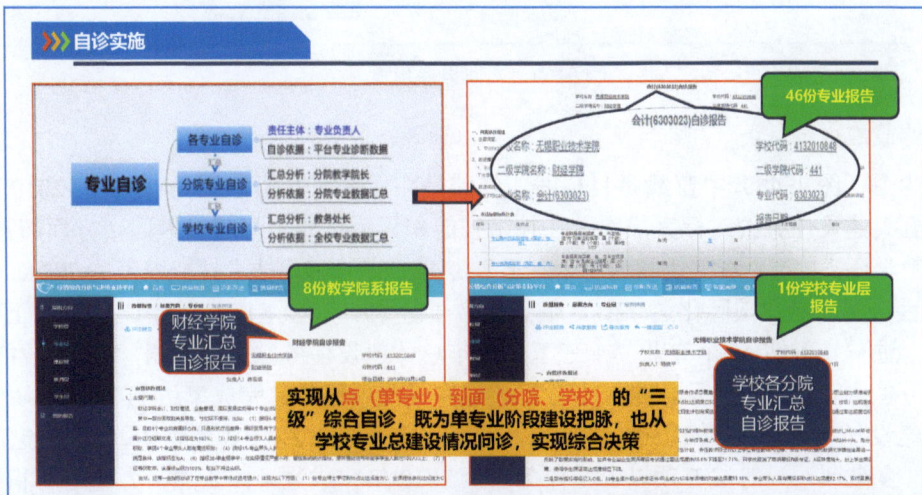

图 4-44　专业自诊流程与三级专业自诊报告

（4）指标分析：对 C 级预警指标进行分析提出改进措施，如"教师教科研工作量达成度"为 67.77% 达 C，原因是受新教师影响。2018 年专业自诊主要成效：通过进一步深化产教融合，整合校内外资源，专业产教融合项目覆盖率（%）（混合所有制、现代学徒制、订单培养等）达成度由 C 等级 54.4% 提高至 B 等级 89.13%；校外专业群实训基地符合度达成度由 0% 提高至 65.22%；通过加大教学内涵建设投入，专业生均教育经费占比达成度由 B 级 80.00%提升至 A 级 100.00%；通过开展课堂教学质量提升年系列活动，有效地加强了学校师德师风、学风建设，各专业精品课 / 资源共享课数占比由 C 等级 68.80% 提升至 A 等级 95.65%；促进了人才培养质量提升，应届毕业生核心课程满足度（MyCOS）由 C 级 68.0% 提升至 B 级 75.57%，各专业毕业生计算机等级考试通过率达成度由 C 级 76.00% 提升至 A 级 100%，各专业 3 ～ 5 年毕业生升迁情况（MyCOS）由 B 级 46.0% 提升至 A 级 68.48%。图 4-45 为专业自诊报告分析。

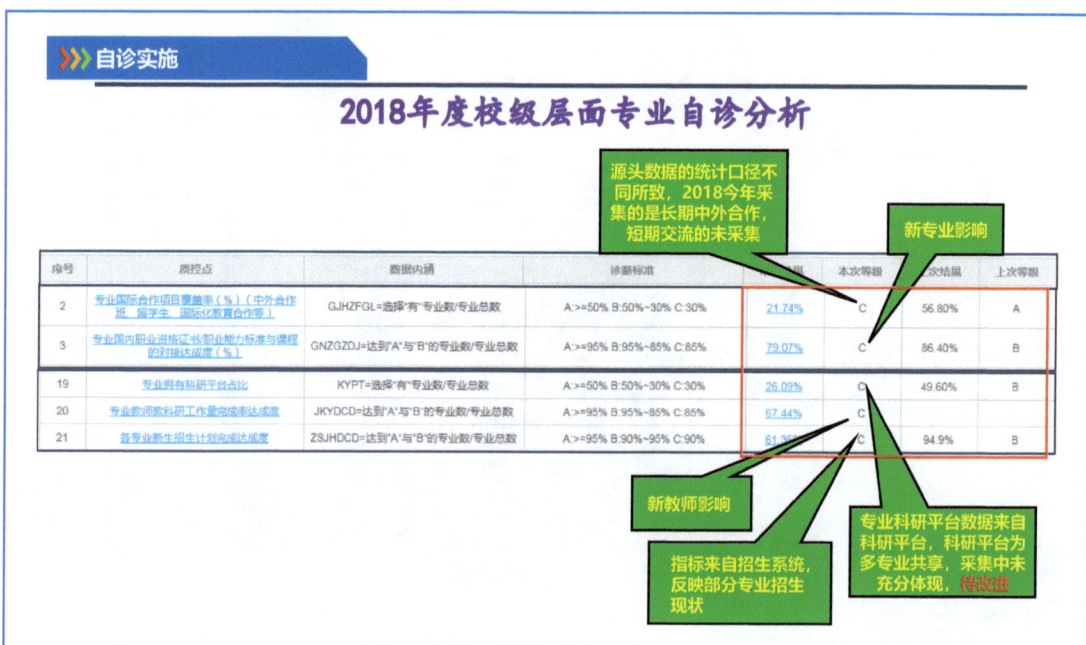

图 4-45　专业自诊报告分析

4. 诊改成效

雷达图（图 4-46）中蓝线是目标线，红线是完成线。左雷达图为 2016 ～ 2018 三年期间专业五大建设任务的对标完成率，在技术技能积累、优质资源建设等四个方面超额完成，信息化教学还需提升；右雷达图为"十三五"专业的完成率，技术技能积累达 70%，优质资源建设达 98%，专业国际化达 72%，信息化教学达 50%，学生成长成才达 85%，正在努力追赶中。进一步下钻 46 个专业"十三五"五年总体建设任务完成率数据，"技术技能积累"建设任务总体完成比例显示，机械专业已超额完成此项任务，完成率达 115%。而"信息化教学"建设任务总体完成率 50%，对标"省级以上精品在线开放课程 15 门，国家级信息化大赛（含微课）一等奖 5 项以上"任务，至 2018 年完成过半，正加大力量培育积累。图 4-47 为各个专业建设任务完成率。

诊改成效

学校三年完成/三年任务

学校三年完成/五年任务

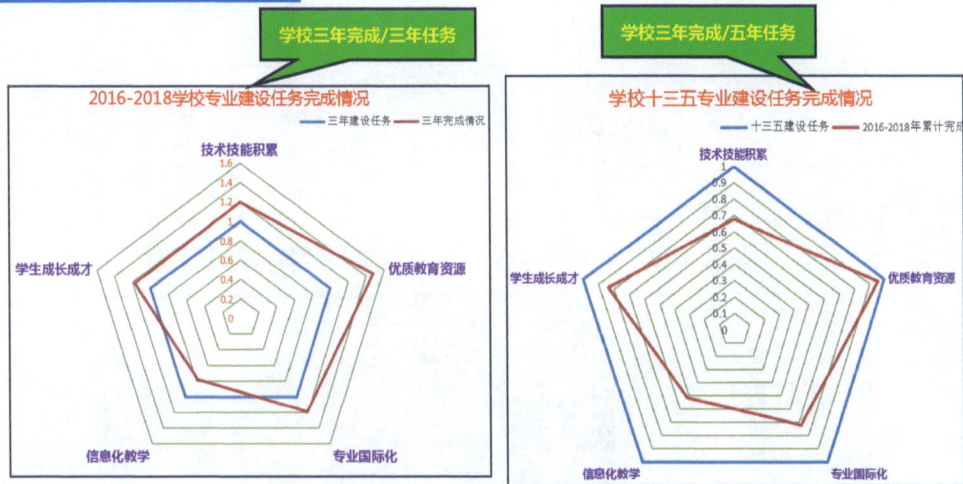

图 4-46　学校专业建设任务完成率

诊改成效

各专业三年完成/五年任务
（技术技能积累）

图 4-47　各个专业建设任务完成率

近三年申请获得"全国职业院校装备制造类示范专业"两个，申请获得江苏省高水平骨干专业五个，建成了一批品牌示范专业。扩大了专业对外开放程度，累计招收来自 50 多个国家的 1300 余名留学生来校学习，2018 年共招收各类外国留学生 528 人；270 门课程、17 个专业已被世界上九个国家 13 所院校认证，提高了全体学生培养质量。据江苏省高校招生就业指导服务中心数据统计，无锡职业技术学院毕业生工作满意度、月薪水平均高于省均值。图 4-48 为江苏省高校招生就业指导服务中心数据。

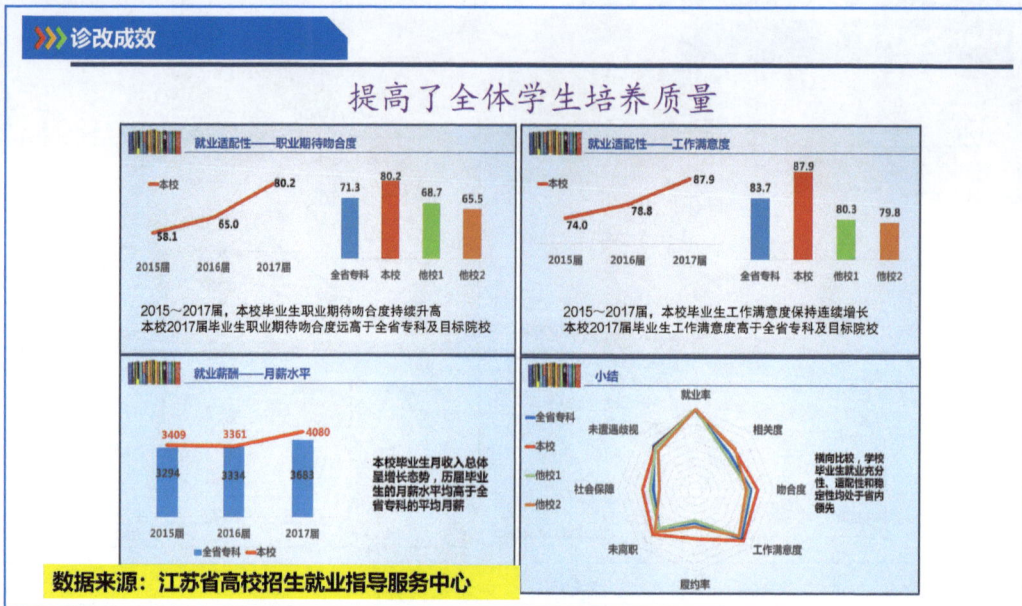

图 4-48　江苏省高校招生就业指导服务中心数据

5. 思考与措施

1）思考

（1）进一步加强平台建设，监控所有专业建设进程的应用系统功能仍待提升，以更好地支撑专业诊改及专业评价，激发专业的责任主体活力。

（2）经过三年自诊，对比未达项数据，少数指标的达成值标准合理性有待研讨后优化、修正。

（3）个别新专业建设、老专业升级改造前瞻性不够。部分教学管理人员、专业带头人专业建设及管理理念更新不够，教学学术管理团队建设仍有待加强。

（4）专业集群建设影响力初现，进一步扩大品牌引领与示范辐射。

2）措施

（1）持续优化诊改指标体系，建好教研轻应用系统，强化自诊改进成效及建设进程的监控跟踪。

（2）开展"专业建设年"系列专题活动，打造教学学术管理团队。

（3）完善专业评价标准，进行一轮专业评价，推动全体专业提升内涵，提升建设水平。

（4）加强专业集群建设的理论及实践研究，实现品牌引领与示范辐射。

4.3　课程层面诊改实践

依据《无锡职业技术学院内部质量保证体系建设与运行实施方案》，进行"课程自诊指标体系""课程层面"8"字形质量改进螺旋"等专题研究。建立课程层面"8"字形螺旋，制定"课程诊改实施办法"，围绕课程建设与课程教学，制定课程层面质保体系核心制度 25 个，其中规划标准类 3 项，运行管理类 12 项，约束激励类 8 项，研究实践类 2 项。课程自诊是学校率先启动的层面，2016 年起部分课程以学年为周期采用电子表格形式开展自诊试点；2017 年起以学期为周期在"校情综合分析与决策支持系统"平台开展课程自诊，至今连续四个学期分别完成课程自诊报告 2014 份、1781 份、2167 份、1882 份。

4.3.1 课程层面诊改实施办法

课程层面诊改涵盖课程建设与课程教学两个方面，教务处牵头组织课程诊改工作。课程负责人为课程质量主体，遵循课程层面"8"字形螺旋，对照课程监测指标进行课程诊改。依托"校情综合分析与决策支持系统"平台汇总分析，为学校课程层面提供课程质量基础数据。

1. 建立目标标准

教务处负责全校课程建设与课程教学的管理，指导课程负责人制定课程建设规划、课程教学大纲，统筹学校课程建设规划、学校重点课程建设规划，并与专业、师资、国际化合作等分规划相贯通，上下衔接、左右贯通形成课程建设目标与标准链，形成"学校课程建设分规划目标、任务、标准分解表"，将建设任务分解落实到分院各课程。各课程依据课程建设规划目标任务，结合课程自身建设要求，形成本课程建设与教学的目标任务，以此作为课程自诊的依据。

教务处关于制定课程建设规划原则意见中"建立课程建设目标标准"的要点说明

（一）课程分析

基于 SWOT 分析，建议提炼需求分析、基础分析、问题分析三大分析逻辑框架图及要点说明。

1. 需求分析
根据岗位能力标准的模块内容要求进行分析。

2. 基础分析（时间节点为近三年）
课程现有水准；学生学情等。

3. 问题分析
课程对接专业要求、资源建设、学情及课程教学中存在的问题。

（二）课程建设目标

课程建设目标：上挂校级规划，建设达到的课程等级、课程特色、课程教学质量水准。

（三）课程建设标准

围绕课程内容设计、课程资源建设、信息化建设、课程团队建设、课程教学质量提升五个方面预期建设的标志性成果，并用 SMART 原则进行描述（具体、可测、可达、相关、时效）。

1. 课程内容设计
课程架构设计思路；岗位能力主线；对接国内、国际职业资格证书；对接专业技术升级；职业素质；课程教学标准的优化等。

2. 课程资源建设

引进转化国际优质教育资源（国际先进工艺流程、产品标准、技术标准、服务标准、管理方法等）；引进转化品牌企业案例；服务课程重点与难点的优质课程资源设计与制作展示等。

3. 信息化建设

全课程信息化；校/市/省/国家开放课程建设；全国职业院校信息化教学大赛；应用信息技术改造传统教学，促进泛在、移动、个性化学习方式的形成；推广教学过程与生产过程实时互动的远程教学，形成课前课中课后教学方法、评价方法的新形态。

4. 课程团队建设

团队对本课程的研究要点与水平；团队教学能力提升措施；团队课程教学水平等。

5. 课程教学质量提升

对学生个性化的学习支持与教育服务，提升学生学习主动性；课程学习效果，教师评学、学生评教、督导听课；学生学习目标达成度等。

2. 开展常态自诊

任课教师与课程负责人按照"8"字形螺旋运行单元，在日常工作中随时对照课程建设任务的完成进度与质量、课程教学大纲与授课计划的运行状况开展常态自诊，依据信息系统测量数据、预警信息等，对建设与教学中出现的问题随时纠正与改进。

3. 开展阶段自诊

课程阶段自诊以学期为周期,采用平台数据测量与人工抽检分析相结合的办法,依托"校情综合分析与决策支持系统"平台、教务系统等测量数据,对照课程自诊指标测量结果进行,也可在此基础上根据课程自身实际增补自诊指标,对未达标项加以深度分析,形成自我诊断意见和改进措施,完成课程自诊报告,下一年的自我诊改报告中增加诊改成效。

4. 汇总分析

"校情综合分析与决策支持系统"平台对课程逐级进行数据汇总分析，为课程管理者提供决策依据。具体流程：学期班级课程自诊（任课教师仅对未达标项分析）→学年课程自诊（课程负责人，根据课程数据汇总分析）→专业的课程自诊（专业负责人，根据专业所有课程数据汇总分析）→学校课程自诊（教务处长，根据全校课程数据汇总）。

5. 反馈改进

课程负责人根据自诊结果，对未达标项进行分析研究，采取切实可行的措施，确保诊改取得成效；教务处负责对各课程诊改工作进行监督与控制，并将诊改工作与课程的绩效考核相挂钩。

4.3.2 单门课程自诊案例

课程诊改遵循课程层面"8"字形螺旋，加强课程事前、事中、事后质量管控，课程诊改以授课班级为单位形成运行数据，运行数据通过平台自动采集统计，同时增加预警功能。以机械制造与自动化专业"几何量精密测量"课程为例，围绕两链打造、实施运行、阶段自诊和成效体会四个方面，展示课程诊改的实施与成效。

1. 两链打造

1）课程建设目标标准

（1）课程简介："几何量精密测量"是服务于机械制造与自动化的一门专业基础课。近10年课程进行了三次改革：2009年起以企业提供的典型零件为载体，融入企业岗位工作流程，采用任务驱动的项目式教学方法；2010年被评为江苏省精品课程；2012年建设教学资源，建立课程学习平台，2014年被评为无锡市精品资源课程；2016年，服务"中国制造2025"，引入精密测量设备和先进测量技术，采用职教云学习平台，实时记录学习行为数据课程，由此转型升级为"几何量精密测量"。

（2）课程定位：依据专业岗位能力与毕业要求，"几何量精密测量"在课程体系中承担产品质量检测及控制能力的培养要求。图4-49为机械制造与自动化专业课程体系。

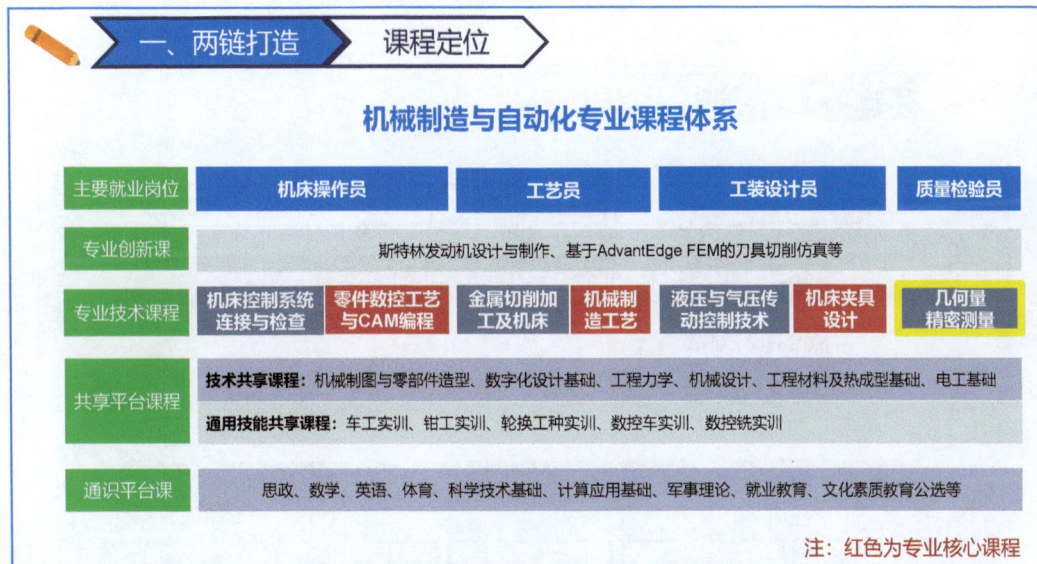

图 4-49　机械制造与自动化专业课程体系

（3）问题分析：根据第三方调查数据，无锡职业技术学院毕业生在传统制造业的就业比例逐年下降，在新兴制造业的就业比例逐年上升。由此得出第一个问题，面对传统制造的转型升级，如何适应就业市场对新兴制造领域人才不断提出的"新"需求？根据另一组调查数据，毕业生认为母校的教学最需要改进的是"实习和实践环节"。由此得出第二个问题，如何有效地整合和扩充实训资源，通过实训实践环节，有效地提升学生的知识和技能水平？图4-50为课程问题分析。

（4）课程目标：依据"十三五"机械专业建设规划，"几何量精密测量"课程建设目标为省级在线开放课程；课程教学目标为培养机械产品测量与质量分析能力。图4-51为课程目标。

一、两链打造　问题分析

毕业生就业比例

	2015届	2016届	2017届
传统制造业	25.0%	22.1%	22.2%
新兴制造业	11.9%	14.4%	16.6%

① 面对传统制造的转型升级，如何适应就业市场对新兴制造领域人才不断提出的"新"需求？

教学各方面改进需求

■ 本校2016届　■ 本校2017届

(%)
80
60
40　54 52　47 44　35 35　31 32
20　　　　　　　　　　　　　　16 16
0　　　　　　　　　　　　　　　　　5 4　4 3

实习和实践环节不够　无法调动学生学习兴趣　课程内容不实用或陈旧　课堂上让学生参与不够　课程考核方式不合理　教师不够敬业　教师专业能力差

② 如何有效地整合和扩充实训资源，并通过实训环节有效地提升学生的测量技能？

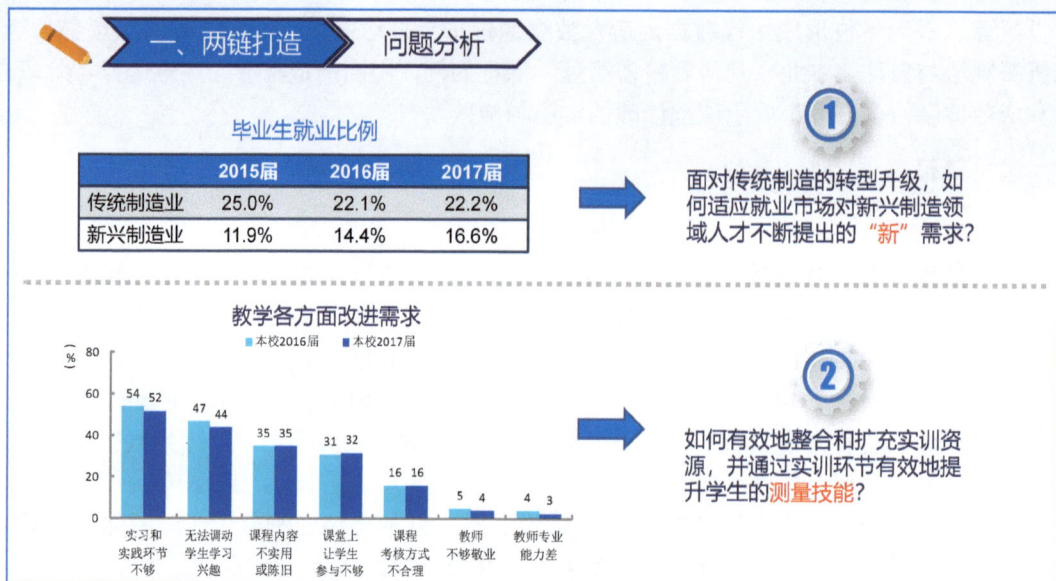

图 4-50　课程问题分析

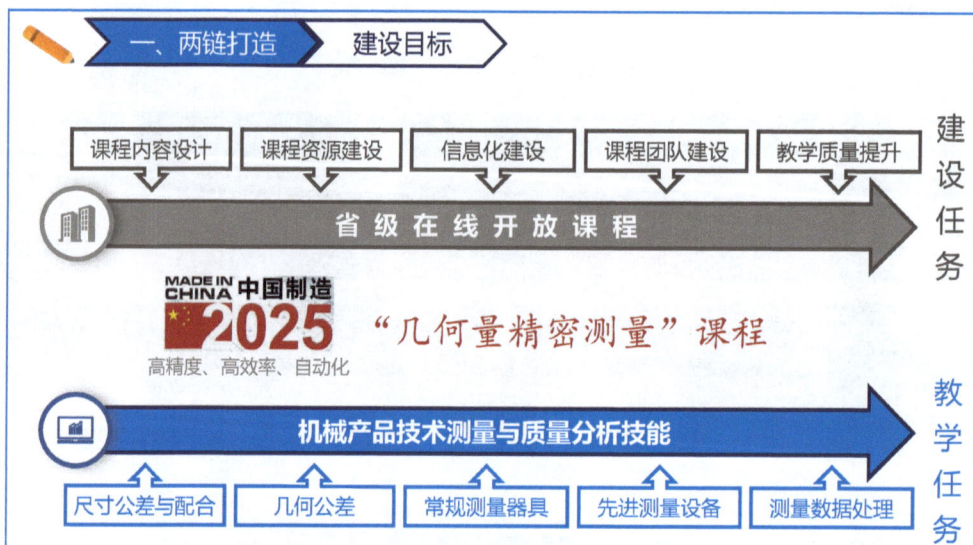

一、两链打造　建设目标

课程内容设计　课程资源建设　信息化建设　课程团队建设　教学质量提升

省级在线开放课程

建设任务

MADE IN CHINA 中国制造 2025
高精度、高效率、自动化

"几何量精密测量"课程

机械产品技术测量与质量分析技能

教学任务

尺寸公差与配合　几何公差　常规测量器具　先进测量设备　测量数据处理

图 4-51　课程目标

（5）具体目标：以机械产品检测为主线，以新技术、新技能和信息化为着力点，围绕教学内容设计、课程资源建设、信息化建设、课程团队建设、教学质量提升五个方面，制定具体目标。教学内容设计：以公差配合知识为基础，以测量技能训练为重点；引入两种以上先进测量技术。课程资源建设：动画 50 个；微课 30 个；测量操作视频 20 个；测量器具仿真软件 3～5 种。信息化建设：实现知识传授、技能指导、互动交流、测验考核等课程教学全过程信息化；信息化、微课等教学比赛获省级以上奖励。课程团队建设：掌握两项以上先进测量技术；教学比赛获省级以上奖励 3～5 项，出版教材一本；参与科研项目一两项，发表核心论文 2～3 篇。教学质量提升：优秀率、合格率、缺课率达标；评学、评教、听课成绩达到优秀；产出两项学习成果并达到质量评判标准；设计并实施工匠精神培养落地方案。图 4-52 为课程五大具体目标任务。

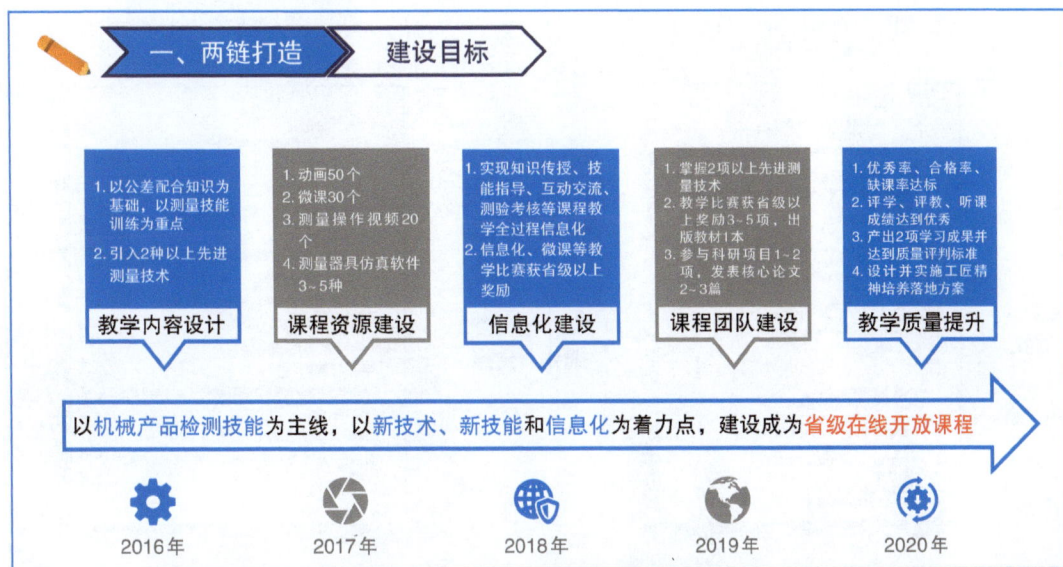

图 4-52 课程五大具体目标任务

（6）任务标准：将五个方面的具体目标，分解成每个年度的验收标准。图 4-53 中的表格为信息化建设方面的分年度验收标准。

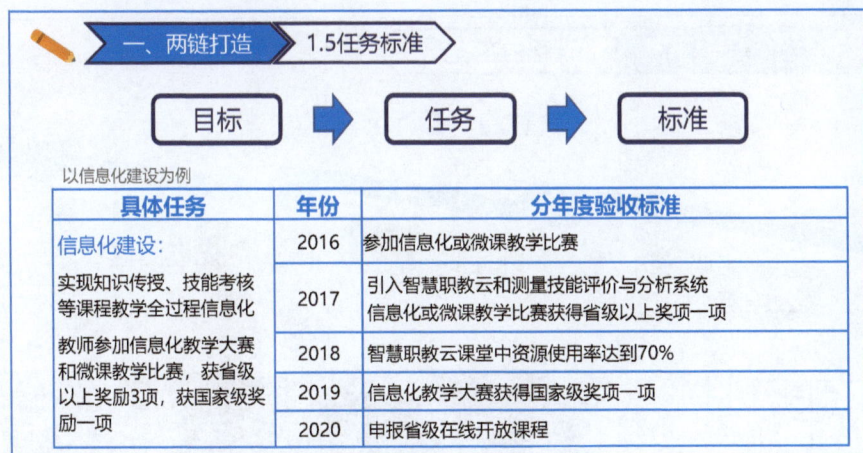

图 4-53 任务与年度验收标准

2. 实施运行

依据课程"8"字形螺旋，借助智能化信息平台，对课程运行过程进行监测、预警和诊断，发现问题后进行常态纠偏和阶段改进，以保证目标的达成。

（1）制度规范：根据学校内部质量保证体系运行课程层面核心制度，分院对学校制度进行细化与支撑以形成机械技术学院课程建设核心制度。图 4-54 为学校与分院二级课程质量核心制度。

图 4-54　学校与分院二级课程质量核心制度

（2）课程内容设计：引入无锡制造企业中广泛使用的三坐标测量等先进测量技术，课程注重培养公差选用、常规测量和先进测量这三项螺旋上升的能力。图 4-55 为课程三大能力。

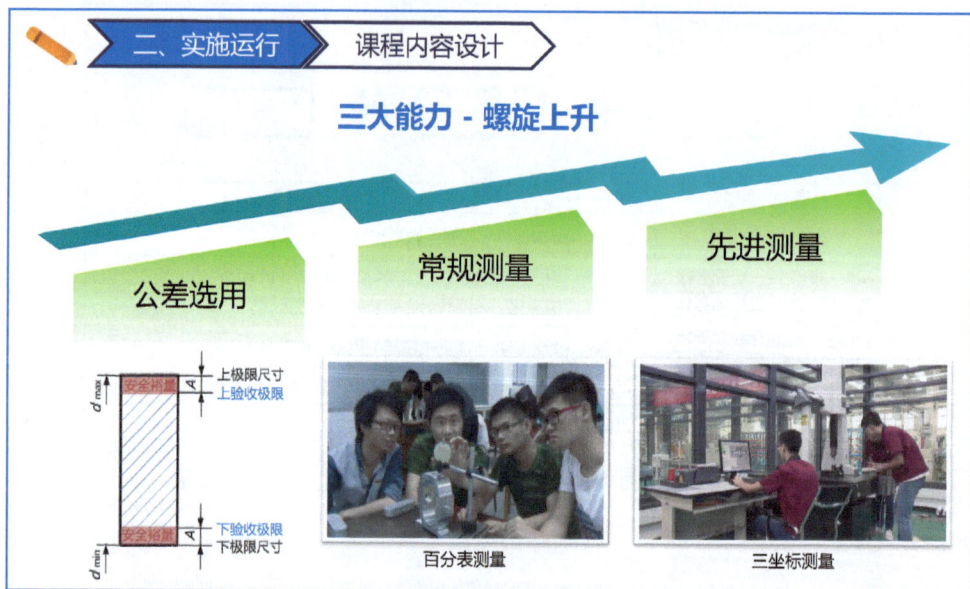

图 4-55　课程三大能力

研究产品检测岗位能力要点，通过引入一汽锡柴、威孚集团等企业典型产品，合理选择测量技能训练的典型载体，形成轴类零件检测、套类零件检测、连杆零件检测、箱体零件检测、齿轮零件检测、零件综合检测六大教学项目，从简单的轴类零件到复杂的叶轮零件，从常规量具到先进量具，学生在检测零件的过程中，逐步掌握测量技术。图 4-56 为课程测量零件载体。

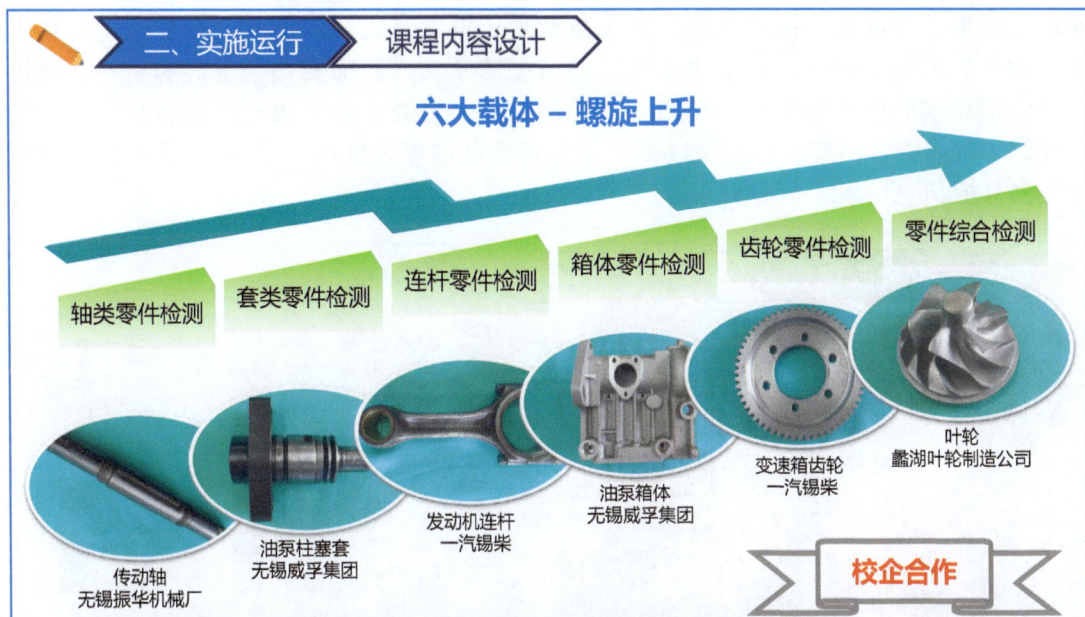

二、实施运行　课程内容设计

六大载体 - 螺旋上升

轴类零件检测　套类零件检测　连杆零件检测　箱体零件检测　齿轮零件检测　零件综合检测

传动轴
无锡振华机械厂

油泵柱塞套
无锡威孚集团

发动机连杆
一汽锡柴

油泵箱体
无锡威孚集团

变速箱齿轮
一汽锡柴

叶轮
蠡湖叶轮制造公司

校企合作

图 4-56　课程测量零件载体

（3）资源建设：依据课程资源建设年度具体任务，通过进度表对完成情况进行监测预警，经过三年的建设，微课、测量器具仿真软件等优质教学资源的数量和种类逐年丰富。图 4-57 为课程资源建设数据。

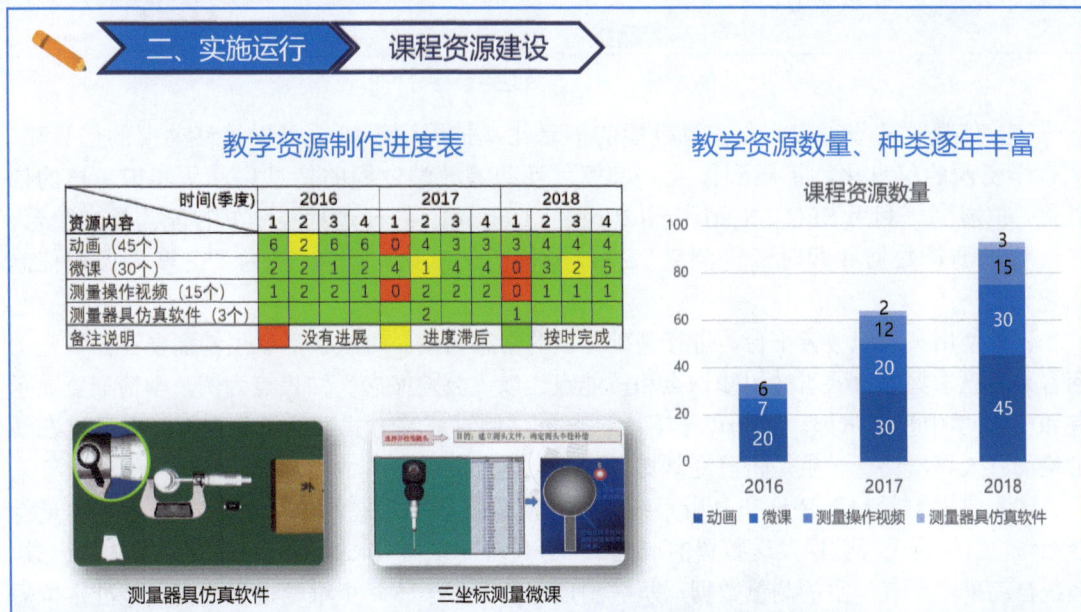

二、实施运行　课程资源建设

教学资源制作进度表

时间(季度)	2016				2017				2018			
资源内容	1	2	3	4	1	2	3	4	1	2	3	4
动画（45个）	6	2	6	6	0	4	3	3	3	4	4	4
微课（30个）	2	2	1	2	4	1	4	4	0	3	2	5
测量操作视频（15个）	1	2	2	1	0	2	2	2	0	1	1	1
测量器具仿真软件（3个）					2		1					
备注说明		没有进展			进度滞后				按时完成			

教学资源数量、种类逐年丰富

课程资源数量

图 4-57　课程资源建设数据

测量器具仿真软件　　三坐标测量微课

（4）资源应用反思：根据智慧职教云课堂反馈的数据，学生对教学资源的平均使用率仅为35%。通过数据下钻，发现每个课件的使用率差异不大，但是每位学生的课件使用完成度差异显著。由此推断，大多数学生还没有养成利用优质教学资源进行自主学习的良好习惯。因此，对于课件完成度偏低的学生，教师要加强督促和引导，通过提高资源获取的便捷性来提高使用率。为此，我们出版了新形态一体化教材，扫一扫二维码，就能查看相应的视频或动画，使资源的获取更为便捷。图4-58为课程资源应用数据分析。

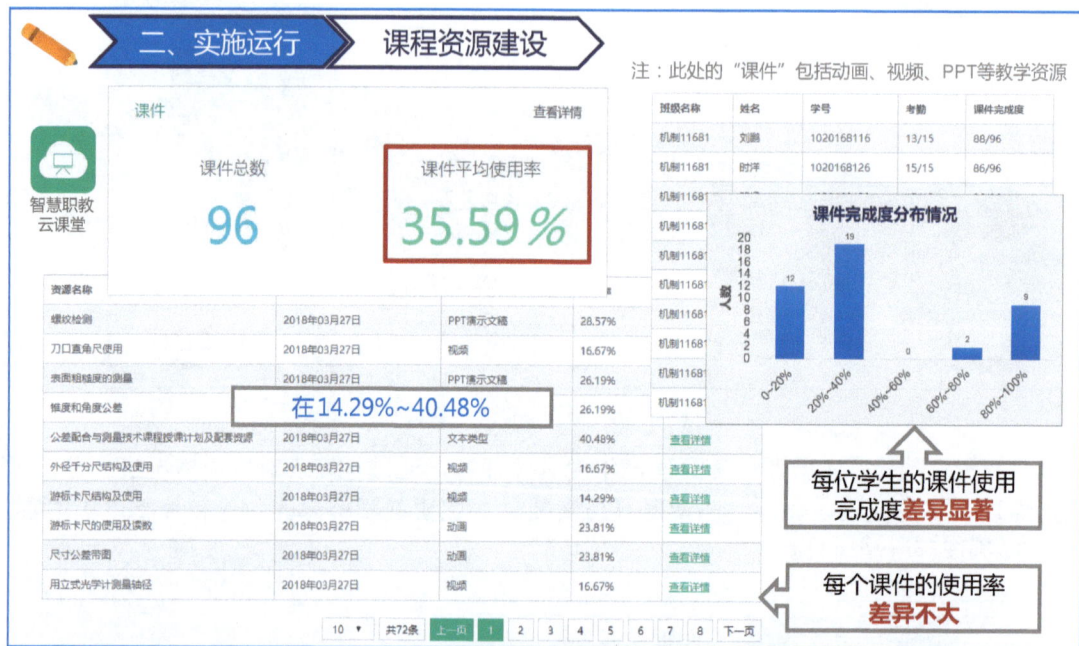

图4-58　课程资源应用数据分析

（5）信息化建设：从个人计算机端的信息化，扩展到手机、平板等移动端的信息化，从教学资源的信息化，扩展到作业、考核、互动等教学过程的信息化，从知识考核的信息化，扩展到"利用SPC（Statistical Process Control，统计过程控制）智能测量实验台，自动传送测量数据并即时评价测量"技能考核的信息化。图4-59为"三度"课程信息化建设。

课程使用智慧职教云平台，进行基础知识的常态纠偏。每次课后学生都需要在云课堂上回答是否已掌握本次课所教的知识点和技能点。以"公差概念"知识点为例，学情调查显示有40%的学生没有掌握。教师可于下次课通过举例讲解等方式帮助学生理解，并通过在线讨论的方式再次调查学生是否已经掌握。

课程借助测量技能评价和分析系统，进行测量技能的常态纠偏。这是SPC智能测量综合系统，由带有无线数据发送装置的卡尺、千分尺等测量器具，以及测量数据分析软件组成。系统自动采集所有学生的测量数据，从被测尺寸和学生个体两个维度进行分析，精准定位短板学生，提供点对点指导。通过被测尺寸数据及时发现共性问题，教师能够及时进行针对性指导和纠错。图4-60为SPC智能测量即时评测结果。

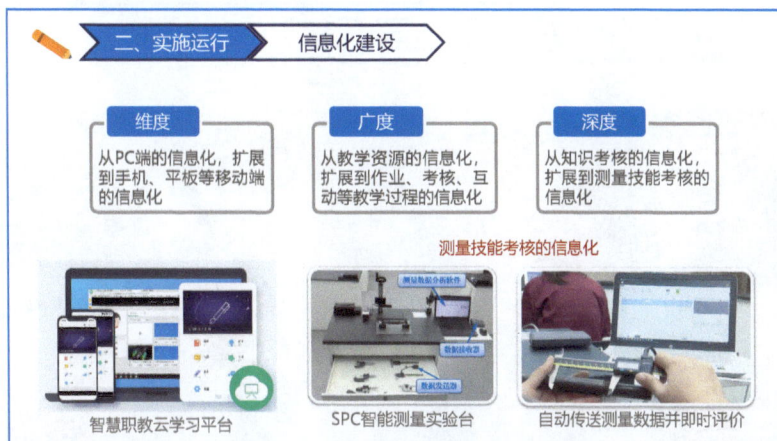

图 4-59　"三度"课程信息化建设

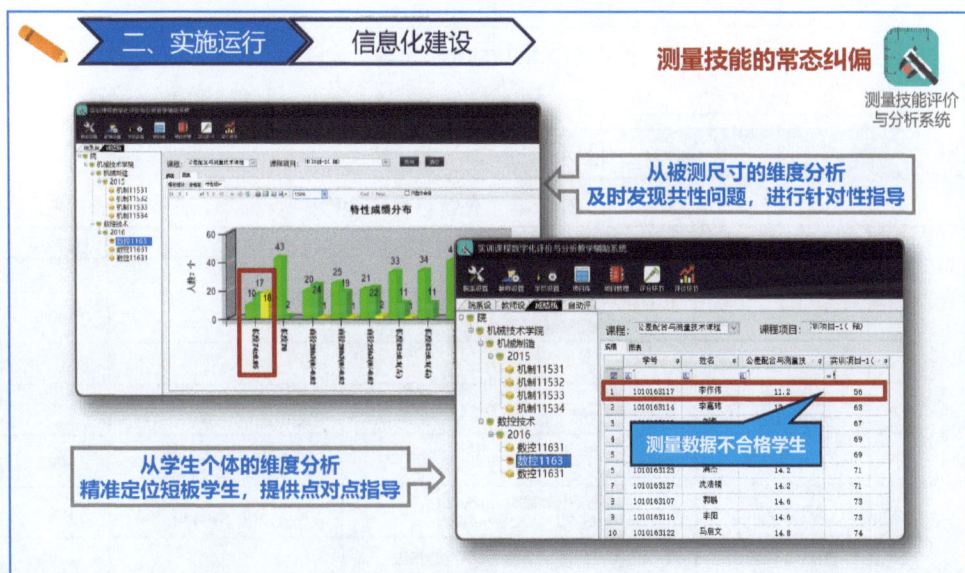

图 4-60　SPC 智能测量即时评测结果

（6）课程团队建设：通过参加各类教学比赛和技能培训，课程团队获得全国信息化大赛一等奖，教学能力和测量技能都得到了提升。

（7）教学质量提升：第一个着力点围绕"教师引导、考核推动、规范纠偏"设计工匠精神培养落地方案并实施；第二个着力点是学习成果导向。每一位学生必须完成两份测量方案和测量报告。每份报告都有配套的质量评价标准，以检验学习成果的质量。图 4-61 为课程教学质量提升途径。

3. 阶段自诊

（1）任务达成度：红色表示达成度低于 50%，黄色表示达成度高于 50% 且低于 100%，黑色表示达成度大于等于 100%。根据 2018 年的任务与完成进度表，没有完成的任务是"引入在线检测技术"，任务没能完成原因是"在线检测方面的技术技能积累不足"。目前课程组成员已经参与到在线检测方面的科研项目中，2019 年要完成这个目标。图 4-62 为课程建设任务达成度。

图 4-61　课程教学质量提升途径

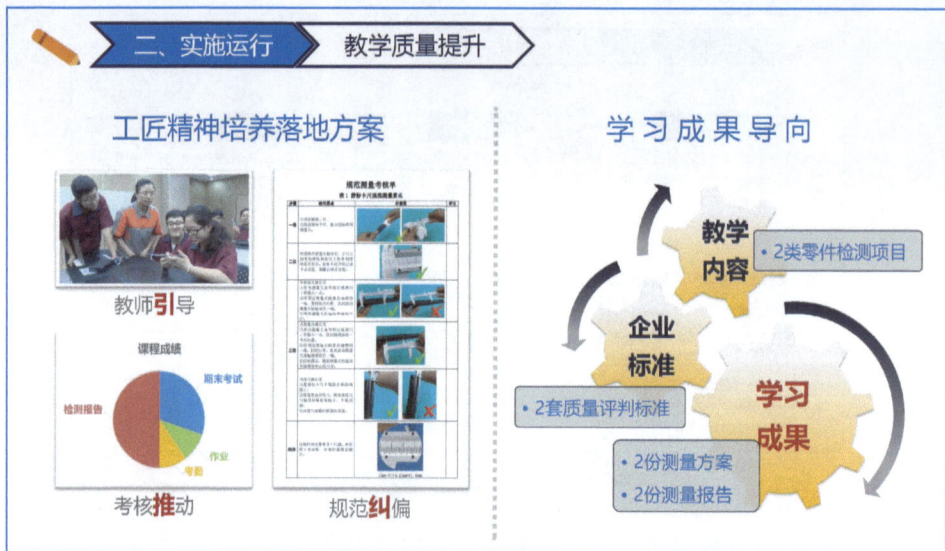

图 4-62　课程建设任务达成度

（2）课程自诊报告：根据"校情综合分析与决策支持系统"平台中课程自诊指标测量结果，对测量等级为 C 或 N 的指标进行分析，找出本次诊改周期内存在的主要问题并进行分析研究，提出策略性的改进措施，同时对上一诊改周期内的问题改进情况进行比较分析，以测量数据为依据形成课程自诊报告。

（3）指标分析：在课程的 32 个诊断点中，达 A 指标 11 个，达 B 指标 2 个，达 C 指标 3 个，18 个指标为 Y。"教学日志超期率达成度"诊断等级为 C，原因是"部分班级任课教师没能及时填写教学日志"，改进措施是"通过智能预警督促教师及时填写"。图 4-63 为课程自诊指标分析。

三、阶段自诊　指标分析

校情分析系统

"五纵"	质控点内涵	质控点数量
决策指挥	课程教学大纲制定、课程授课计划制订	8
资源保障	教材、教学资源	5
支持服务	课程教学制度与规范	8
质量生成	课堂教学（成绩优秀率、合格率、缺课率、……）	7
监督控制	教学评价（听课成绩、评教成绩、评学成绩、……）	4
合计		32

20181901学期课程自诊情况

（饼图：18个Y、11个A、2个B、1个C）

质控点	诊断结果	诊断等级	主要原因	改进措施
教学日志超期率达成度	58.33%	C	部分班级任课教师没能及时填写教学日志	通过智能预警督促教师及时填写

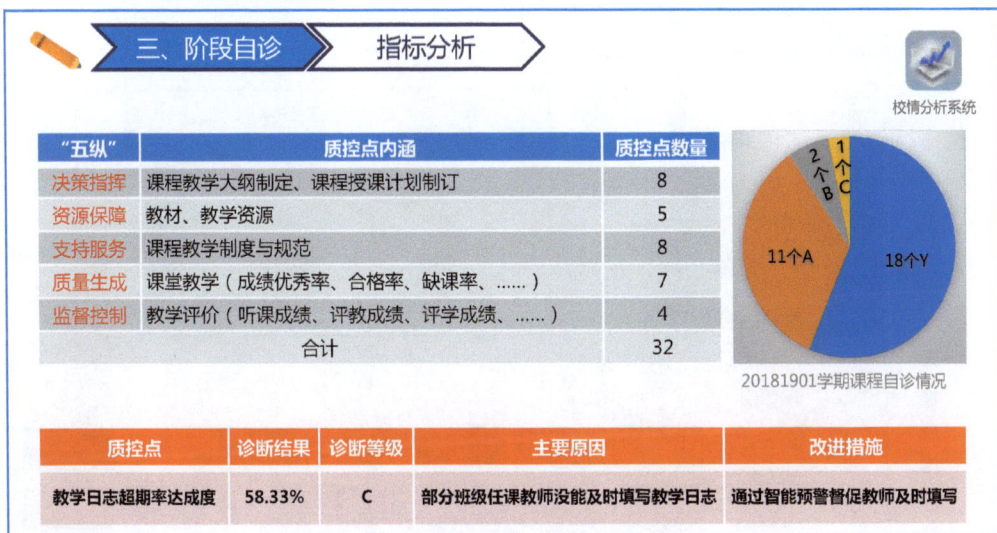

图 4-63　课程自诊指标分析

4. 成效体会

对标课程建设目标标准，围绕五个方面的具体目标，通过三年的课程建设，教学资源建设、课程团队建设、教学质量提升建设目标达成度为100%，课程内容设计为75%，信息化建设为50%。弱项是在智能制造环境下，引进先进测量技术和资源使用率方面有欠缺，这是我们下一步提升的工作重点。图 4-64 为课程三年目标完成率。

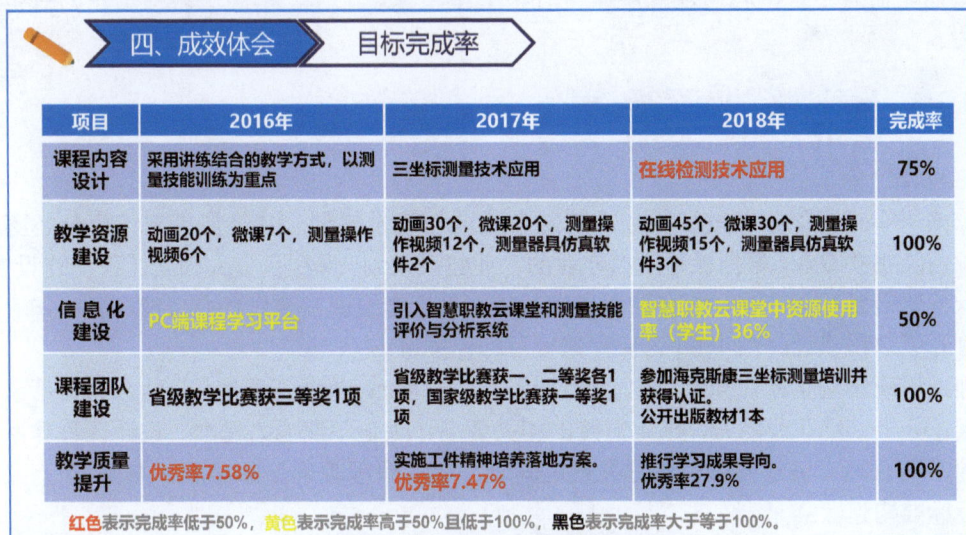

四、成效体会　目标完成率

项目	2016年	2017年	2018年	完成率
课程内容设计	采用讲练结合的教学方式，以测量技能训练为重点	三坐标测量技术应用	在线检测技术应用	75%
教学资源建设	动画20个，微课7个，测量操作视频6个	动画30个，微课20个，测量操作视频12个，测量器具仿真软件2个	动画45个，微课30个，测量操作视频15个，测量器具仿真软件3个	100%
信息化建设	PC端课程学习平台	引入智慧职教云课堂和测量技能评价与分析系统	智慧职教云课堂中资源使用率（学生）36%	50%
课程团队建设	省级教学比赛获三等奖1项	省级教学比赛获一、二等奖各1项，国家级教学比赛获一等奖1项	参加海克斯康三坐标测量培训并获得认证。公开出版教材1本	100%
教学质量提升	优秀率7.58%	实施工件精神培养落地方案。优秀率7.47%	推行学习成果导向。优秀率27.9%	100%

红色表示完成率低于50%，黄色表示完成率高于50%且低于100%，黑色表示完成率大于等于100%。

图 4-64　课程三年目标完成率

根据教务系统 15 级、16 级、17 级学生的课程成绩统计，在教学过程中通过知识纠偏和技能纠偏，三届学生的课程成绩优秀率逐年有所提升。图 4-65 为课程三届学生成绩比较。

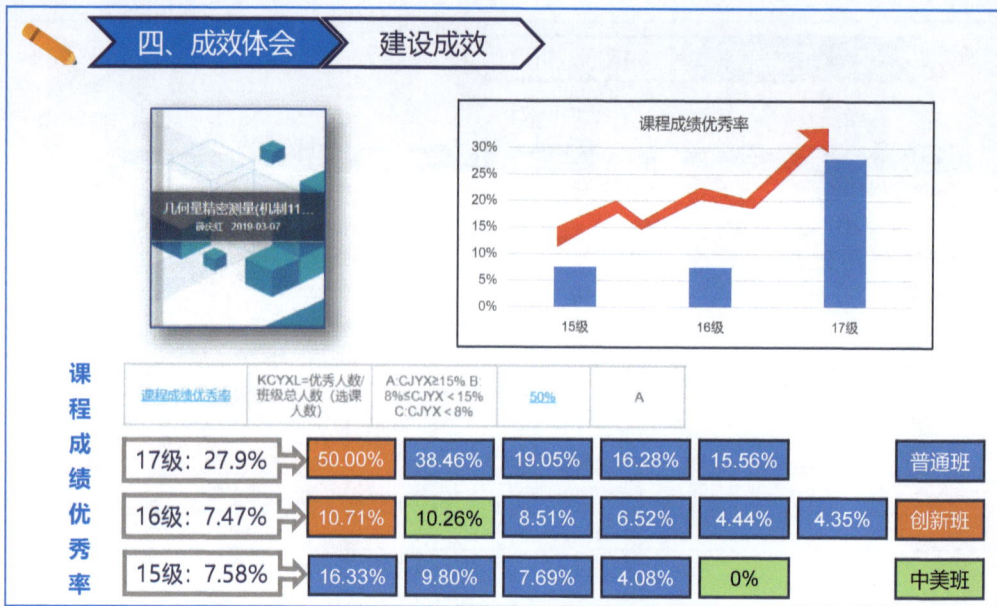

图 4-65　课程三届学生成绩比较

对标课程建设目标，课程组成员通过不断提升自己的教学能力和技能水平，于 2017 年获得了全国信息化教学大赛一等奖，2018 年获得了海克斯康精密检测培训师认证证书。

诊改体会：在学生方面，借助信息化技术，实时反馈测量结果的准确性，激发了学生不断接近精准测量的学习动力，促进了规范测量素养的形成。在教师方面，通过诊改工作，利用智能化信息平台，靶向性开展课程教学工作和建设工作，提高了教师工作的规范性和执行力。

4.3.3　校级课程层面诊改案例

1. 目标标准

依据"十三五"事业发展规划，制定学校课程建设规划，并将任务按年度分解落实到教学部门及相关专业，根据课程所属专业的专业建设规划，课程负责人确立课程的建设目标，形成课程建设目标标准链。给合课程自身基础，对标学校课程建设标准（校、省、国家级），有计划开展课程建设。图 4-66 为课程建设目标标准链。

通过调研毕业生就业岗位，定位专业就业主要岗位、就业迁移岗位；结合调研信息和职业标准，分析归纳职业能力，选定对接的相关证书，确定职业能力标准，设计课程体系。建立人才培养目标、毕业要求与课程关系矩阵表，形成课程教学目标标准。图 4-67 为课程教学目标标准构建。

制度保障：开展"课程自诊指标体系""课程层面'8'字形质量改进螺旋"等专题研究，建立课程层面"8"字形螺旋，制定课程自诊操作细则，研究出台"全课程信息化工作管理办法""优质在线开放课程建设标准"等，按"规划标准、运行管理、约束激励、研究实践"四模块系统设计课程质量保证制度架构，修订完善课程层面质量核心制度共 25 个，各课程按计划开展常态与阶段相结合的自诊工作。

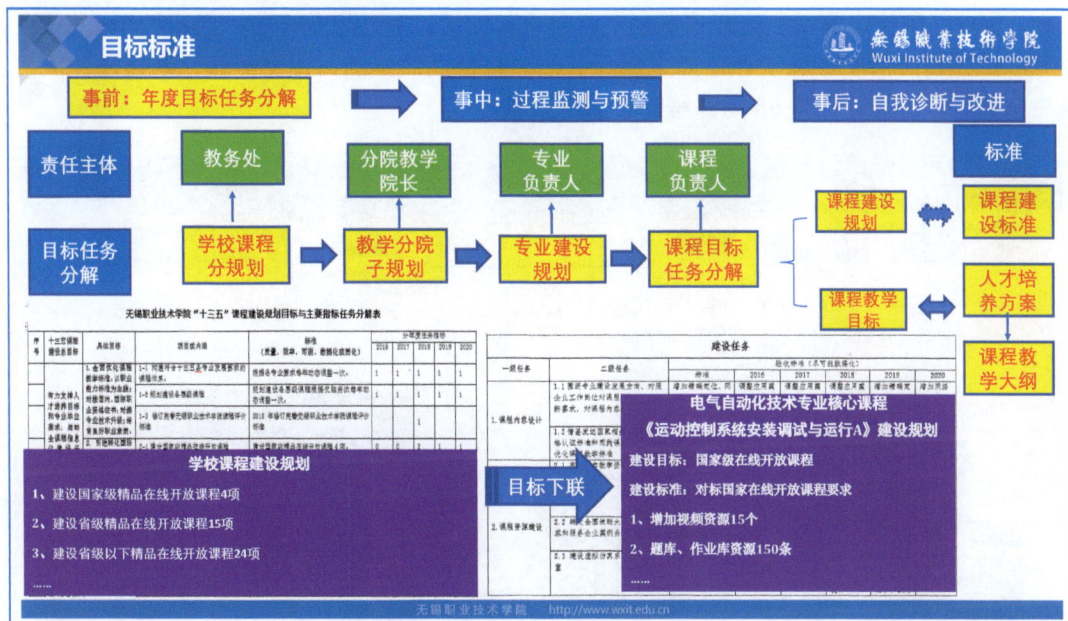

图 4-66　课程建设目标标准链

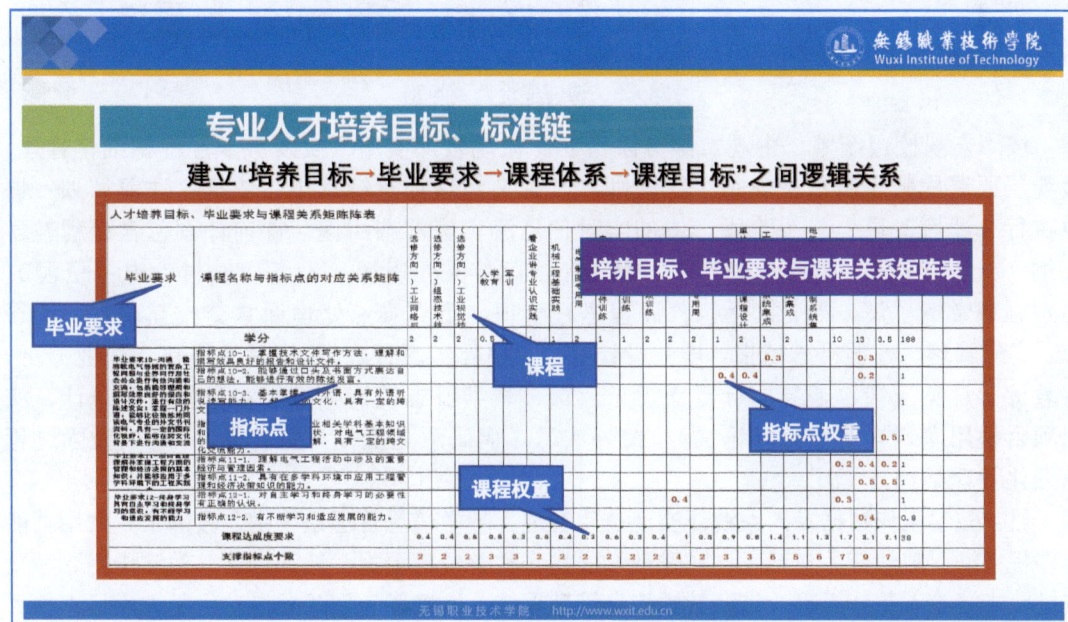

图 4-67　课程教学目标标准构建

2. 运行实施

全校在教学平台中开设了 1134 门课程，其中，有 14 门课程已在学分银行在线上线，面向社会开放学习。31 门课程申报了校级优质在线开放课程，18 门课程申报了省级在线开放课程，国家在线开放课程 2 门。课程建设常态纠偏依托数字化学习中心、"校情综合分析与决策支持系统"等信息化平台，对课程资源建设信息、全校在校开放课程建设与活跃度实时

监测，重点监测校级及以上的开放课程资源建设与应用，如资源更新量，活跃度最高的课程、用户，较频繁的活动类型统计，如完成任务点、获得测试成绩、提交测试、获得作业成绩、提交作业、讨论等。图4-68为课程建设监测数据。

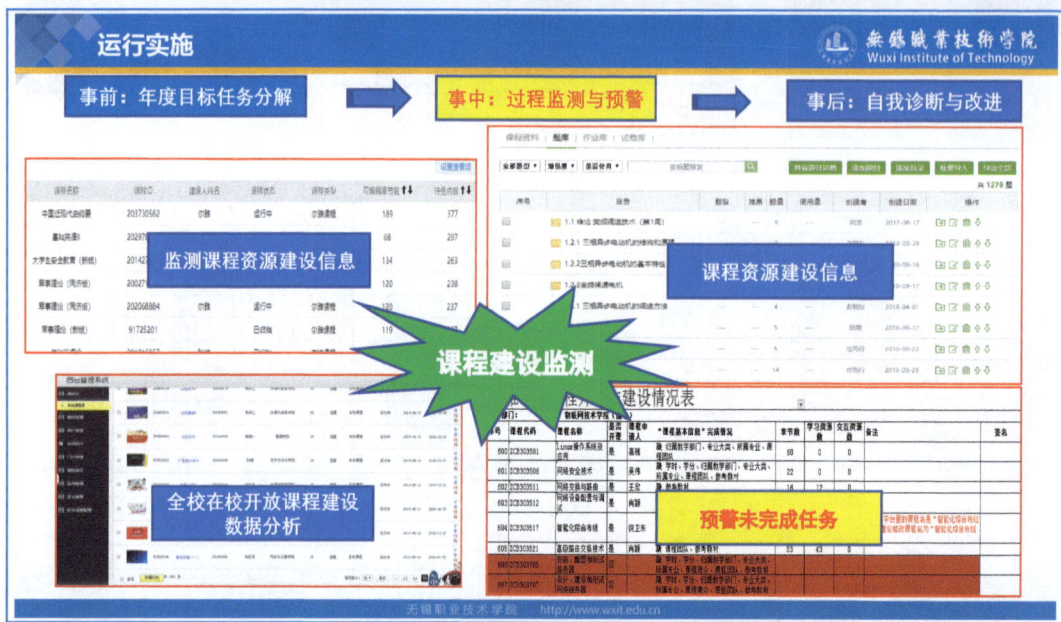

图 4-68　课程建设监测数据

按"宏观校级统筹、中观二级分院落实、微观教师实施"实现教学过程精细化管理，微观层面课程教学质量主体是上课教师，其常态纠偏须落细落小，依据"课前计划—课中执行—课后改进"三个阶段形成的实时信息流实施常态纠偏。课前计划包含课程教学大纲（课程标准）、授课计划（课程教学计划）、课程资源（设备、教材、电子资源），特别强调学情了解；课中执行包含课程进程管理、重点难点处理课堂交流互动、调课管理、实训管理、教学日志填报、毕业设计管理、校外实习管理等；课后改进包含作业分析、评教评学意见反馈、督导同行听课意见反馈、教学日志统计分析、实训室绩效统计、实训项目使用率、毕业设计（论文）、校外实习（调研意见反馈）等。图4-69为教学过程精细化管理架构。

日常教学工作数据录入系统，实现透明管理。教学信息管理系统中，教师个人常用功能有课程大纲、教学任务与课表、实践教学安排、教学资料填报、教师调课、教室借用、考试安排、成绩输入及分析等。借助教学信息管理系统，按授课计划匹配自动生成教学日志相关内容，当天课程结束后，相应完整的教学日志需要教师进行及时维护、完善，如授课时间地点、授课内容、授课方式、随堂测试、学生出勤、教学辅导等。教学日志维护超期时间为五个工作日，超期系统预警，实现学生缺课率等指标的预警推送。图4-70为教学日志系统界面。

应用毕业设计信息模块，实现对毕业设计课题选择、教师指导次数、指导方式、指导日期等过程全面管理；质控部按月统计分析指导频次、开题率；毕业设计成绩评价透明，如不及格学生的客观依据是抄袭、未变参加毕业设计环节等。图4-71为毕业设计系统界面。

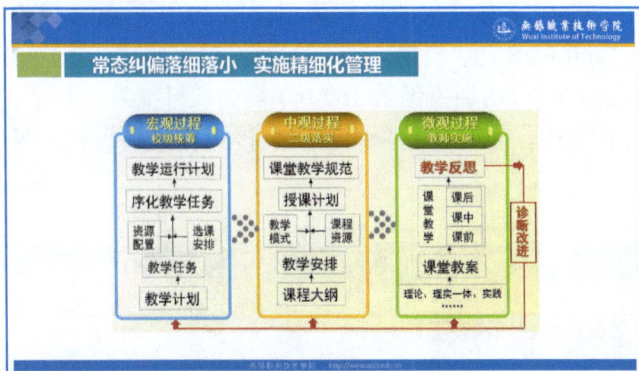

图 4-69 教学过程精细化管理架构

图 4-70 教学日志系统界面

图 4-71 毕业设计系统界面

教务系统采集汇总全校所有课程的运行数据，以 2017～2018 学年数据为例，系统中运行数据记录有课程标准 1418 门，授课计划 2024 个，教学日志 1415 个，随堂测试 9023 次，调课 344 次，实训日志 780 个，实训室绩效 167 个，实训项目绩效 500 个，基础数据到人到班，实现了课程运行的有效监控，也为课程阶段自诊直接提供准确数据。图 4-72 为教务系统课程运行数据。

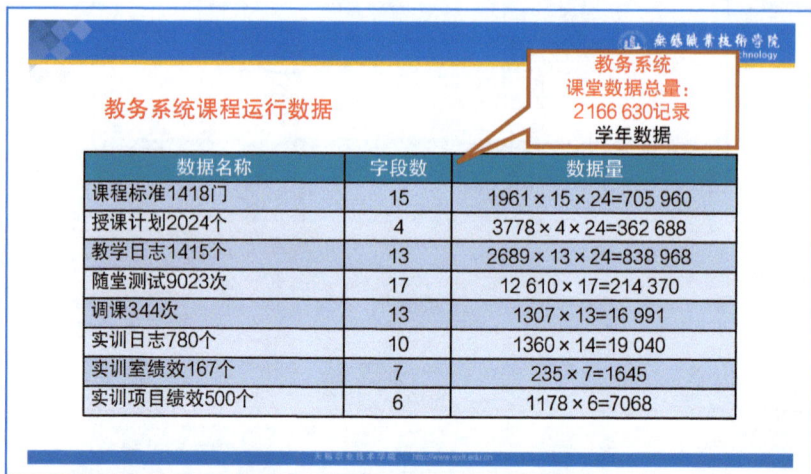

图 4-72　教务系统课程运行数据

应用在线学习平台功能，实现课程课前预习、课中测试、课后辅导线上线下教学新形态，对学生的学习性投入、学习成果精准定位常态纠偏。应用在线学习平台实现课堂互动，进行课堂知识点、技能点的随堂测试，学生在线提交答案，系统自动评价给予成绩，实时反馈学生掌握水平，精准定位短板学生，实现点对点指导。图 4-73 为在线学习平台。

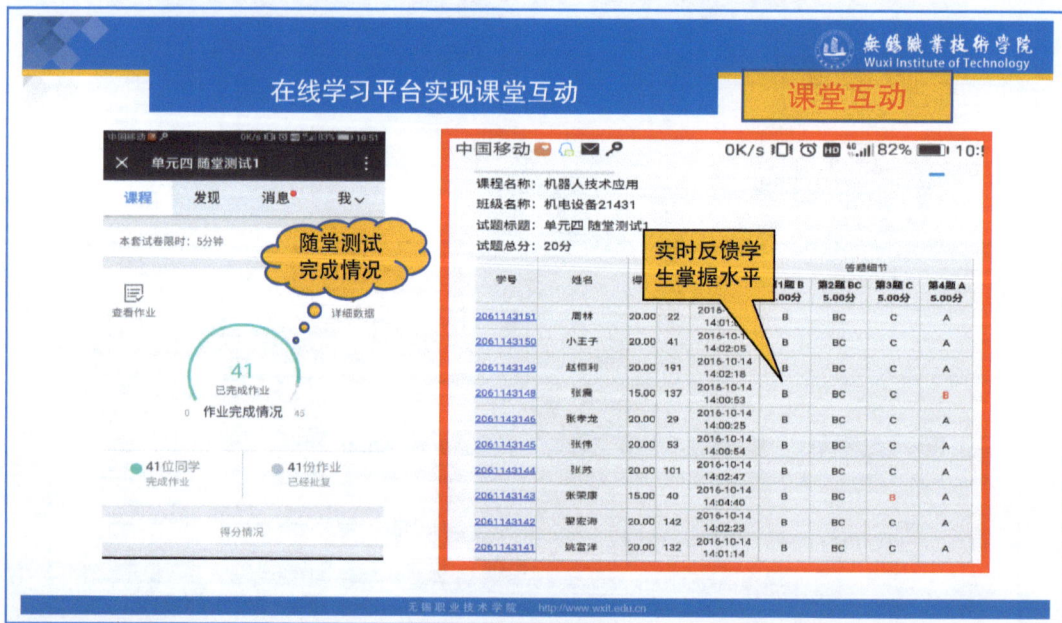

图 4-73　在线学习平台

3. 阶段自诊

课程建设年度自诊的监测要点是"启动全课程信息化，开展高质量课程资源建设，新增省级以上精品在线开放课程 15 门以上"的分年度任务完成情况。2018 年培育省级在线开放课程 15 门，申请获得国家级在线开放课程 2 门。图 4-74 为教学部门在线开放课程统计。

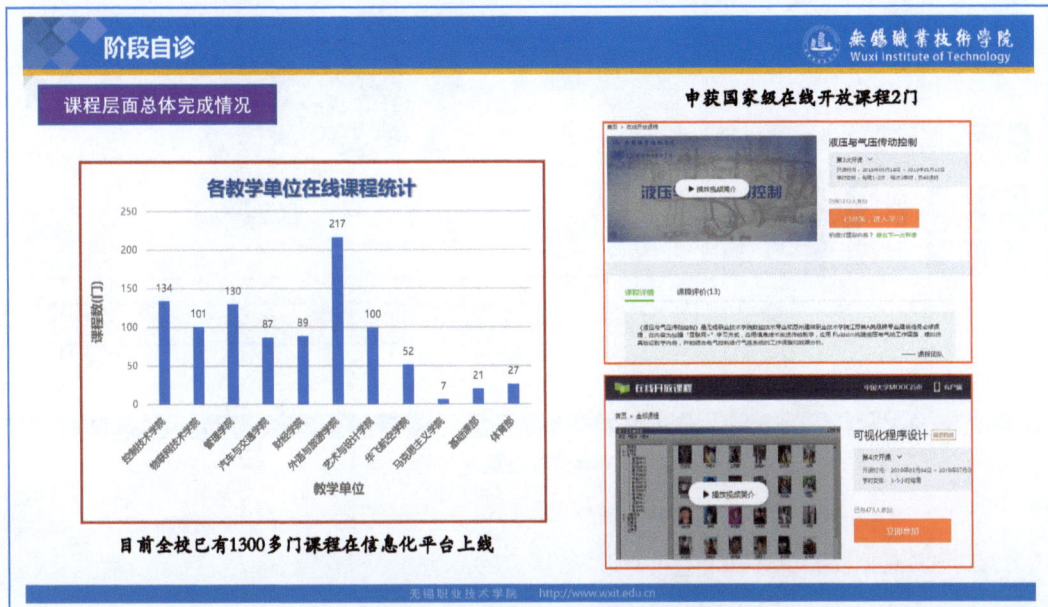

图 4-74　教学部门在线开放课程统计

课程教学以学期为自诊周期，依托"校情综合分析与决策支持系统"平台自动生成的课程自诊指标测量数据表，在数据分析的基础上撰写课程自诊报告。课程自诊是学校率先启动的层面，2016 年起部分课程以学年为周期采用电子表格形式开展自诊试点，2017 年起以学期为周期在信息平台开展课程自诊，至今连续四个学期分别完成课程自诊报告 2014 份、1781 份、2167 份、1882 份。

依托"校情综合分析与决策支持系统"平台开展课程学期阶段诊改，对照课程层面的目标标准，设计诊断指标 64 个（数据 100% 自动采集），课程自诊数据主要采集于教务管理系统、质控系统、数字化学习中心，以及国家教学资源库和雨课堂等教学平台，部分阶段改进数据采集于麦可思报告，数据真实有效。基于各指标达成度统计数据展开原因分析并提出了有效改进措施。图 4-75 为学校层面课程自诊数据。

4. 不足与思考

（1）部分指标测量标准设定的合理性需要进一步完善（如缺课率达成度为 42.55%，此指标设定的缺课率在 6% 以内，标准偏高、未剔除病事假）。

（2）作为课程层面责任主体，部分课程负责人对部分指标内涵及标准的理解、宣贯不够。

依据研究先行的理念，将三年的监控点下钻数据进行梳理，关注学情分析，然后展开分析，进一步研究课程层面监控点诊断标准值，设置更为合理的标准区间值。

加强课程负责人和课程教学教师诊改指标的宣传指导。从指标设计目的、内涵、标准等方面做好具体全面的解读，从指标数据的采集和应用分析等方面做好宣贯。

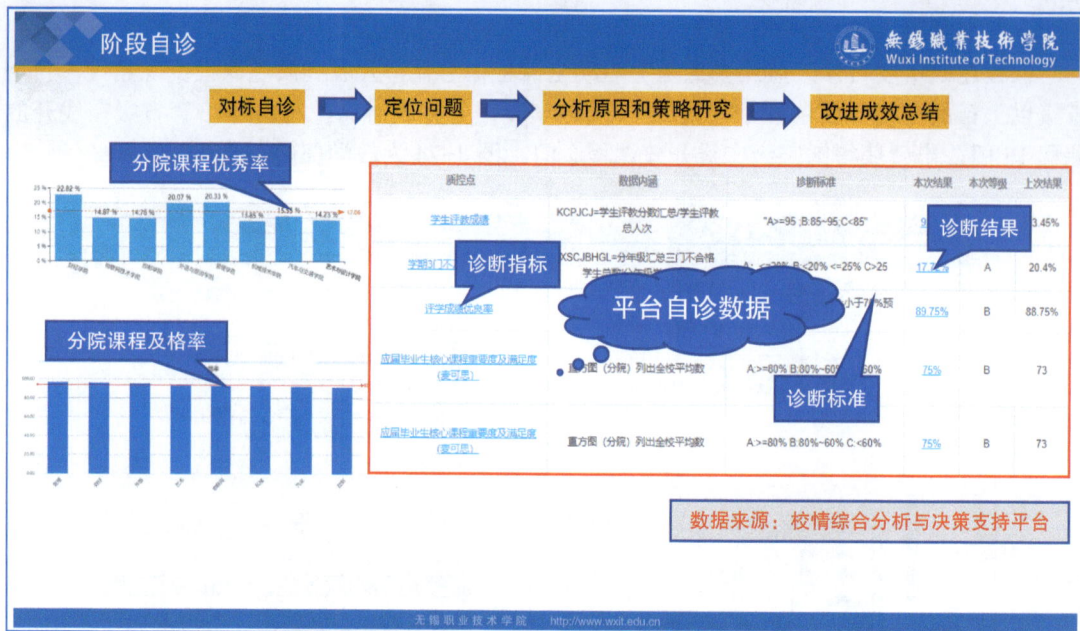

图 4-75　学校层面课程自诊数据

4.4　教师层面诊改实践

依据《无锡职业技术学院内部质量保证体系建设与运行实施方案》，进行"师资建设自诊指标体系""教师个人自诊指标体系""教师层面'8'字形质量改进螺旋"等专题研究。建立教师层面"8"字形螺旋，制定教师诊改实施办法。围绕教师个人发展与师资建设，制定教师层面质量核心制度 22 个，其中规划标准类 6 项，运行管理类 11 项，约束激励类 4 项，研究实践类 1 项。师资队伍建设按学年自诊，2018 年完成教学部门师资队伍建设自诊报告 11 份，通过平台汇总分析数据后，形成学校教师层面自诊报告 1 份；2018 年全专任教师全部制定了个人发展规划，利用教师画像五维度所呈现的目标达成情况，按学年度对标开展个人自诊，自诊完成率为 100%，规范推进教师的常态纠偏与阶段改进。

4.4.1　教师层面诊改实施办法

教师层面诊改涵盖教师个人自诊与师资队伍建设自诊两个方面，人事处牵头组织教师层面诊改工作。遵循教师层面"8"字形螺旋，对照教师画像五维度监测指标进行教师个人诊改，对照师资建设监测指标进行师资层面诊改。依托"校情综合分析与决策支持系统"平台汇总分析，为学校教师层面提供师资质量基础数据。

1. 建立目标标准

教师个人职业生涯规划目标，按新教师、合格教师、骨干教师、专业带头人分类，以三年为一周期的职称岗聘（2～12 级）进行分级。专任教师根据自身职业发展目标，结合学校师资队伍建设总体要求、专业与课程建设要求、岗位聘任等相关要求，制定教师个人职业生涯发展规划，在师德师风、教育教学、教学研究、科研服务、专业实践五维度制定具体发展目标与评定指标。

依据学校师资队伍"十三五"建设分规划，人事处牵头统筹师资队伍建设的目标任务与标准。分规划目标任务要与学校规划体系中的专业、科研服务、国际化合作等其他分规划横向沟通，使之上下衔接、左右贯通成链，并将目标任务按年度分解落实到各教学部门。

2. 开展常态自诊

按照"8"字形螺旋运行单元，教师个人根据教师画像五维度监测指标，各教学部门根据年度分解师资队伍建设目标与标准，日常查看人事信息系统、"校情综合分析与决策支持系统"平台等测量数据，及时了解现状，及时改进；人事处对照年度分解目标与标准上报工作月报，及时改进工作状态与工作质量。

3. 开展阶段自诊

教师个人阶段自诊以年度为周期，教师根据制定的个人职业生涯发展规划，借助"校情综合分析与决策支持系统"平台，采集教师个人信息，及时了解自己的规划实施情况；通过信息化平台五维度测量数据并自动生成的五维度"教师画像"，正确定位个人在团体中的发展水平，及时查找自己的不足、发挥特长，撰写教师个人自诊报告。

各教学部门师资队伍建设阶段自诊以年度为周期，采用平台数据测量与人工抽检分析相结合的办法，对照"校情综合分析与决策支持系统"平台师资队伍建设自诊指标测量结果开展自诊，对未达标项加以深度分析，形成自我诊断意见和改进措施，撰写学年师资队伍建设自诊报告。

4. 汇总分析

借助"校情综合分析与决策支持系统"平台，对师资队伍建设指标逐级进行数据汇总分析，为人事处提供决策依据。具体流程：教学部门师资自诊（分院师资负责人，根据分院师资数据分析）→学校师资自诊（人事处负责人，根据学校师资数据分析）。

5. 反馈改进

各教学部门根据自诊结果，对未达标项进行分析研究，采取切实可行的措施，确保诊改取得成效；人事处对师资队伍建设工作诊改进行监督与控制，并将诊改工作与教学部门的年度考核相挂钩；教师个人自诊与年度个人考核相挂钩。

师资建设自诊表见表 3-5，教师个人自诊表见表 3-6。

4.4.2 教师个人自诊案例

1. 个人发展规划的制定

个人发展规划的制定，依据学校的岗位聘用要求，结合专业、课程建设的个人参与度，在人力资源管理系统中填报。每三年制定一次，本次的制定周期是 2017～2019 年。以徐老师为例，基本情况：徐老师，机电一体化技术专业副教授（六级岗），专业带头人 B 角。作为专业带头人，其三年规划是晋升教授四级，并带领团队完成机电一体化技术专业"十三五"专业建设任务，具体目标包括师德师风、教育教学、教学研究、科研服务、专业实践五个维度。图 4-76 为教师个人定位和身份。

一、个人发展规划的制定

个人的定位和身份：

姓名：徐老师

职称：副教授（六级岗）

所在专业：机电一体化技术

所授课程：
1. 数控机床故障诊断及维修
2. 机械加工工艺与装备
3. 数控系统连接与调试
4. 机电商品学

机电工程高职本科专业建设负责人
机电一体化技术专业的专业带头人B

校级中青年学术带头人

无锡市技能大师（高级技师）

数控机床故障诊断及维修

高职国家教学资源库建设完成人

图 4-76 教师个人定位和身份

个人发展标准的制定主要依据学校的师资发展规划、专业发展总体目标。专业教师个人发展规划紧紧围绕学校师资建设要求、专业建设要求和主讲课程建设要求展开。机电一体化技术专业建设的总体目标是依托江苏省智能工厂仓储物流技术工程中心，加强技术技能积累，在为中小企业提供智能制造解决方案领军全国；积极探索科研回辅教学的长效机制，在校企融合、资源整合、服务学生成长成才等方面起引领示范作用。作为专业带头人 B 角，专业建设总体目标对接个人发展定位，在发展方向上为智能制造技术应用，具体是数字化设计与制造。科研任务方面，依托工程中心，积极开展校企合作，争取技术开发项目。教学任务方面，完成新技术资源进入课堂，积极参加微课、信息化教学的比赛。教研任务方面，在技能大师工作室、教学成果奖和教研课题积极申报。

围绕"努力成长为具有国际化视野的机电一体化技术专业带头人"总目标，2017～2019 年个人发展规划的五维度具体目标标准如下：

（1）师德师风：立德树人，全方位服务学生成长成才。

（2）教育教学：运用任务导向课程设计理念和信息化手段不断优化课程设计与实施，将智能制造技术的新知识、新工艺和新方法更新到日常教学中；获省级及以上教学类竞赛或指导大赛等教育教学成果三项。

（3）教学研究：积极指导学生在各类职业技能大赛、优秀毕业设计、创新创业类项目等项目，让学生受益，发表教研论文和申报教学成果奖等，将实践中产生的教育教学成果升华并推广；申请获省级及以上教学质量项目等教学研究类成果三项。

（4）科研服务：依托学校智能制造工程中心，在为企业解决技术难题和提供智能制造解决方案科研技术服务中，加强技术技能积累，通过申请获得专利、发表科研论文、完成纵横向课题提升专业领域的科研水平；发表核心论文五篇，纵横向课题到账 100 万元。

（5）专业实践：发挥无锡市技能大师的作用，在技艺传承方面新突破，特别是有全国技能能手支撑。

以上目标任务标准分解到 2017～2019 年年度任务。

2. 个人目标任务的常态纠偏

这是无锡职业技术学院"校情综合分析与决策支持系统"平台 2018 年 5 月的实时数据，是徐老师五维度进展数据，由此掌握年度任务完成情况、完成的进度和课程实施的情况。数据显示，2018 年度 5 月五维度达成度：师德师风 100%，教育教学 50%，教学研究 67%，科研服务 57%，专业实践 100%。图 4-77 为个人年度目标任务完成进展实时数据。

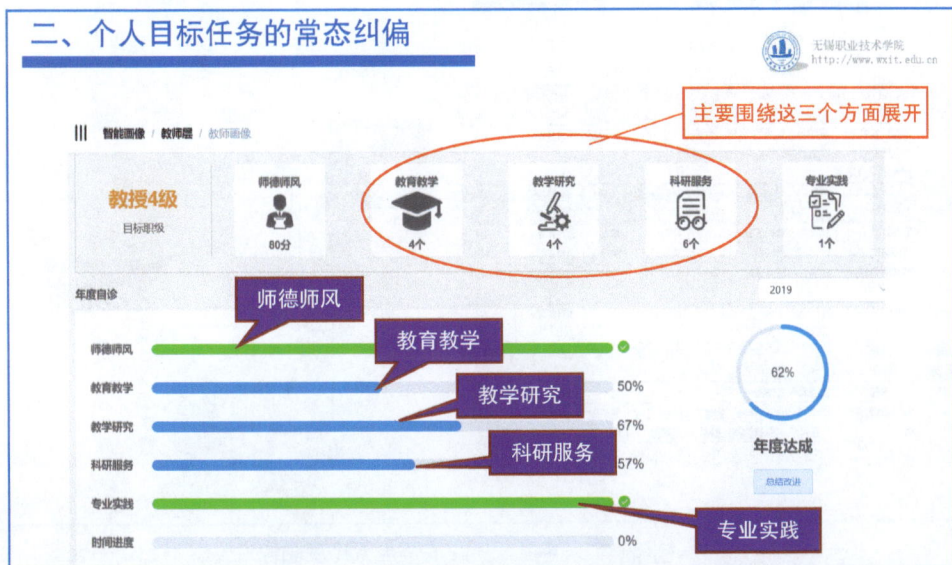

图 4-77　个人年度目标任务完成进展实时数据

（1）教育教学 50%，下钻数据发现，一是调课率为 4.69%，教学日志填写及时率较低，原因是经常有出差和临时性工作任务，纠偏的做法是合理安排出差时间，通过手机功能提示及时填写教学日志，养成规范的工作习惯。二是指导大赛奖项当前分值为 0，因此应积极组团备战参加中国智能制造技术技能大赛，争取目标成果。

（2）教学研究 67%，主要问题是科研成果转化为教学案例方面研究不足，编写教材少，在省级重点教材评比中没有争取到，纠偏的做法是 2018 年编写出版教材一本，注重案例教程开发，特别是校本讲义的开发使用，把新技术、新工艺等及时应用于日常教学。

（3）科研服务 57%，主要问题是纵向课题偏少且不是主持人，专业技术深入研究归纳能力不够，纠偏的做法是加强智能制造技术理论学习研究，邀请博士进入项目组，组建团队形成合力，向江南大学机械工程学院取经学习，关注政策引导类计划申报。

通过目标激励与常态纠偏，2018 年指导学生获得机械行业职业院校智能制造领域教育教学创新及创新创业大赛一等奖；2018 年编写出版《智能制造应用技术——SAIDE Visual One 虚拟仿真案例教程》；申请获得发明专利一项。

3. 个人发展规划的阶段自诊

2018 年度个人阶段自诊以五维度测量数据为依据，系统自动生成其教师画像，通过与副教授同行均值比较、目标教授五维度比较，找出短板，分析原因，思考改进措施，完成个人阶段自诊报告。

对标 2018 年度个人提出的 10 项任务目标标准，其教师画像五维度达成度数据显示，师

德师风 100%，教育教学 100%，教学研究 80%，科研服务 80%，专业实践 100%。教学研究与科研服务未达目标反映在发表核心论文数量、申请获得发明专利数量和申请获得省技能大师工作室三项，主要原因是缺少科学的前期准备与精心筹划，以及需要时间周期的沉淀，因此必须潜心研究科学规划，力戒浮躁。图 4-78 为个人年度任务完成率与五维度画像。

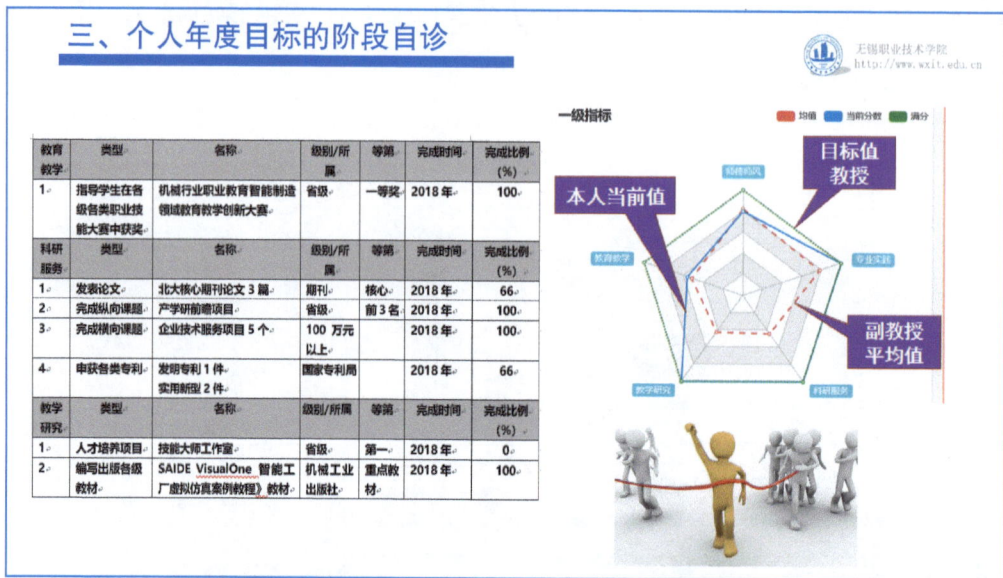

图 4-78　个人年度任务完成率与五维度画像

2018 年，依靠团队横向课题取得较大成果：一是完成了到账 106 万元的"智能制造单元桁架机械臂的手爪系统设计与应用研发"结题验收，二是接到到账 160 万元的"航空餐食自动摆盘线设计与开发"。

4. 获得感

通过个人职业生涯规划与五维度个人画像，获得了客观的评价与定位，即个人的横向服务能力优于教研能力，横向技术服务多，核心论文和纵向课题申报少；在教学研究方面，关注质量工程项目少，特别是在线开放课程及教学资源转化还不够。必须提升专业研究的深度，项目转化反哺教学必须推进。

通过常态纠偏和阶段自诊，帮助个人寻找弱项，特别是在国际化视野方面，研读国外技术资料和双语教学能力方面不足，关注人工智能技术发展明显不够。2019 年，无锡职业技术学院与爱尔兰学院合作的机电专业带来了专业建设新的契机，由此促进外语交流能力的提升。

诊改的意义，在于通过自我诊断与改进，帮助我们找到目标感、责任感与团队归属感，获得追赶目标与标杆的动力。

4.4.3　学校教师层面诊改案例

1. 目标标准

根据 SWOT 分析，发现教师队伍建设存在的主要问题：高水平领军人才短缺；人才梯队建设相对滞后；拔尖人才和高水平优秀团队匮乏；教师个人发展缺少规划；激励与竞争机制不够。由问题导向，依据"十三五"事业发展规划，围绕学校的师资需求与存在问题，制定学校师资队伍建设规划。

学校"十三五"师资队伍建设总目标：推进"人才强校"，以全面提高教师素质为中心，以培养学术带头人和中青年优秀骨干教师为突破口，以师资管理改革为保障；坚持引进与培养并举、数量与质量并重、质量优先的原则，提升教师的教学科研水平，建设一支素质优、结构优、能力优、梯队优、团队优的一流师资队伍。

七个具体目标如下。

（1）建立健全各项师资建设与管理制度。

（2）师德为先，深化教师师德师风建设。

（3）师资数量合理，师资结构优化。

（4）加强师资培养，梯队建设成效显著。

（5）多渠道培养师资，提升教师能力水平。

（6）深化团队建设多方位建设教科研团队。

（7）加强柔性引智工作，聘请特聘教授和省级技能大师等优质师资，拓宽学校学缘优势。

对应七个具体目标，形成七类14项工作任务，建立工作标准，落实年度计划，再统筹将规划的工作任务、工作标准量化到二级教学部门及相关专业，形成师资建设目标标准链。图4-79为师资建设目标标准构建。

教师层目标标准　无锡职业技术学院 WUXI INSTITUTE OF TECHNOLOGY 国家首批示范性高职院校

序号	师资队伍建设总目标	具体目标	工作任务	工作标准	2016	2017	2018	2019	2020
1			1-1修订完善相关制度	修订完善师资引进、培养、职称评审等文件每年至少3个	3	3	3	3	3
4			……	……					
5			★3-2引进培养博士学位教师	引进培养博士91人	15	20	19	19	18
6		1.建立健全各项师资建设与管理制度……………	……	……					
7	建成一支素质优、结构优、能力优、梯队优、团队优的一流师资队伍……		★4-1引培在国内本学科（专业）有影响高层次人才，成为有创新能力与发展潜力学科团队和学术带头人	引培12名在国内本学科（专业）有影响的学术带头人，新增5人	1	1	1	0	2
8		7.加强柔性引智工作，聘请特聘教授和省级技能大师等优质师资，拓宽学校学缘优势	★4-2引培具有发展潜力的专业带头人专业	引进培养50名具有发展潜力的专业带头人，净增15人	2	4	3	3	3
9			……						
11			5-2培养教师国际化水平……	专任教师中有海外培训和留学经历者比例达20%，新增42名具有国际视野的中青年骨干教师	6	11	9	7	9
12			6-1建设结构合理、具有较强创新能力的教学科研团队	建设10个左右结构合理、具有较强创新能力的教科研团队建设，新增省级以上教科研团队2个	0	1	1	0	0
13			7-1加强柔性引智工作，聘请特聘教授……	按专业群聘请1~2名特聘教授	2	2	2	2	2
14			……						

图4-79　师资建设目标标准构建

教师个人发展目标标准从教师职业生涯规划着手，将个人发展与学校师资建设、专业与课程建设、岗位聘任目标标准相结合，在师德师风、教育教学、教学研究、科研服务、专业实践五维度制定具体发展目标与评定指标，打造个人发展两链，建立激励机制，激发内生动力，并通过人事管理系统进行动态管理。图4-80为教师个人发展目标标准构建。

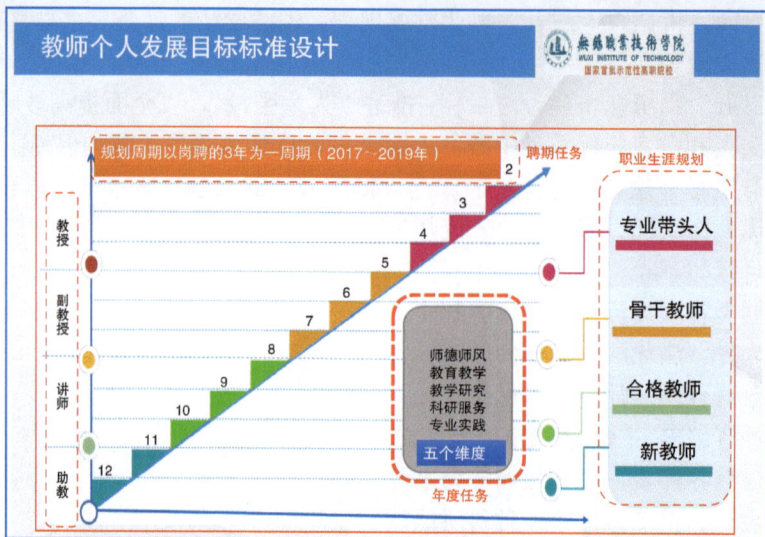

图 4-80　教师个人发展目标标准构建

2. 运行实施

（1）研究"8"字形螺旋内涵：通过梳理师资建设与教师个人发展相关要素，赋予"8"字形螺旋 13 个环节中每一步所具有的师资针对性运行内涵，规范引导师资质量改进。师资层面"8"字形螺旋从起点"目标"开始，始终围绕师资建设与教师个人发展，各环节内涵摘要如图 4-81 所示。例如，"标准"建立起师资建设标准、教学名师标准、双师素质标准、岗位聘用标准等，为组织实施树立对标标杆；"激励"由师资建设考核、教师教学质量考核、高水平教科研奖励、人才项目遴选、出国出境进修等措施组成。

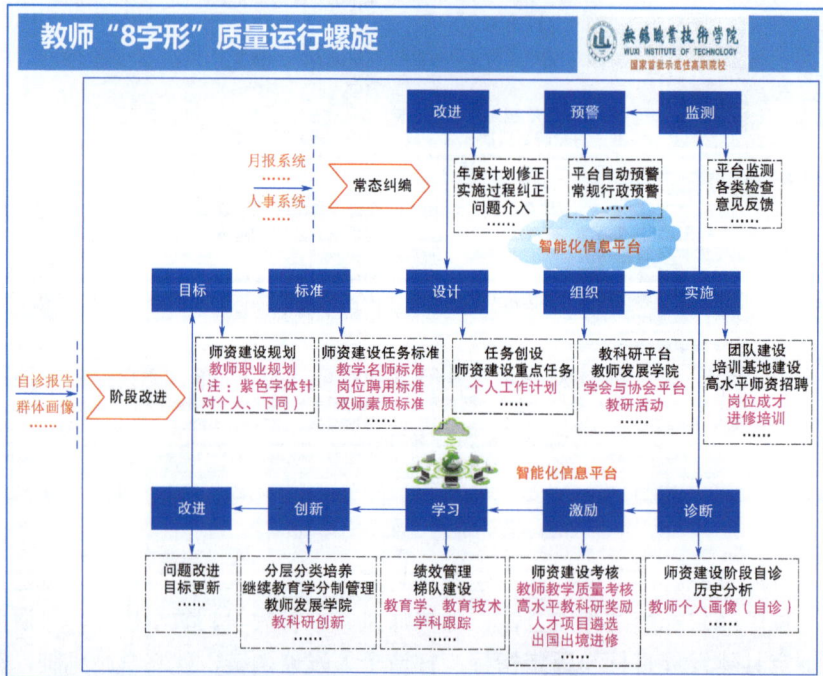

图 4-81　师资层面"8"字形螺旋

（2）师资队伍建设项目监控：通过工作月报、人事系统信息统计等实现信息化动态监控学校师资建设项目进展。人事工作通报方面，2018 年校公告栏发布人事人才项目相关公告 92 次，其中人才工程项目 25 次，评优评先、绩效、职称等 22 次，各级各类培训项目 8 次，其他 37 次。人才引进方面，全校人才工作会议 2 次，2018 年接收各类人才简历 232 份，接待应聘人才交流超过 100 人次，参加招聘会、走访高校 12 次，校内公开招考 4 次。建章立制方面，5 月，印发《无锡职业技术学院督学岗位设置及人员管理办法》；11 月，印发《无锡职业技术学院关于部分正高级专业技术职务人员延期退休的暂行办法》；12 月，《无锡职业技术学院兼职教师奖补管理办法》。培训提升方面，5 月，技术技能提升培训；7 月，如何做好"四有"好教师；9 月，教职员工线上网络培训；10 月，新教师岗前培训。健全信息系统：升级人力资源管理系统；建立师资监控点自诊系统；建立师资个人画像系统。图 4-82 为师资队伍建设项目运行监控。

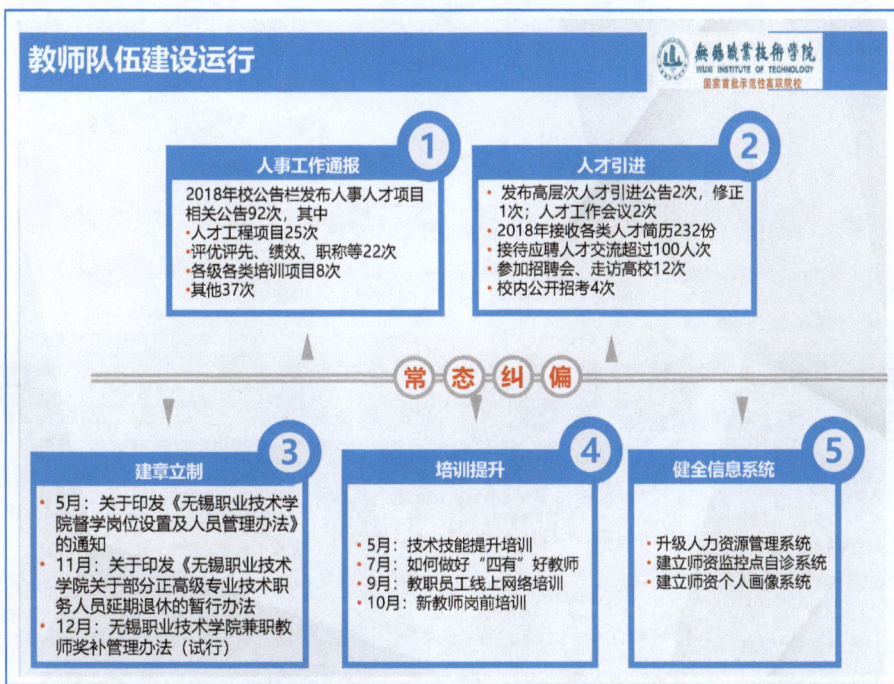

图 4-82　师资队伍建设项目运行监控

（3）引导教师关注个人目标进展：通过人事系统、科研系统、质控系统、教务系统等信息化平台，进行教师个人身份定位，如丁一老师是机械专业骨干教师、副教授最高岗五级岗，对其学年教育教学工作量、教科研工作量、企业实践、学生评教等数据进行系统采集，从师德师风、教育教学、教学研究、科研服务、专业实践五个维度建立教师个人成长档案，形成教师个人五维度目标与现在进行时完成量比较画像，实现实时查询和反馈的常态纠偏。图 4-83 为教师个人五维度运行监控。

3. 阶段自诊

以年度为自诊周期开展教师层面自诊，"校情综合分析决策支持系统"平台支持师资队伍建设、教师个人自诊。对标"十三五"师资建设规划 2018 年度任务标准，对 2018 年度

18 项任务的完成率进行全面诊断，其中 A 类为"十三五"规划任务 8 项，B 类为学校年度重点工作 4 项，C 类为部门重点工作 6 项，对照测量数据 16 项任务的完成率 100%，两项 B 类学校年度重点工作完成率分别为 95%、80%，教师发展学院运行机制与制度还待建设完善。图 4-84 为 2018 年度工作对标完成率。

图 4-83　教师个人五维度运行监控

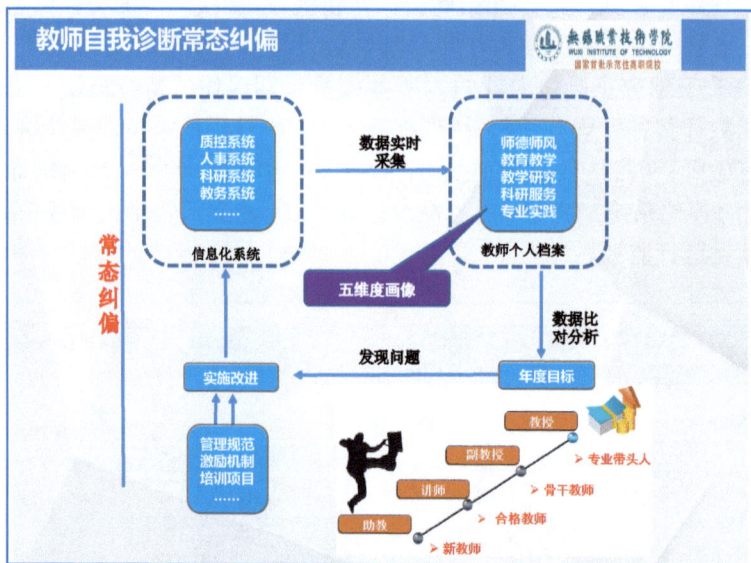

2018 年度工作完成情况

序号	年度重点工作	任务属性	标准	完成情况	完成率
1	培育有影响力的学术带头人	A	引进培养在国内本学科（专业）有影响的学术带头人，新增1名。完成时间12月	完成（省青蓝工程学术带头人2、333工程4等人才项目）	100%
2	专业带头人引进培养	A	引进培养具有发展潜力的专业带头人，新增3人完成时间12月	完成（青蓝工程骨干教师3人才项目）	100%
3	正高职称教师引进培养	A	……教师10人。完成时间12月	完成（引进4人，培养6人）	100%
4	博士学位教师引进培养	A	引……培养博士19人。完成时间12月	完成（引进培养博士19人）	100%
5	技术技能大师引进培养	A	引进培养技术技能大师5名左右（含特……时间12月	完成	100%
6	教师国际化水平培养	A	新增9名具有国际视野的中青年骨干……间12月	……进有海外学习工作的博士6人。）	100%
7	省级以上教科研团队	A	新增1个省级教科研团队。完成时间9月	完成（青蓝工程，新增1个省级教学团队。）	100%
8	优秀中青年骨干教师引进培养	A	至少65名左右优秀中青年骨干教师参加国培培以及学校组织的双师培训。完成时间12月	完成（71人次参加省培国培项目，90人参加双师素质提升培训并获证	100%
9	完善人才引培制度	B	修订……养等至少3个制度。完成时间12月	完成（修订完善人才引进、培养等至少3个制度。）	100%
10	推进人事制度改革工作	B	依……上级文件精神，改革职称评审制度，出台学院职称评审管理办法；全面强化"校院两级、以院为主"的人事管理制度。完成时间12月	基本完成（完成了学校自主职称评审）	95%
11	人事系统信息化建设	B	加快人事系统信息化管理平台建设，可查询和采集个人基本信息、培训信息等，基本信息完整度达80%，逐步实现人事工作信息化。完成时间12月	完成，并投入使用	100%
12	开展教师发展学院相关工作	B	制订教师发展学院运行机制，完善教师继续教育制度，形成学校"双师四能"教师培养方案，开展系列……项目。完成时间12月	基本完成（运行机制与制度还待于建设）	80%
13	完成各类人才项目评审	C	省青……高峰、省市突贡专家、市名师工作室申报；学校青蓝工程考核。完成时间12月。	完成，共获批40个项目	100%
14	完成省级培训进修项目评审	C	省境外研修项目，省高校专业带头人高端研修和青年教师企业实践项目。完成时间9月	完成，共获批14人	100%
……	……		……	……	

图 4-84　2018 年度工作对标完成率

2016 年起，研究师资层面诊改指标，随着对诊改内涵的逐步深入理解与实施推进，围绕提升质量指标科学性有效性，诊断指标从 2016 年的 37 个、2017 年 51 个，到 2018 年 29 个，指标体系不断修正，指标内涵不断修正，ABC 判定标准不断修正。基于师资队伍建设内涵的不断发展，信息化技术支持诊改水平的不断提升，这个工作今后仍将继续。图 4-85 为师资层面诊改指标的研究修正。

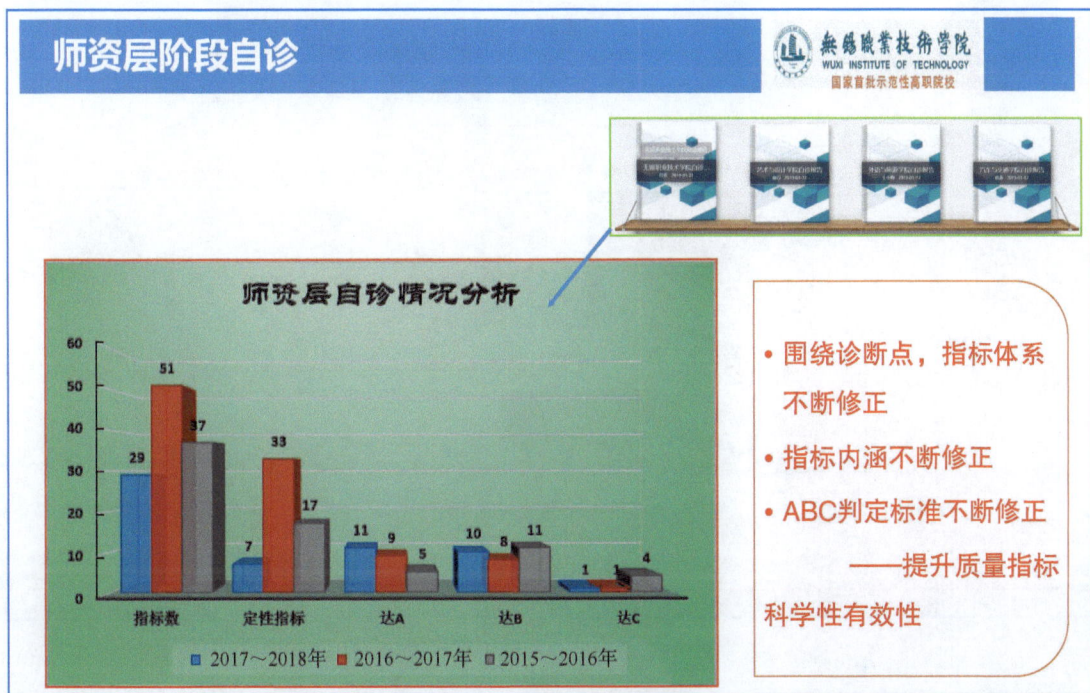

图 4-85　师资层面诊改指标的研究修正

2018 年师资队伍建设学校层面自诊共设计质控指标 29 个，系统基础数据自动采集比例达 75%。对照 29 个诊断点各教学部门根据平台数据进行基层师资数据分析，形成分院级自诊报告，由人事处汇总分析各教学部门基础数据，形成学校级自诊报告。2018 年完成教学部门师资队伍建设自诊报告 11 份，学校层面师资队伍建设自诊报告 1 份。通过平台汇总校级诊断数据为达 A 指标 11 个，达 B 指标 10 个，达 C 指标 1 个，7 个指标为 Y。C 指标为专职辅导员生师比未达 200∶1，措施是加强辅导员队伍建设，定期开展辅导员招聘工作。

2018 年教师个人以五维度测量数据为依据，系统自动生成"教师画像"，通过横向同行对比分析、纵向自我比较分析，扬长避短，激发内生动力，按学年度对照指标达成情况开展个人自诊。例如，商老师是智能装备技术专业的普通教师，职称讲师聘级 8 级岗，其个人规划目标是副教授，成为骨干教师，图 4-86 中五边形表达师德师风、教育教学、教学研究、科研服务、专业实践五维度测量值，最外绿色五边形是副教授 7 级岗五维度目标值，中间红色虚线五边形是讲师五维度平均值，蓝色五边形是本人当前五维度测量值。通过阶段自诊比较发现商老师四个维度超过讲师平均值，"专业实践"维度低于讲师平均值，对标副教授五维度目标值都有差距。

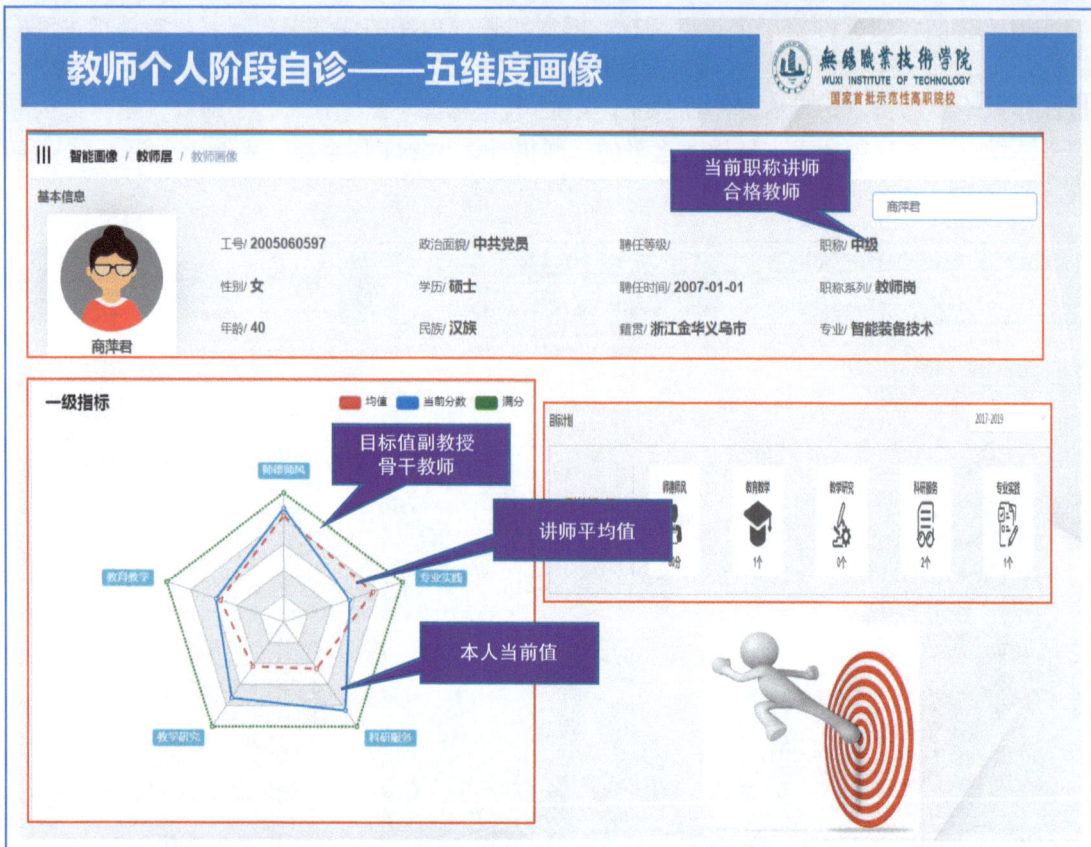

图 4-86　商老师五维度"教师画像"

4. 成效思考

实现个人画像，激发教师内生动力。通过一系列制度的约束激励导向，教学名师奖评选表彰办法；学生最喜爱的教师评选办法；绩效工资实施办法；新一轮岗位聘任管理办法等，实现岗级聘任能上能下；对标教师个人发展规划，通过横向纵向数据比较，精准找到差距，由此激发动力，发挥长处，补足短板，提升职业获得感。通过教师个人画像的数据分析，实现教师的分层分类精准培养，近三年学校教师职称晋升、获各类荣誉数、信息化大赛获奖数逐年提升。图 4-87 为 2016 ～ 2018 年师资建设成果数据。

诊改促管理，提升师资队伍建设质量。事事留痕促管理，信息化平台建设促进师资队伍建设过程的数据积累和沉淀，通过流程数据管事提升管理水平。数据比对提质量，通过数据比对自诊，发现问题死角和薄弱环节，提出诊断和改进措施，提升师资队伍建设质量。近三年师资结构对比现，硕士及以上比例、高级职称比例在提升，双师比及 40 岁以下比例在下调，必须加强引进教师的专业实践培养；师资规模与博士教授高层次人才数在上升。图 4-88 为 2016 ～ 2018 年师资队伍结构数据。

思考 1：少数教师对诊改工作的积极意义认识不到位，存在一定的惯性思维。需要通过各层各类教研活动，宣传诊改对学校人才培养的积极意义和促进作用；通过诊改数据对比，以教师自身在诊改过程的获得感提升对诊改工作的正确认识；以学校在诊改过程中人才培养质量各项指标的提升，增强教师自豪感。

实现个人画像，提升教师职业获得感

无锡职业技术学院
WUXI INSTITUTE OF TECHNOLOGY
国家首批示范性高职院校

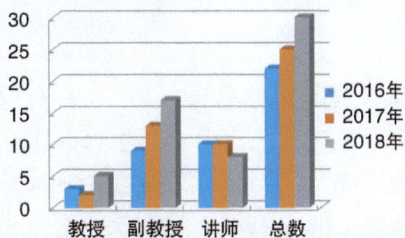

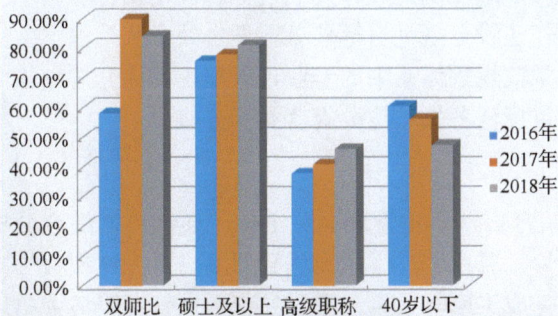

图1　不同职称专任教师数

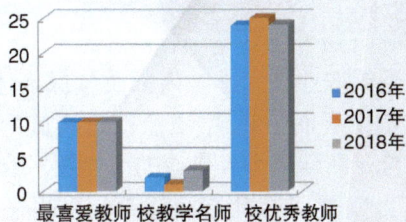

图2　校教师各类荣誉数

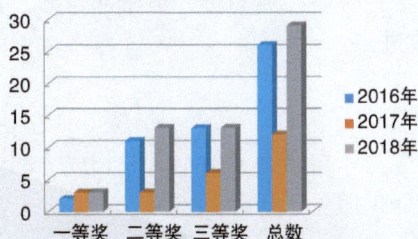

图3　省信息化大赛获奖数

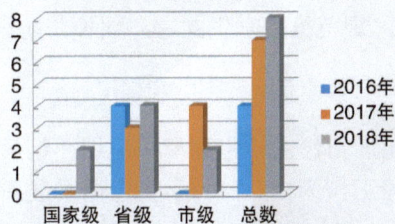

图4　各级课堂教学获奖数

图 4-87　2016 ～ 2018 年师资建设成果数据

诊改促管理，提升师资队伍建设质量

无锡职业技术学院
WUXI INSTITUTE OF TECHNOLOGY
国家首批示范性高职院校

图1　师资结构对比

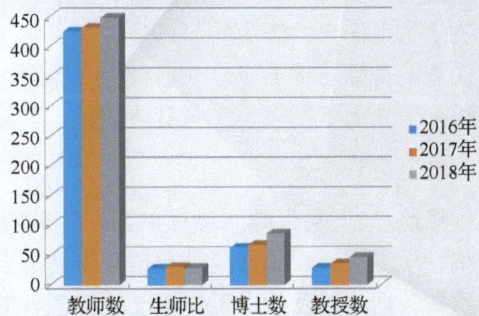

图2　师资规模与高层次人才数

◆ **事事留痕促管理**：信息化平台建设促进师资队伍建设过程的数据积累和沉淀，通过流程数据管事提升管理水平

◆ **数据比对提质量**：通过数据比对自诊，发现问题死角和薄弱环节，提出诊断和改进措施，提升师资队伍建设质量

图 4-88　2016 ～ 2018 年师资队伍结构数据

思考 2：部分教师对自我诊改过程与学生成长成才之间关系的处理还不够。需进一步明确教师的职责是教书育人，教师自我诊改提升也是更好地服务学生成才成长。在教师自我诊改过程中，需要增加服务学生成才成长的一些重要衡量标准作为重要依据。

4.5 学生层面诊改实践

依据《无锡职业技术学院内部质量保证体系建设与运行实施方案》，进行"学生自诊指标体系"、"学生层面'8'字质量改进螺旋"等专题研究，出台"学生诊改实施办法"，明确学生工作自诊和学生个人自诊的具体要求和指标体系，修订、完善学生层面质量核心制度，研制学生个人发展四维度指标体系，以思想品德、能力发展、学业发展、学业投入等 17 个指标，指导学生开展个人成长成才自诊。2018 年全校非毕业班共 8637 名学生制定了个人发展规划，利用学生画像所呈现的目标达成情况，按学年度对标开展个人自诊，自诊完成率为 96.02%，规范推进学生的常态纠偏与阶段改进。

4.5.1 学生层面诊改实施办法

学生层面自诊由学生处牵头组织，包括学生工作自诊与学生个人成长成才的自诊。学校以人才培养工作为核心，为学生全面发展质量提供服务、保障、支持。

1. 建立目标标准

学生个人成长成才自诊源头依据是学生个人学习生涯规划目标，依据《无锡职业技术学院大学生成长发展规划实施办法》，班主任、辅导员、任课教师等共同指导学生制定个人学习生涯规划，学生个人的发展规划目标需结合专业人才培养目标、学生综合素质标准等，并根据学生自身个性特点，总目标等级由合格、良好、优秀、卓越组成。树立以"德育为先、素质为本、学业为主、创新发展"的多元成才观，鼓励学生参与班级、专业等团队活动，在思想品德、能力发展、学业发展、学业投入四个维度制定具体发展目标与评定指标。

学生工作自诊源头的起点是学校学生工作建设分规划目标任务，学生处牵头统筹学生工作规划的目标与标准，分规划目标任务要与学校规划体系中的专业、课程等其他分规划横向沟通，使之上下衔接、左右贯通成链，并将目标任务按年度分解落实到分院。

2. 开展常态自诊

按照"8"字形螺旋运行单元，各分院结合日常学生管理服务工作，通过校情综合分析系统、学工管理系统等测量数据开展常态自诊，重点关注学生课程到课率、月入馆次数等实时预警数据，以及学生工作年度目标任务的完成进度与质量，及时处理学生管理服务中出现的问题与偏差。

3. 开展阶段自诊

阶段自诊以学年为周期，学生根据个人学业生涯规划，以及"校情综合分析与决策支持系统"平台提供学生四维度测量数据，对标诊断自己的规划实施情况。系统中的"学生画像"显示学生规划目标的达成度，学生依此开展个人自诊，及时查找不足，发挥特长、采取措施达成规划目标。

依托"校情综合分析与决策支持系统"平台，采用数据平台测量与人工检查分析相结合的办法,通过学生工作诊断指标测量,查找问题、分析原因,形成年度分院学生工作自诊报告。

4. 汇总分析

"校情综合分析与决策支持系统"平台对学生工作指标逐级进行数据汇总分析,为学生处提供决策依据,具体流程:分院学生工作自诊(分院学生工作负责人,根据分院学生工作数据分析)→全校学生工作自诊(学生处负责人,根据全校学生工作测量数据分析)。班主任、辅导员作为学生管理的直接责任人,需随时关注班级学生自诊信息,做好学生管理服务工作。

5. 反馈改进

各分院根据自诊结果对未达标项进行分析研究,采取切实可行的措施,确保诊改取得成效;学生处对学生管理与服务工作诊改进行监督与控制,并将诊改工作与分院的年度考核相挂钩。

4.5.2　学生个人自诊案例

以艺术与设计学院广告 71731 班商业空间整合设计专业吕淇同学的个人自诊为例。

1. 目标与规划

根据《无锡职业技术学院大学生成长发展规划实施办法》提出的相关要求,结合自身基础与特点,吕淇大学三年的总体目标是成为一名"优秀大学生",并从思想品德、能力发展、学业发展、学业投入四个维度进行具体规划。为此,其大学三年的规划如下。

(1)大一时,希望能够系统地掌握商业空间整合设计专业的通用性基础理论知识,较好地掌握艺术设计大类专业的基本理论、基本知识和基本技能与方法;争取加入学生会,培养团队精神,成为学生会骨干成员,并且多参与社会实践、校园活动等,素质学分达到 3 分,社会实践学分达到 70 个。

(2)大二时,具备品牌策划、品牌商业空间设计、品牌产品创意设计与表现的能力,能够熟练运用计算机辅助软件进行电脑绘制、设计表现及展示;申请成功创业街店铺且学习经营;能够根据甲方的需求进行专业的沟通交流,并具备开展项目设计、汇报和跟踪的能力;参与 10 项以上设计类大赛,获得 3 项以上设计类奖项,专利一个,发表论文一篇;作为学生人主席团成员,组织五次以上活动,定期开展学生会成员例会,锻炼组织力、领导力。

(3)大三时,积极向党组织靠拢;努力通过专转本升学;出色完成毕设,获得"优秀大学生"称号;能够在商业空间设计公司从事品牌空间的前期沟通、方案设计、项目跟踪等具体设计工作;面对品牌商业空间设计行业不断发展,技术更新及跨界融合,能够独立学习和终身学习。

大一入学时,学校开设专业认识周,基于学习人才培养方案、了解专业培养的总体要求,到对口企业参观,对专业有初步认知;班主任指导学生不断确立理想信念和人生目标,学校开设"大学生职业生涯规划"课程,也让学生对职业生涯规划逐步清晰;通过 PU 平台制定个人发展规划,根据实施情况进行年度调整。

通过 PU(Pocket University,口袋校园)平台,将三年规划的相关指标分解到年度并实现数据化。这是大一学年的规划指标,对到课率、平均分、班级排名、图书馆入馆次数、社会实践学时等都有具体规划指标。图 4-89 为 PU 平台吕淇同学大一的规划指标。

学年发展规划

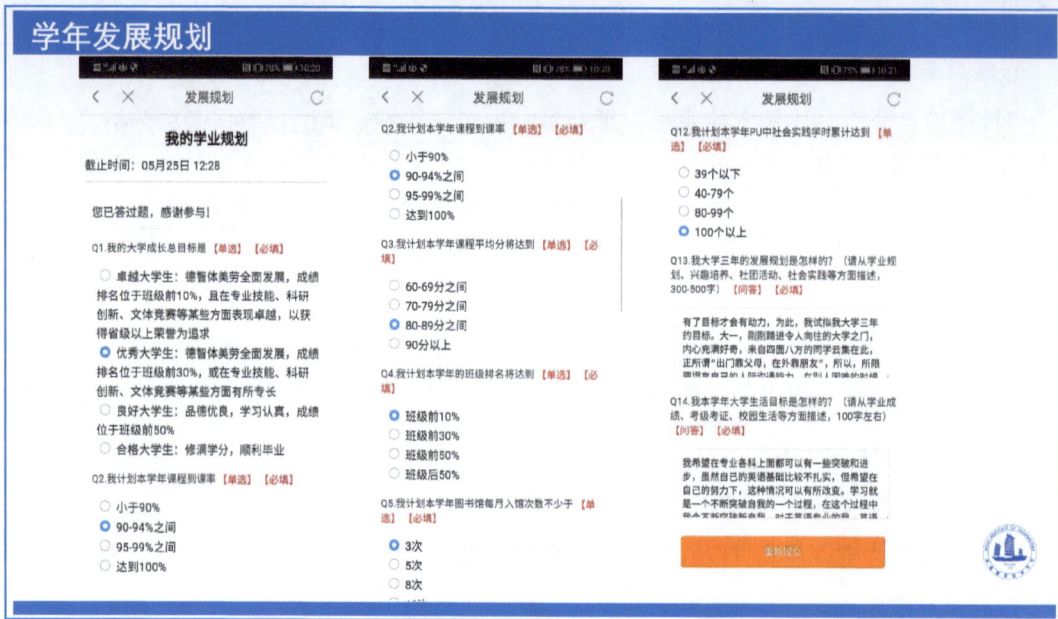

图 4-89　PU 平台吕淇同学大一的规划指标

2. 年度自诊

对标大一学年自我规划的思想品德、能力发展、学业发展、学业投入四个维度 17 个诊断指标，平台数据显示：学生会等团体任职数两个；课程平均分 81.4 班级排名第三，已超过本专业 87% 学生；社会实践达 197 学时，已超过本年级 99% 学生；获奖四次等，大一年度总体达到"优秀大学生"目标。图 4-90 为吕淇四个维度 17 个诊断指标数据。

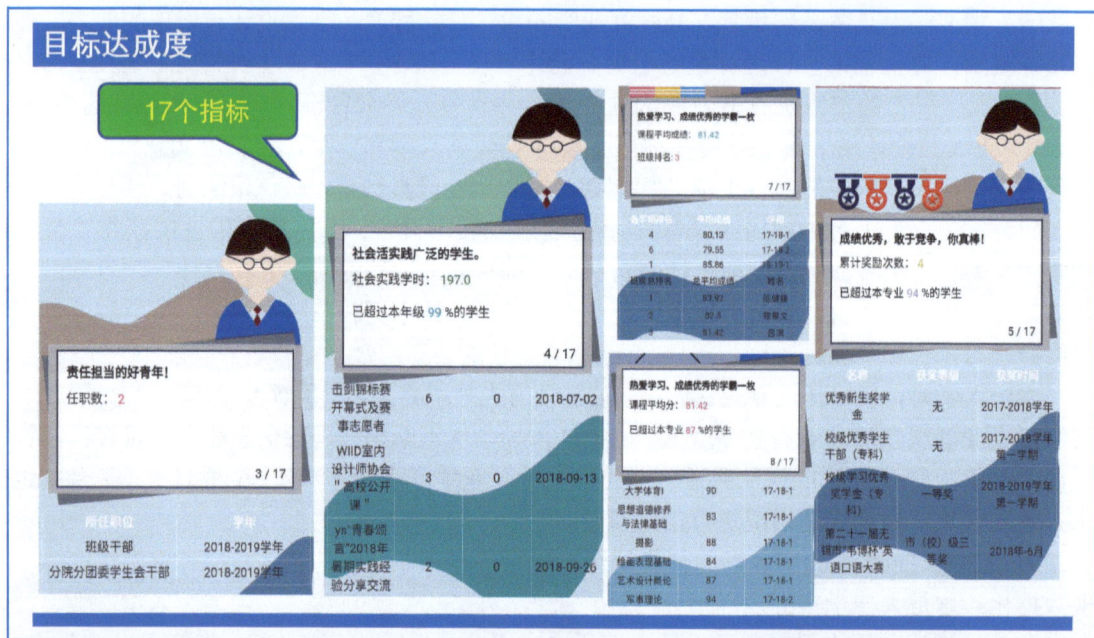

目标达成度

图 4-90　吕淇同学四个维度 17 个诊断指标数据

在学习方面，学习成绩综合排名为班级前三，获得一等奖学金。专业能力较强，于 2018 年 1 月加入无锡市室内设计师协会。具有极强的品牌及设计能力，获校级及以上设计比赛奖项三项，曾参与无锡职业技术学院物联网学院 LOGO 设计项目、无锡职业技术学院物理实训室项目、无锡太科园党员活动室项目等，具有极强的组织策划及团队协作能力。

大学业余生活能够坚持社会实践与社会观察、志愿服务、专业学习、就业创业的有机结合。曾参与 2018 世界击剑锦标赛志愿者服务，担任大学生志愿者代表，并出色完成志愿者工作。参与校团委组织的禁毒防艾暑期"三下乡"实践活动，以无锡青少年禁毒宣传教育"双百计划"为依托，深入基层乡村或社区，开展普及禁毒防艾知识、宣讲禁毒防艾政策法规等活动。2018 年 12 月，成功申请大学生创业街，如今店铺正常营业。

针对"个人画像"系统中对"培养自己的特长专长、计算机一级与职业资格证书要加油考、自主学习要多投入"等目标达成的友情提示，吕淇进一步明确了奋斗方向，给自己制订了本学期学习任务如下。

（1）通过计算机一级等级考试。

（2）通过英语四级等级考试。

（3）普通话考试达到一级乙等。

（4）参与三项以上设计类大赛。

（5）以优秀学员的标准要求自己院党校结业，并以早日能够加入中国共产党为目标。

主要措施：第一，在业余时间多看多记英语单词、语法，计算机知识点等。严格要求自己必须通过计算机一级等级考试与英语四级等级考试。第二，腾出周二下午的时间，参与大讲堂，严格要求自己，自学软件，在学习作业中进行操作，一定要有一两个非常熟练的软件；第三，多组织和积极参与一些与自己专业关联度较高的活动，如听讲座、参观公司、看展览、调研等，并且能自觉思考、整理归纳，从中学习获得进步。第四，多关注如"金犊奖"等一些级别、含金量较高的大赛，丰富自己的履历。在本学年参与的大赛中完成论文发表。

3. 成效体会

目前措施的进展：由王国胜、王珏、马融老师指导的智能工程 2.0 项目设计方案已经完成，由马融和王雯老师指导大创项目已提交申报书，由马融和王雯老师指导"互联网+"大赛已进入省赛，由徐行老师指导金犊奖大赛，已经提交参赛作品，正在等待评奖结果。同时，在能力素养方面，由马融老师指导的校内创业街的创业项目，已在正常运营中。

已取得的各项专业性荣誉有无锡市第 21 届"韦博杯"英语口语电视大赛个人复赛三等奖、第二届全国大学生环保知识竞赛优秀奖、第二届"国青杯"二等奖（设计类）、"家乡好设计"2018 无锡华夏家居居港室内装饰设计竞赛入围奖。

"知不足，知方向，知方法"，通过个人自诊，明白个人不足，定位努力方向，找到改进方法。

4.5.3　学校学生层面诊改案例

1. 目标标准

学生工作 SWOT 分析：优势是学校相对完备的学生工作制度、带班制度和日趋完善的工作平台；劣势方面，目标链中涉及主观、客观因素不可控，以及辅导员队伍整体呈现年轻化，同时不可避免地存在经验欠缺的现状；机会则主要来自国家层面关于教育方面的精神，主要有立德树人根本任务，三全育人工作理念等；威胁则主要来自生源质量、兄弟院校竞争等。图 4-91 为学生工作 SWOT 分析。

图 4-91　学生工作 SWOT 分析

学生工作目标标准：依据学校"十三五"规划对学生工作提出的"全面贯彻党的教育方针，落实立德树人根本任务；加强文化素质教育，健全学生服务体系，重视工匠精神培育，培育校园文化品牌，促进学生全面发展高度"总体要求，学生工作"十三五"规划总目标：到"十三五"期末，学校学生工作整体水平处于全省高职院校前列。形成大学生思想政治教育工作的新格局，实现教育方式方法的多样化、实践教育规范化和教育手段多样化，针对性和实效性明显提高。进一步优化学生工作领导管理体制和工作运行机制，突出学生的主体地位，改革和完善学生代表大会制度。提升二级管理水平，营造全员育人、全过程育人、全方位育人的氛围。建立一支数量充足、结构合理、专业方向明确、素质精良、基本稳定的学生管理队伍。学生的创新创业意识得到显著加强，学生工作的各项指标全面提升，不断提高学生就业质量。

具体目标有"培育社会主义核心价值观、提升学生综合素质、提升文化素养、培育健全人格、加强国防意识、服务学生成长、加强学生工作队伍建设"七个大方面，17 项具体任务。建立目标、任务、标准，将任务分解到年度并下联到二级学院，形成目标链、标准链。图 4-92 为学生工作目标标准构建。

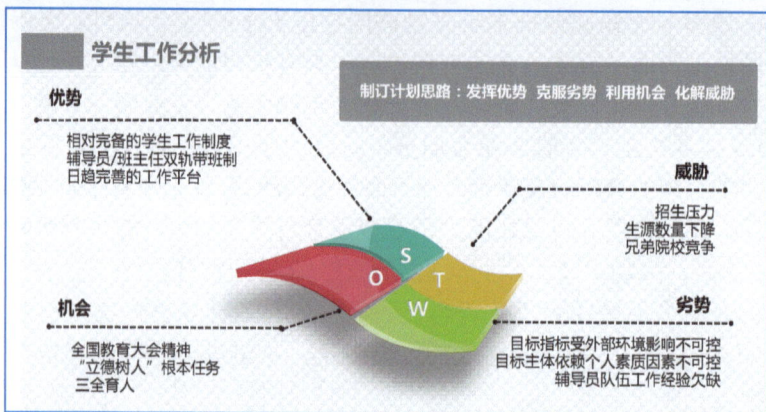

具体目标	项目或内涵	标准	分年度任务指标				
			2016年	2017年	2018年	2019年	2020年
1.培育社会主义核心价值观 ……	1-1开展主题教育活动	每年制定主题教育实践活动方案数1个以上	1	2	2	2	2
3.提升文化素养 ……	★3-1高水平讲座	每年邀请校外专家作客"星期二讲堂"20场以上	19	24	21	20	20
4.培育健全人格 ……	4-1心理健康教育	参与心理健康教育课程100%，实现校级心理咨询覆盖200人次	58	113	180	200	200
7.加强学生工作队伍建设 ……	★7-1课题研究	每年校内及以上立项课题研究10项以上	10	37	21	20	20

制定具体工作目标涵盖7大项
具体工作项目17项
其中★与学校"十三五"规划相关指标10项

图 4-92　学生工作目标标准构建

学生个人发展目标标准：依据学校人才培养方案原则意见，制定了《学生成长发展规划实施细则》《大学生综合素质标准》，指导学生制定基于"四维度"的个人发展规划。

为了让学生更直观、更直接、更方便地制定个人发展规划，本书采用以选择题为主、主观题为辅的问卷形式。把学生个人发展总目标设成四个类型，分别是卓越型、优秀、良好、合格大学生，对各类目标予以简单扼要的文字性表述，便于学生对比自身情况，设定具体的目标。图 4-93 为学生个人目标标准构建。

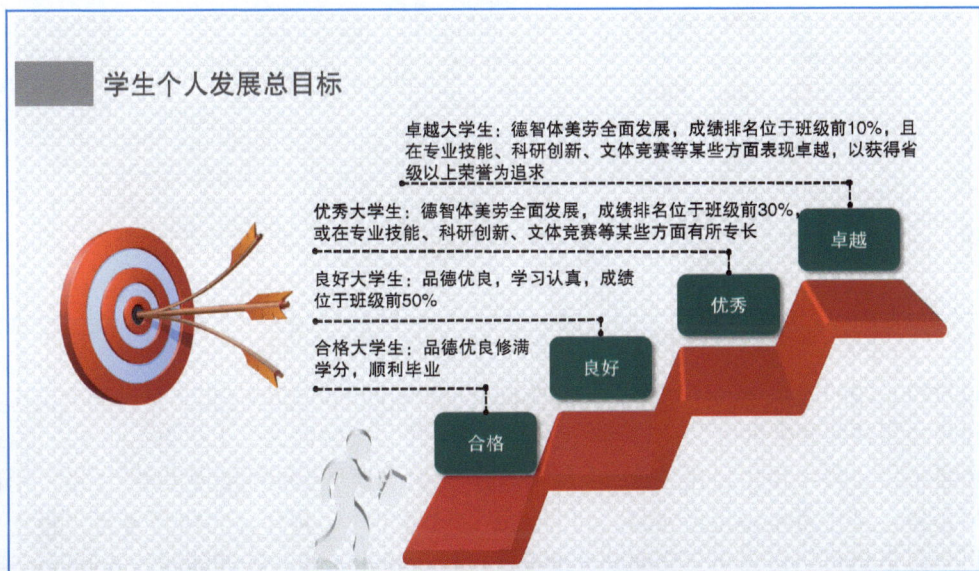

学生个人发展总目标

卓越大学生：德智体美劳全面发展，成绩排名位于班级前10%，且在专业技能、科研创新、文体竞赛等某些方面表现卓越，以获得省级以上荣誉为追求

优秀大学生：德智体美劳全面发展，成绩排名位于班级前30%或在专业技能、科研创新、文体竞赛等某些方面有所专长

良好大学生：品德优良，学习认真，成绩位于班级前50%

合格大学生：品德优良修满学分，顺利毕业

图 4-93　学生个人目标标准构建

在学生个人发展规划问卷中，本书设计了 12 个选择题和 2 个主观题，如大学期间的成长总目标、本学年课程目标到课率、本学年课程目标平均分、本学年的班级目标排名、本学年图书馆每月入馆次数、本学年图书馆借书量、本学年累计获取职业资格证书、本学年英语等级目标、本学年计算机等级目标、本学年体质测试得分目标、本学年素质教育学分目标、本学年 PU 平台中社会实践学时目标、大学三年的发展规划（从学业规划、兴趣培养、社团活动、社会实践等方面描述，300 ～ 500 字）、本学年大学生活目标（从学业成绩、考级考证、校园生活等方面描述，100 字左右）等，经过实践，通过这种形式让学生制定规划，学生能较便捷地完成，也便于此项工作的全面铺开。具体做法是，在学生普遍使用的 PU 平台中嵌入"发展规划"模块，PU 平台是用于学生第二课堂管理的一款 App，面向全体同学使用。截至 2018 年底，学校 8637 名在校学生完成了个人发展规划的填写。图 4-94 为 PU 平台学生个人发展规划。

2. 运行实施

建立学生层面"8"字形螺旋，在日常学生工作中，本书通过专项工作研讨、及时回应学生意见、做好活动管理周报等工作实现常态纠偏。依托教务系统、质控系统、数字化学习中心、"校情综合分析与决策支持系统"平台等信息化手段，对学生工作 17 项具体任务的工作进展、学生四维度重要指标进行实时监测，实现学生缺课率等指标的预警推送。

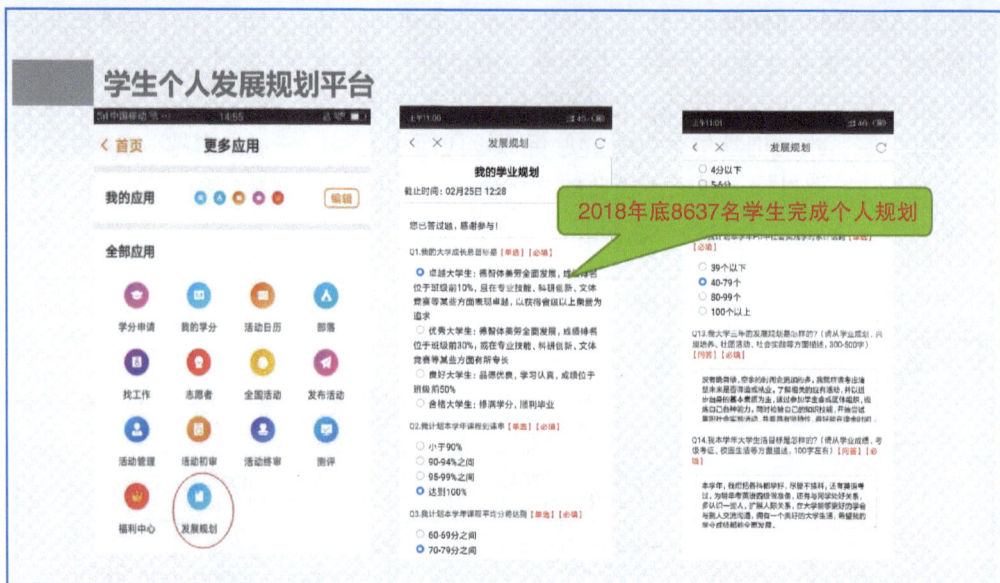

图 4-94　PU 平台学生个人发展规划

以质控系统的应用为例，学校质控部在每个班聘请两名同学担任信息员，学生信息员定期通过质控系统将学生生活、学习中的困惑、疑问提交，系统根据学生所提出的意见或建议，分解到各部门。其中学生处在 2017 ～ 2018 年收到的信息员反映的意见共有 23 条，学校全部及时解答，其中有些建议非常好，可有效促进改进工作。例如，2018 年 5 月，收到来自物联网学院信息员的，关于公选课开设的问题，学生提出希望公选课能够与专业课相衔接。基于此建议，要求各学院至少开设两门公选课，课程内容须同时具备专业性和拓展性，实践证明，此类课程学生选课率很高。图 4-95 为建立质控系统信息快速反馈机制。

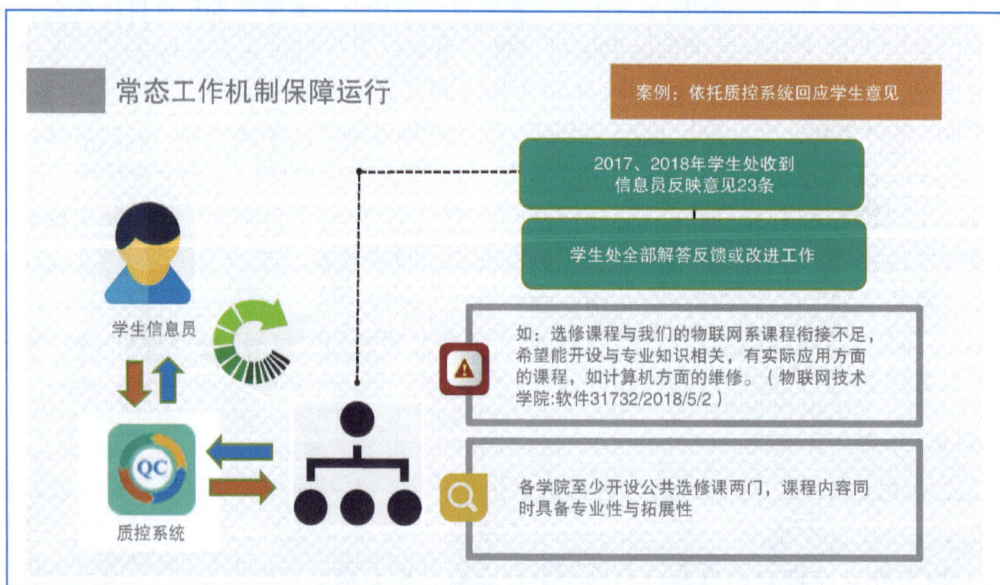

图 4-95　建立质控系统信息快速反馈机制

随着信息化系统的日趋完善，学生缺课预警也实现了多渠道推送。学生个人、任课教师、班主任、辅导员等学生工作队伍都能及时获知学生缺课情况，并及时干预，做好学生工作，促进学生改进提升。后续学校将探索扩展信息推送渠道，争取逐步覆盖到学生家长，进一步促成家庭、学校协同育人格局。

3.阶段自诊

学生层面自诊以学年为自诊周期。

学生个人利用学工系统、PU平台、校情综合分析与决策支持系统"学生画像"功能开展个人自诊；学生个人以四维度测量数据为依据，系统自动生成"学生画像"，通过横向对比分析、纵向自我比较分析，扬长避短，激发内生动力，按学年度对照指标达成情况开展个人自诊，并在学生画像"总结改进"栏目撰写100字左右的学生自诊报告，自诊完成率为96.02%。

以汽车专业丁聪同学个人四维度画像为例，支撑画像思想品德、能力发展、学业发展、学业投入四个维度17项指标分析,总目标"优秀学生"现达到"良好学生"，差距在能力发展、学业投入维度，具体差距可见系统显示的17项指标达成度。图4-96为丁聪同学手机端四维度"学生画像"。

图 4-96　丁聪同学手机端四维度"学生画像"

学工处及二级学院学生办在"校情综合分析与决策支持系统"平台开展学生工作自诊。学生工作自诊共设计诊断指标42个,系统自动采集数据比例达88%,以测量事实数据为依据，查诊问题、分析原因，按学年撰写学生工作自诊报告,2018年完成分院学生工作自诊报告8份，通过平台汇总分析数据后，形成学生处学生工作自诊报告一份。

2018年学生工作自诊不理想指标：一是学生社会学时完成率为C，未借阅图书学生比例为C。为此学校制定了2018～2019学年的改进措施，主要在两个方面：一是加大《关于大学生社会实践学分认定及成绩评定的实施方案（试行）》的宣传；通过运用制度指引、加大政策宣传、丰富团学活动吸引力、指导学生参与团学活动等多种举措，提高学生社会实践活

动的参与率和社会学时完成率。二是通过读书征文、书友会、读书角等活动，促使学生积极借阅书籍；在教学和毕业设计指导中，任课教师需要增强对学生信息检索、数据库资源运用能力的培养与指导。图 4-97 为 2018 年学生工作自诊报告异动指标分析。

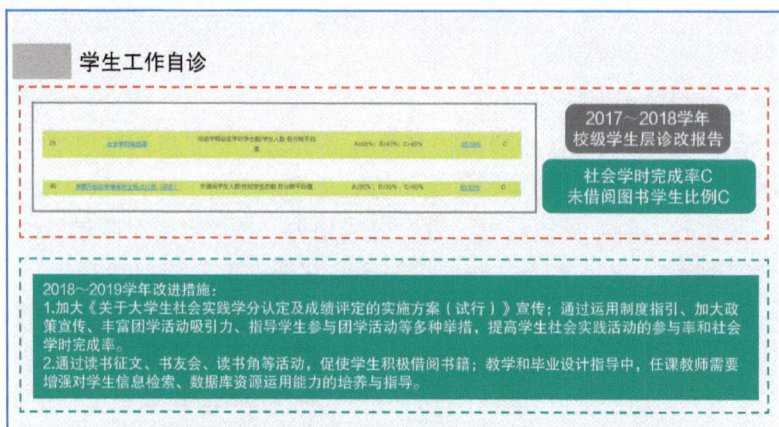

图 4-97　2018 年学生工作自诊报告异动指标分析

学生层面自诊主要问题与改进措施如下。

（1）学生个人自诊完成率为 96.02%，完成率有待进一步提高。另外，如何有效激发学生自我提升内在驱动力有待进一步强化。拟进一步完善班级主题教育实施制度与方案，推进主题教育资源库建设，通过有针对性的主题教育，提升学生个人发展内驱力。

（2）目前学生在校成长成才信息还未推送家长，在学校和家庭协同育人方面还需要进一步加强。拟加强学校信息化平台建设，实现学生缺课预警的多渠道推送，覆盖到学生家长，以便形成学校、家庭协同育人格局，形成育人合力。

4. 成效思考

逐步打造多维度的工作平台。主要有三个工作平台：一是"校情综合分析与决策支持系统"平台，二是通过"学生画像"支持学生个人自诊，三是第二课堂成绩单认证 PU 平台应用。经过实践，平台的不断完善一方面显性支撑了学生层阶段自诊，另一方面更有效让学生、相关老师形成工作习惯，进而为学生层诊改提供文化驱动。图 4-98 为学生层多维度工作平台。

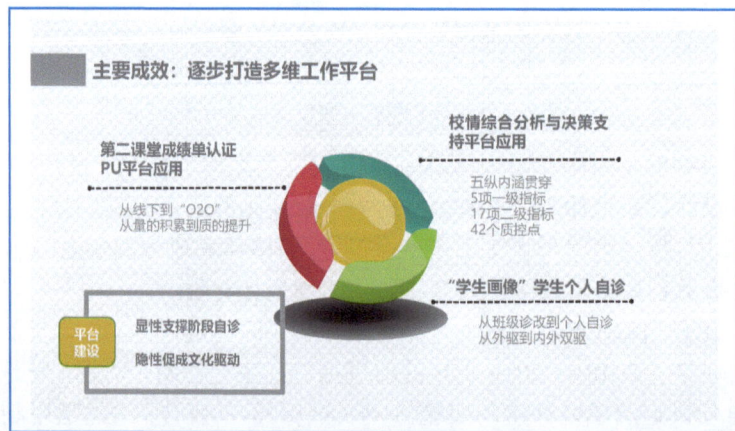

图 4-98　学生层多维度工作平台

下面重点介绍第二课堂成绩单认证平台的应用。2016 年以前，组织开展"第二课堂"活动组织时，学生参与积极性不高、学生参与情况无法精准统计、活动数量和覆盖面无法统计等。2016 年开始，依托 PU 平台，同时制定并实施《PU 平台学生实践活动在线管理暂行办法》《关于利用 PU 平台推进大学生社会实践学时认定工作的实施意见》等文件，经过几年的探索与实践，逐步实现了"第二课堂"活动平台 O2O（Online To Offline，线上到线下）模式，即线上线下同步推进模式。通过 App 平台发布"第二课堂"活动，学生可以通过 PU 平台选择参加自己感兴趣的课外活动，并获得实践学分。现在我们举办讲座时，场场爆满。图 4-99 为"第二课堂"成绩单认证 PU 平台应用。

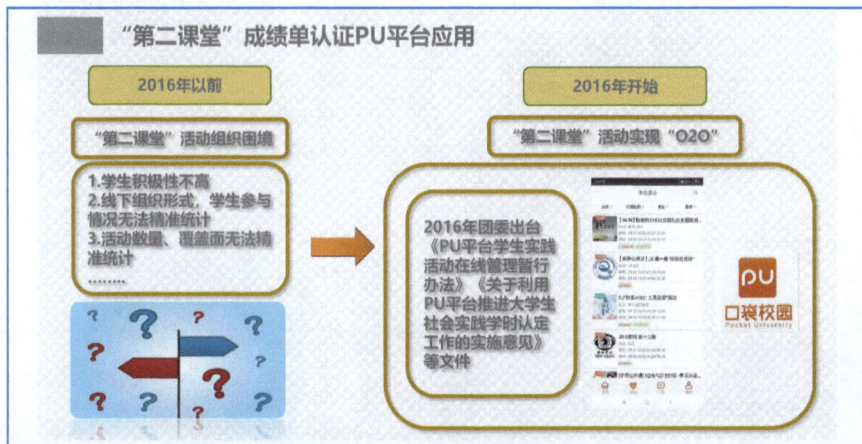

图 4-99　"第二课堂"成绩单认证 PU 平台应用

为了监控活动质量，由 PU 平台进行质量管理周报，便于及时提醒、纠偏，不断提升活动质量。另外，每年发布社会实践学时负面清单，便于阶段性地总结社会学时认证的问题与不足，并采取相应措施，逐年实现阶段性改进。每一位使用 PU 平台的同学，都可以拥有一份属于自己的"第二课堂"成绩单，成绩单的形式也从原来的表格形式，转变为现在的合格证书形式，学生获得感倍增。

回顾"第二课堂"成绩单认证平台建设的历程，可以很清晰地梳理出发展轨迹。2015 年，学生参与实践活动积极性衰减，学校开始尝试启用 PU 平台，但是因为缺乏可借鉴的经验，建设积极性不足；2016 年，启动团内试点，有效激发组织活力，但是缺乏规范性；2017 年，学校陆续出台了相应的管理制度，并且"第二课堂"成绩单学分列入人才培养方案，活动规范性提升，但是引导性不足；2018 年，启动品牌认证，强化价值引导，但是活动质量仍需进一步提升；2019 年，探索课程转化标准，基本形成新实践项目集群，探索评选第二课堂质量管理奖。图 4-100 为"第二课堂"成绩单认证 PU 平台建设历程。

思考 1：学生个人自诊存在问题。学生自诊面广量大，学生个体存在差异性，如何给予学生精细化指导，使学生有获得感是我们面临的客观问题。针对这一问题，通过发挥辅导员、班主任、导师等学生工作队伍作用，通过主题班会、小组讨论等多形式活动激发学生自诊内驱力等举措探索改进。

思考 2：学生学习性投入不足问题。2017 年，无锡职业技术学院运用清华大学中国大学生学习与发展追踪研究（Common Core States Standard，CCSS）应用型问卷对学生学习性投入状况进行调查，调查结果显示，学生课程学习投入程度指标低于全国平均水平；学生学

习动力指标低于全国常模均值。图 4-101 为学生学习性投入调研。

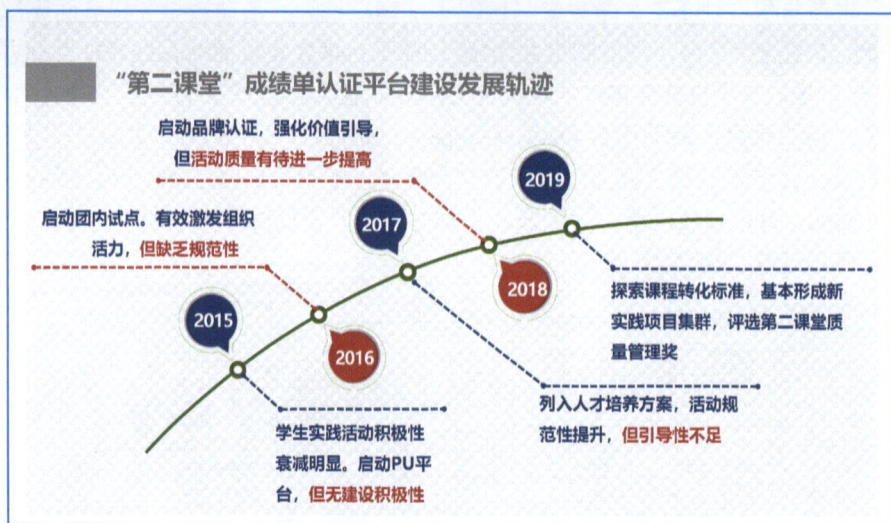

图 4-100 "第二课堂"成绩单认证 PU 平台建设历程

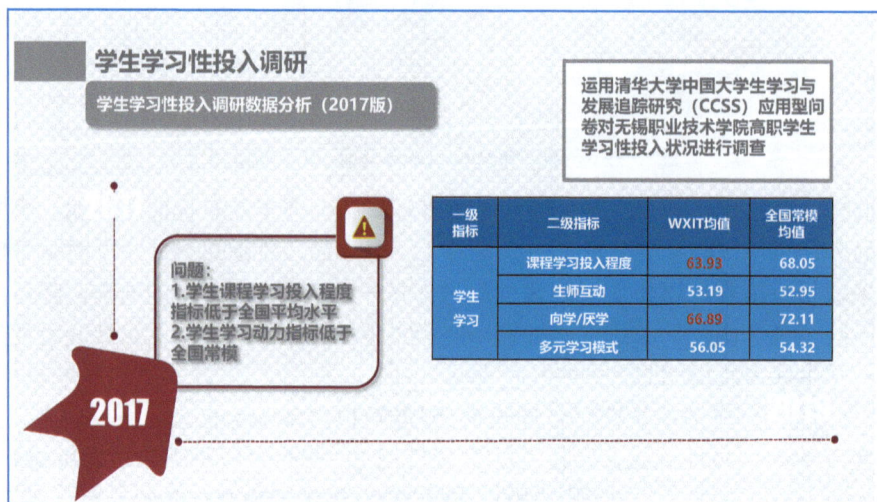

一级指标	二级指标	WXIT均值	全国常模均值
学生学习	课程学习投入程度	63.93	68.05
	生师互动	53.19	52.95
	向学/厌学	66.89	72.11
	多元学习模式	56.05	54.32

图 4-101 学生学习性投入调研

　　作为学生管理工作者，我们认为学生存在的问题就如冰山一样，我们看得见的问题只是浮于海平面上的一小部分。我们认为学生学习积极性需要不断激励与引导，学生学习目标要不断强化，但要想更加彻底地解决学生自身存在的问题，只有从学生自身出发，激发学生内生动力才是最有效、最可持续的。为了破解这个难题，我们尝试把注意力回归到"主题教育"这一老生常谈的话题上来，以"思想理论教育、成长成才教育、心理健康教育、就业创业教育、国防安全教育、励志人物学习"六大板块为基础构建"主题教育"工作体系，加快主题教育优质资源库建设与应用，并且把"有目标、会学习、能坚持"作为三个要素融入主题教育全过程。

　　让增长本领成为青年搏击的能量！

第5章 诊断与改进信息平台建设与应用

5.1 学校智慧校园顶层设计概述

5.1.1 学校信息化基础

长期以来，学校高度重视校园信息化建设，坚持每年在人、账、物上给予大力支持和保障。从1999年开始，依据中共中央国务院《关于深化教育改革全面推进素质教育的决定》（中发〔1999〕9号）"大力提高教育技术手段的现代化水平和教育信息化程度"的要求，开始规划建设校园网络，历经发展起步（1999～2010年）、数字校园（2011～2015年）、智慧校园（2016年至今）三个阶段。发展起步阶段以网络基础设施为建设重点，主要包括楼宇网络通信、校园卡系统、校园监控系统等。数字校园阶段以信息平台建设为重点，主要包括三大平台（统一门户、统一身份认证、公共数据平台）、资源库系统和几十个业务系统。随着"十三五"规划和省优质校建设任务的启动，学校着手建设智慧校园。到目前为止，在网络基础设施方面，全网采用扁平化架构，核心设备达万兆，出口带宽为2.2G，无线网覆盖所有楼宇，接入IPV6（Internet Protocol Version 6，互联网协议第6版），私有云中心初具规模；在信息平台方面，教学、科研、管理、公共服务和生活等方面均建有应用系统，实现了系统集成、数据共享、移动应用和数据分析。有了良好的信息化支撑，学校取得了13门国家精品开放课程、两个国家专业资源库、在线课程达1080门（其中两门获评国家精品在线开放课程），作为首批国家数字校园实验校，通过了国家总结评估，校园信息化水平全国领先。

5.1.2 智慧校园顶层设计

学校"十三五"信息化建设发展分规划提出"构建安全、可靠、稳定、高效的校园网络基础平台；建设大型数据库系统的基础数据平台，整合系统，全面构建智慧职院与掌上校园"的五年校园信息化发展总目标和总任务。

在优质校建设项目中，将"打造新型智慧校园"作为一项重点工程，赋予智慧校园建设具体内涵：数据驱动、信息化技术与教育教学、服务智能制造转型发展融合创新，强化大数据、物联网、移动互联及人工智能等技术应用，打造全体教师运用信息技术开展教学、全体学生利用信息化资源进行学习、数字资源运用覆盖全部课程、服务和管理全过程网络化、营造服务企业智造转型升级的信息化全环境的'五全'智慧校园。

作为首批国家诊改试点校，诊改也对平台提出了具体要求：按智能化要求做顶层设计，实时、常态化支撑学校诊改；扎实推进各项业务系统建设，使其作为大数据源头积累；建立数据中心，并进行数据分析。

梳理学校"十三五"和优质校的建设目标，汇总形成智慧校园建设总目标。依据总目标，

不断完善和优化智慧校园建设的总体规划（图 5-1）。

（1）通过接口进行现有业务系统的数据整合，打破数据孤岛的限制。

（2）通过数据治理进行数据质量管理，建设以大型数据库系统为核心的中心数据库。

（3）基于中心数据库打造数据融合性更强的服务大厅，开发程序化、碎片化的微服务、轻应用，满足学生网上学习、事务办理和决策支撑等多个维度的需要。

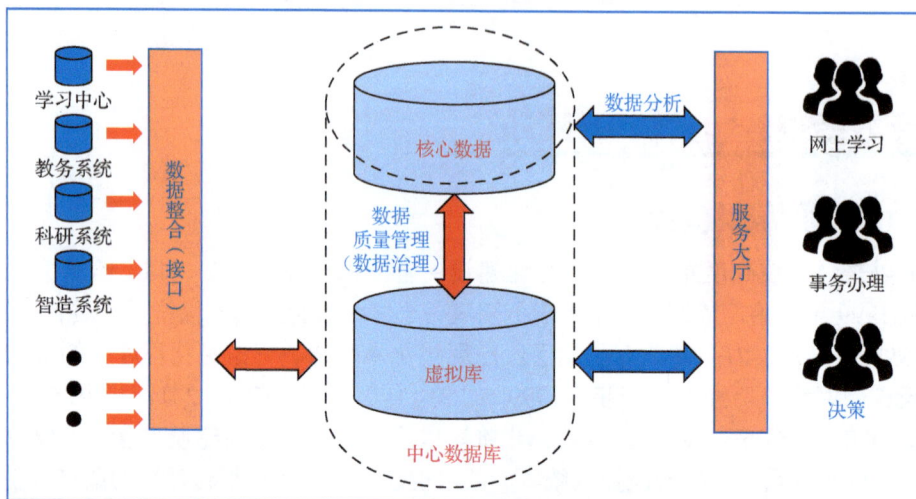

图 5-1　智慧校园总体规划

智慧校园规划以信息化集成应用、大数据与智能分析为突破，总框架分为基础设施层、数据层、平台层和应用层，每层建设内容细分为多个子模块，各子模块按照需要分批次进行建设、完善。

基础设施层打通校园网络，统一网络控制、合理分配服务器、进行容灾备份，构建安全、可靠、稳定、高效的校园网络基础平台，实现掌上校园，处处时时享受服务；数据层进行数据存储和数据治理，形成数据全量库、中心库、主题库，进行数据标准管理、接口管理、整合治理、元数据管理，建设以大型数据库系统为核心的数据中心，实现数据驱动。平台层通过业务接口对各个业务系统进行业务应用整合，基于服务组件和平台管理进行大数据分析；应用层基于数据和平台搭建各种主题应用流程和服务，实现信息技术与教育教学融合创新，提高师生的获得感（图 5-2）。

5.1.3　业务系统构建

学校的各业务系统在教学、管理和服务中发挥着不可或缺的作用。学习平台为全面开展"全课程"信息化提供支持；教务系统保障着教学正常运行，为师生提供良好的教学服务；人事系统为师资队伍建设和教师个人发展提供支持；科研系统为科研项目的开展提供有力信息化保障；学工系统为高效管理学生日常事务提供支持；服务大厅为开展师生事务网上办理提供平台支持等。

业务系统为诊改工作和决策分析提供了源数据支撑，但现有业务系统不能完全支撑诊改和决策需要，需要进一步推动业务系统的建设和应用，并通过业务系统的建设与完善不断完善数据的源头采集，提高源头数据的规范化、完善化。

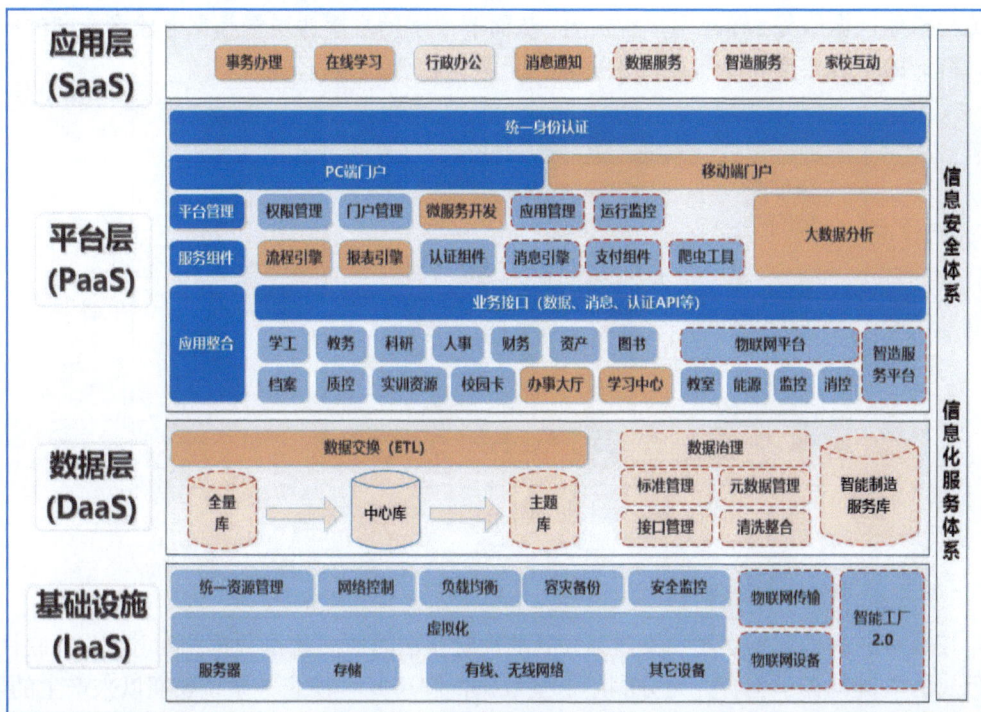

图 5-2　智慧校园总框架图

学校层：围绕学校的重点工作，搭建工作月报系统、优质校建设管理系统、"十三五"规划实施管理系统等轻应用，对细化出的任务目标和标准及任务负责人进行管理，定期上报任务执行情况和对照标准审核进度，以有效推动学校重点工作的开展，为学校层的诊断分析提供实时源数据。

专业层：围绕专业的技术技能积累、优质教育资源建设、教育国际化、信息化建设、服务学生成长成才五个维度的核心指标数据需求，不断完善学工、人事、科研、学习中心等系统，为专业层诊断分析提供实时源数据。

课程层：进行学校"全课程"信息化，通过泛雅课平台、教学资源平台等数字化学习平台的建设和应用，将传统课堂教学模式转化为线上线下相结合的模式，可以打开课堂教学黑箱，产生课堂教学的作业、讨论、测试、签到，以及课前、课后的泛在学习活动等真实数据；通过教务系统教学日志、调停课模块的开发，实时记录教学过程规范数据，为课程层诊断分析提供支撑。

教师层：围绕专业师资状况、团队发展和教师个人发展，完善人事系统功能，对接科研系统、教务系统、质控系统等业务系统，可以实现教师个人发展规划管理，实现教师科研能力数据融合共享，为推动教师发展提供数据支撑。

学生层：围绕学生的个人成长成才，优化和改进学工系统，对接 PU 平台，融合一卡通、校园网、图书馆等多系统信息，实时采集数据，为实时把握学生状况、了解学情和分析、预测学生发展提供实时数据。

业务系统（图 5-3）构建以需求为导向、面向服务，业务办理在不断发生着更新和改变，平台需要快速响应业务需求变化。微服务开发框架和容器云之类的平台技术逐渐成熟，使

业务流程搭建向微服务、轻应用平台发展，从而解决了信息服务质量和平台建设方向的问题，此外，统一的平台架构和底层规范也更有利于数据融合和孤岛消除。

图 5-3　学校近两年升级改造的业务系统

5.1.4　数据中心设计

学校现有的基础数据已经逐渐丰富，但是普遍存在的情况就是数据相对独立、关联性小。解决问题的关键就在于整合并充分利用这些数据，利用好学校业务系统长期以来产生的以及还在继续产生的业务数据和用户数据，将这些数据按照分析的要求进行集成，增加数据的分析价值，形成支持学校人才培养过程的有价值信息和知识。

数据中心是一个面向主题的、集成的、非易失的、随时间变化的数据集合，把不同来源的信息集成到一个单一的仓库中，就可以为学校跨部门或跨业务的决策提供重要参考。通过数据报表决策者能够及时了解学校的运转状况，即"发生了什么"。构建数据中心所面临的最大挑战是数据集成。

数据集成要对放在不同生产系统之中、不具备一致性的数据进行清洗，建立一致性的数据存储库，主要任务是信息化标准及落实，包括数据标准、接口标准等。标准是融合的必要条件但不是充分条件，要解决各业务系统融合、数据共享的问题，还需要进一步推动业务系统的对接、数据的校验、清洗、治理。

通过两年的数据库统一规划建设和实时数据对接，数据中心实时采集数据量明显增长，从 2018 年以前的 84 个共享数据视图，增长到 2018 年的 185 个（图 5-4）。

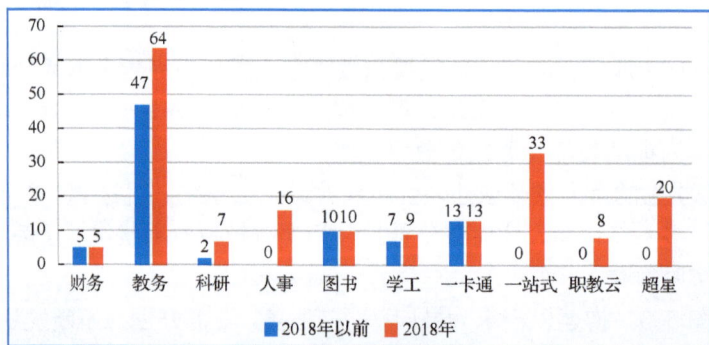

图 5-4　共享数据视图数

5.2　诊断与改进信息化系统设计

5.2.1　需求分析

任何项目开发都需要经历项目需求分析、项目设计、设计实施、项目测试、项目验收五个阶段，其中需求分析奠定了软件工程和项目管理的基础，高质量需求分析往往起到事半功倍的效果。而如果需求分析的基础不够坚实和牢固，开发者开发的与用户所想的软件存在着巨大的"期望差异"，导致软件弃用或者进行高代价修改。

1. 建设目标

需求分析首先要考虑为什么要开发一个系统，即希望达到的目标，通常可以用使用前景和范围来概述。

诊断与改进信息化系统的定位是智慧校园中的"大脑"部分，是一种适用于高职院校的管理信息系统（Management Information System，MIS），其目标是能够像普通的 MIS 一样进行信息的收集、传递、储存、加工、维护和使用，具体使用范围应包括：①实测学校的各种运行情况；②利用过去的数据预测未来；③从学校全局各层面个维度出发辅助学校进行决策；④利用信息控制纠偏学校各层面责任主体的行为；⑤帮助学校、部门、个人实现其规划目标。

诊断与改进信息化系统也是支撑诊断与改进工作的信息化技术平台，建设目标是智能化、实时、常态化支撑学校诊改工作的功能。诊改工作要促使高职院校在学校、专业、课程、教师、学生不同层面建立起完整且相对独立的自我质量保证机制，强化学校各层级管理系统间的质量依存关系，形成全要素网络化的内部质量保证体系。根据自身办学理念、办学定位、人才培养目标，聚焦专业设置与条件、教师队伍与建设、课程体系与改革、课堂教学与实践、学校管理与制度、校企合作与创新、质量监控与成效等人才培养工作要素，查找不足与完善提高。

《教育部办公厅关于建立职业院校教学工作诊断与改进制度的通知》（教职成厅〔2015〕2号）对信息化平台的要求：职业院校要充分利用信息技术，建立校本人才培养工作状态数据管理系统，及时掌握和分析人才培养工作状况，依法依规发布社会关注的人才培养核心数据。加快推进相关信息化建设项目，为公共信息服务、培养工作动态分析、教育行政决策和社会舆论监督提供支撑。

《关于印发《高等职业院校内部质量保证体系诊断与改进指导方案（试行）》启动相关工作的通知》（教职成司函〔2015〕168号）指出，要提升教育教学管理信息化水平，强化人才培养工作状态数据在诊改工作的基础作用，促进高职院校进一步加强人才培养工作状态数据管理系统的建设与应用，完善预警功能，提升学校教学运行管理信息化水平，为教育行政部门决策提供参考。

总的来说，诊断与改进信息化系统的建设目标至少包含以下四个方面：①建立与五层面内部质量保证体系相辅相成的监测体系；②推进学校业务系统建设和融合，积累源头数据，打通信息孤岛，进行数据管理，提供数据支撑；③支持"8"字形螺旋任务流程运行，实时、常态化地支撑诊改工作；④加强数据管理应用，包括预警纠偏、目标达成分析、分析预测、决策支撑等。

诊断与改进信息化系统的建设主要任务：最大限度地利用技术加强学校信息管理，通过对学校、专业、课程、教师、学生各层面的目标、资源、实施运行、过程规范、运行成效等方面数据的获取和清洗，获取存储正确的数据。通过分析对比、加工处理编制成诊改任务数据、预警信息、可视化图表等形式提供给责任主体和管理人员，以便进行正确的决策，不断提高学校的治理水平和人才培养质量。

2. 分角色用户功能需求

（1）面向学校管理者用户需求：诊断与改进信息化系统作为一个管理信息化系统，其用户主要是学校管理者，对系统的功能需求是全校各层面各维度数据的全局智能分析，要求能够查看实时数据了解学校教育教学、资源建设、规划任务进度等方面的情况，能够查看各阶段数据的对比、了解发展趋势，并且能够从顶层进行下钻分析和横向联动分析，查找短板和分析问题原因。

（2）面向诊改五层面质量主体用户需求：诊断与改进信息化系统作为诊改支撑平台，其用户主要是各层面责任主体，包括层面工作负责人（部门），以及教师、学生个人，功能需求主要包括个人画像自诊和层面工作自诊，如图5-5所示。

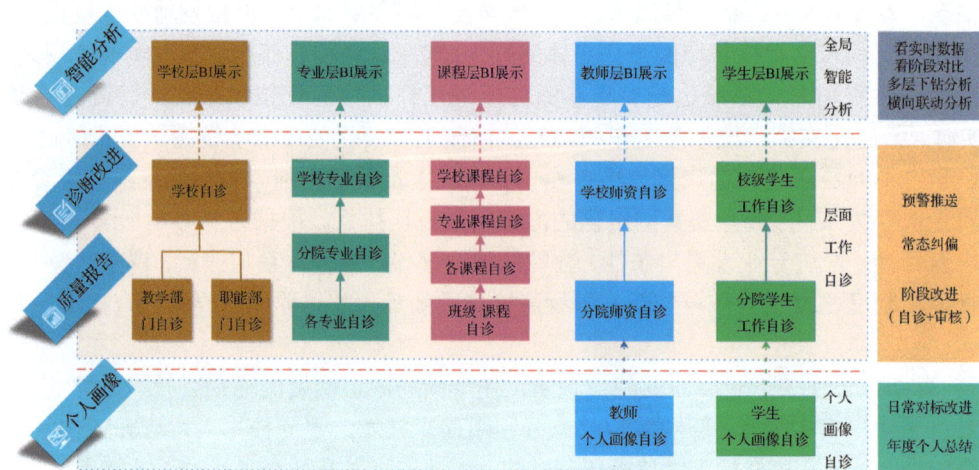

图5-5 分角色用户功能需求

个人画像自诊面向教师和学生个人，要求满足教师和学生个人日常对标改进和年度自诊总结两个方面的功能，为了方便个人进行自诊画像模块要提供个人目标达成度数据和横向对比参考值。

层面工作自诊面向层面各维度的责任主体，学校层面基层责任主体分为职能部门、教学部门，校级汇总维度责任主体为诊改办；专业层面基层责任主体为各专业负责人，分院进行分院级汇总，教务处进行专业层的校级汇总；课程层面课堂实施、纠偏责任主体为各任课教师，课程诊改责任主体为课程负责人，专业负责人进行专业级课程自诊汇总，教务处进行校级课程自诊汇总；师资层面包括教师个人责任主体、师资队伍建设责任主体，校级师资队伍建设由人事处担任责任主体，基层师资建设工作自诊由各分院负责；学生层面包括学生个人责任主体、学生管理与服务工作责任主体，校级学生管理与服务工作由学生处担任责任主体，基层学生工作自诊由各分院负责。层面工作自诊的主要功能需求有实时预警推送、处理预警进行常态纠偏、指标检测对标分析问题进行阶段改进，功能的实现要求数据能够向上汇总获得总体运行情况概括、发现的问题能够下钻分析查找原因所在。

5.2.2　系统功能框架设计

综合系统建设目标任务和分角色用户功能需求，对各类任务、功能进行子任务、子系统逻辑模型设计，并将类似的功能合并归类后，诊断与改进信息化系统功能主要可以划分为质量标准、诊断改进、质量报告、个人画像、智能分析、数据采集、数据管理、系统管理、帮助几个部分，图 5-6 为系统功能模块结构。

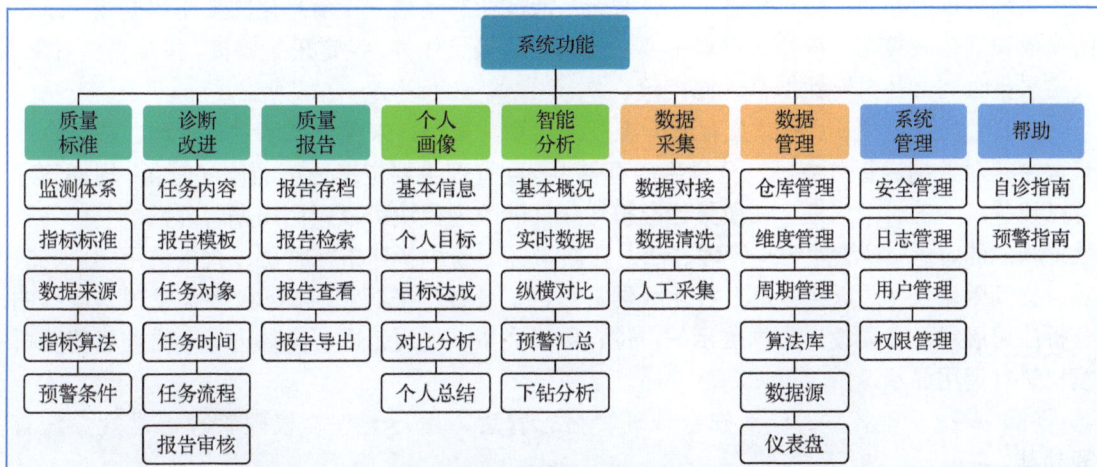

图 5-6　系统功能模块结构

诊断与改进信息化系统功能中数据采集、数据管理模块是基础功能模块，为系统诊改与分析业务功能提供数据基础。质量标准、诊断改进、质量报告、智能分析、个人画像是业务功能模块，其中质量标准、诊断改进、质量报告模块用于实现层面工作自诊，实时、常态化支撑诊改工作；智能分析、个人画像模块用于展示数据大数据分析结果，为管理者和个人提供管理和决策依据。系统管理模块是系统必备的后台管理功能；帮助模块是为方便用户使用提供的辅助说明模块。

（1）质量标准模块：主要按照质量保证体系建立监测体系，扎实推进目标标准体系的信息化管理和指标数据自动获取、分析，立足各部门工作实际，形成学院、专业、课程、教师、学生五个层面多维度网络化的质量保证目标与标准体系，形成各层面各维度的目标标准库，并针对每个监测指标设定指标的目标值和标准值，明确数据来源及采集频率，依据指标内涵编写指标算法，设置指标预警的触发阈值、预警内容、预警途径、预警对象，为数据分析、监测预警、诊断改进、报告生成、智能画像等奠定目标标准支撑。在实际建设中，以诊改工作为推动力，促进学校内部质量保证体系中的目标与标准体系逐步健全完善。

（2）诊断改进模块：功能实现主要通过选择目标标准库，勾选库中需要进行检测的指标来选定任务内容，然后根据需要选取报告模板中的模块，指定任务对象、设置任务时间，发起任务流程；责任主体在任务流程下可以进行层面工作自诊，日常查看监测指标数据根据对标情况进行纠偏，并按照诊改周期进行问题指标分析改进，填写诊改报告，报告经审核通过后生成质量报告进行存档，即完成完整的一轮层面工作诊断改进。

（3）**质量报告模块**：主要有报告的存档、检索查询、内容查看、下载导出等功能。

（4）**个人画像模块**：面向教师和学生个人，关联个人目标规划、实时抓取个人目标任务相关数据，通过图表等形式直观显示个人目标的达成度、能力综合发展情况、并提供横向对比参考，帮助教师和学生个人进行日常纠偏和年度个人总结。

（5）**智能分析模块**：对数据中心和质量报告中的数据进行分主题的、联动的、纵横对比的分析，其数据分析主题分为学校、专业、课程、教师、学生五个层面，主要分析内容有基本概况、实时动态、预警汇总、纵横对比、下钻分析等。

（6）**数据采集模块**：主要功能有数据对接、数据清洗、人工采集等。其中人工采集作为业务系统数据的补充，将一些必须却暂时无法通过业务系统进行信息化的工作数据按照统一的模板和规范采集入系统。该模块主要功能为发起采集任务、设定采集模板、指定采集对象、设定采集时间，并内置数据合理性校验。

（7）**数据管理模块**：对数据存储、维度、周期、算法、来源、展示进行管理。数据仓库管理主要对数据进行分主题、分维度的存储；维度管理主要定义通用的维度内涵；周期管理可以设置统一的时间周期，在质量标准模块和诊断改进模块可以调用周期管理批量统一设置数据来源的时间；算法库统一管理算法，在质量标准模块新建指标时可以直接调用相应的算法，提高效率；数据源管理是一种元数据管理，记录数据来源和流向；仪表盘管理是数据的分析应用展示，主要设置数据展示的占位、图表类型、使用范围、具体内容，方便智能分析模块进行调用显示。

（8）**系统管理模块**：包括安全管理、日志管理、用户管理、权限管理等常规系统管理功能。

（9）**帮助模块**：提供系统操作说明，主要有各层面分维度工作自诊操作指南、预警处理操作指南等内容。

5.3 数据采集与分析

数据采集与分析是管理信息系统开发的基础和关键，具有统一规划的数据库是管理信息系统成熟的重要标志，诊改信息化系统业务功能的实现需要高质量的数据基础，因而，要对各类现有数据资料进行完善化，进一步提高数据的源头实时采集水平，固定数据报表的内容、周期、格式，实现报表文件的统一化、规范化。

5.3.1 数据来源规范化

结合诊改工作与决策分析的数据需求和学校现阶段数据中心、业务系统的数据支撑情况，指标数据来源可以归纳为以下几种方式：①自动抓取学校数据中心共享的基础数据，教师、学生基本信息均与数据中心同步；②自动抓取业务系统产生的业务数据，如教务系统的教学日志、泛雅平台的课程信息等；③批量导入，平台提供可下载的模板，由相关部门提供汇总数据导入平台数据库，如麦可思调研数据、教学工作量折算值等；④人工填写，平台给出填写框和填写内容下拉菜单选项（选项太多的需要二级下拉）、填写规范、填写要求等内容，由诊改责任人填写。数据来源遵循自动获取为主的原则，尽量减少导入与手工填写数据的比例，在指标必要且数据基础不足的情况下才采用③④两种数据来源。图5-7为数据采集流程。

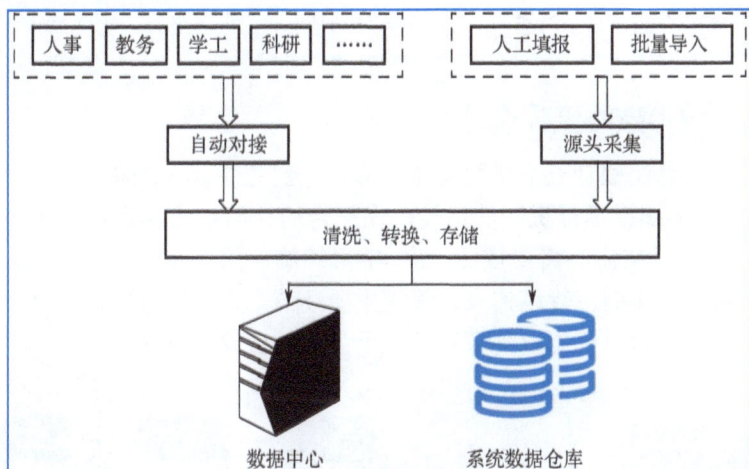

图 5-7　数据流程图

（1）自动对接：基于现有业务系统的数据存储情况，诊改信息化系统需要支持多种数据源的接入，如支持 MySql、Oracle、SqlServer、URL 等多种方式快速集成接入。系统自动对接学校数据中心，定时获取推送的数据；自动对接业务系统提供的接口，通过接口进行数据的定时抓取。

（2）源头采集：对无业务系统来源的数据进行源头人工采集。其中，个人负责的个性化数据通过诊改任务将需要填报的指标定向发送至责任人，由责任人按照诊改任务中指标的填写要求和填写规范进行填写，由诊改任务审核人审核数据的准确性。由部门负责的数据通过批量导入实现，根据数据采集需要设置各种采集表单模板，表单内部设置校验规则；根据表单模板进行采集任务的发布，可设置采集的任务填报人与审核人，支持填报退回机制。

（3）数据效验和清洗：根据学校、部门、学院、专业、课程、课表、班级、学生、教师等数据信息，在数据进行人工采集和导入时，系统会自动根据数据规则对填报的数据进行效验和清洗处理。

（4）数据存储：基于学校智慧校园数据层建设规划，可以将自动对接获取的规范化数据、源头采集新建的数据表单等按照需要存储在学校数据中心或者存入诊改信息化系统的数据仓库（便于随时快速调用）。系统数据仓库可进行标签分类处理，可以基于业务需要建立不同主题的数据仓库进行数据存储，如基础数据、教学数据、课堂数据等。

5.3.2　数据分析

诊改流程中，在诊改任务发起后，系统会根据诊改任务中按指标内涵要求编写的指标算法，获取数据中心与数据仓库的数据进行计算，计算值作为诊改任务中相应指标的结果；系统自动比对指标结果值与指标目标标准得出对标结果。

诊改过程中所得指标结果值与对标结果均存入系统数据仓库，便于后续纵向对比分析和轨迹化分析。

大数据分析应用中，系统按照分析要求获取数据进行计算，并以图形的方式展示计算结果，具体分析应用可见 5.4 节。

5.4 层面工作自诊信息流程设计与应用

5.4.1 "8"字形螺旋流程设计

层面工作自诊信息流程是五个层面发布自诊任务到责任主体、进行工作自诊的基础。为更好地支撑"8"字形螺旋运行机制的运转，在平台的使用中培养责任主体的诊改思维、养成诊改习惯、形成质量文化，需要按照"8"字形螺旋（图5-8）以目标标准为起点，事中监测预警、事后诊断改进的运行结构设计流程主要环节，建设集目标标准管理、指标检测预警、结果对标自诊、报告审核生成等多项功能于一体的自诊信息流程。

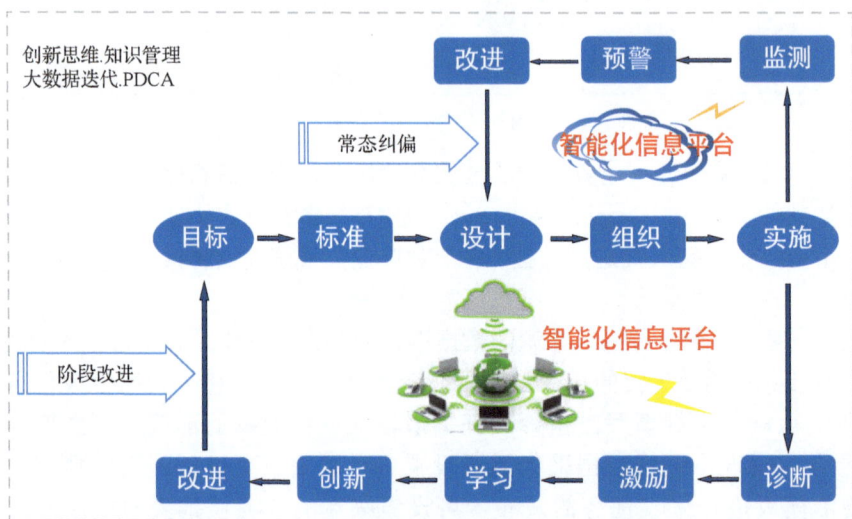

图5-8 "8"字形螺旋运行机制

流程总体设计基于目标标准库，按照目标、标准、设计、组织、实施（监测、预警、改进）、诊断、激励、学习、创新、改进的"8"字形螺旋运行机制打造诊改任务流程，按照诊改周期将诊改任务流程定向推送给五个层面各个维度责任主体，支撑学校、专业、课程、教师、学生五个方面全方位的目标标准监测预警、自我诊断与总结改进，对目标、标准、任务、预警、报告等方面进行全面运行管理，达到依托平台建立常态化的信息反馈诊断分析与改进机制的目标。具体实现如下。

（1）目标标准：在系统质量标准模块，建立各层面、各维度的目标标准库；每个目标标准库可设定该层面维度或组织、部门、个人的目标任务监测指标，并设置每个指标的目标值和标准值；监测指标可按照一级指标、二级指标、监测指标的形式进行监测指标的体系组织，便于指标的理解、记忆和使用。同一层面不同维度的目标是逐层逐级分解的，目标分解需符合SMART原则。监测指标的数据来源明确，可以在任务发起后自动获取数据，进行实时监测预警或者事后诊断改进。

（2）任务发布：随着工作进入组织实时阶段，系统根据各层面工作诊改周期通过诊断改进模块发布层面工作自诊任务流程，基于各层面的目标标准库发起任务，设置任务名称、执行周期、任务负责人、审核人等基本内容，并选定事中实时监测指标和事后诊断指标，设置事中监测预警内容和事后诊断报告模板。

（3）监测预警：工作进行中，可以通过查看层面工作自诊任务流程中设置的各个监测指标的目标达成情况，达成进度偏低的指标会标黄显示，以便责任主体定位问题并及时分析纠偏；在任务发布环节设置了预警的指标，会采集实时数据与预警条件进行对比，触发预警条件则通过预设的预警途径（微信、邮件、短信等）将预警发送至责任主体，提醒其进行问题分析和纠偏处理。各责任主体所有监测预警信息可汇总记录到个人的预警中心，全校所有预警信息可以进行汇总分析，有利于了解预警问题核心、趋势变化、跟踪预警问题的处理情况。

（4）诊断改进：在系统诊断改进模块的流程中，按照诊改周期到层面工作告一段落时，可以对照流程中各监测指标进行事后的自我诊断，查看当前指标结果达标与否，再下钻分析、横向对比查找不达标的原因，通过学习、创新、研讨等形式制定改进措施，反馈到下一轮目标标准的制定和工作设计实施基于计划实施中；同时，系统自动引用上一周期质量报告中的诊改数据进行对比，查看上一轮诊改中不达标指标的改进情况，总结改进成效，形成经验知识；未改进则可以查询上一周期质量报告中的原因分析和改进措施是否合理到位，并进行更进一步的学习、研讨、创新，制定新的改进措施。流程中产生的诊改报告，全面记录诊改过程数据、问题分析、改进措施、改进成效等内容。为便于查询和对比，系统专门设置质量报告模块形成诊改报告，支持报告分类存储、模糊检索、报告导出等功能。

5.4.2 实时监测预警的具体设计

1. 预警指标标准建立

根据学校实际情况，学院质量保证体系在目标标准模块中的各个目标标准库中，针对不同层面、维度的责任主体设置多级预警指标与预警标准。预警指标和标准的建立前提是，明确学院管理指标规范和制度，建立内部质量管理体系指标库，做到各类预警项目有法可依，有章可循。

预警指标根据层面工作实施过程中需要实时纠偏的内容进行有针对性的设计。学校层面可以对各部门、分院重点任务进度方面进行预警；专业层面可以从资源建设进度、课程建设进度、人才培养质量等方面进行预警；课程层面可以通过课堂纪律、上课规范、教学评价等方面进行预警；教师层面工作可以对队伍建设指标达成情况等进行预警；学生层面主要关注学风学情、学业进度、学生满意度等方面指标。

预警推送对象以直接责任人为第一推送对象，汇总维度的诊改负责人和相关管理人员也会收到汇总维度的预警信息。比如，缺课率指标预警会发送给同一门课缺课超过三次的学生，这些学生名单也会同步发送给辅导员，同时如果班级整体缺课率超标，还会给任课教师发送预警信息，从而实现多渠道联动预警、多管齐下，提高学生的学习投入。

2. 指标数据自动采集计算

预警指标数据来源直接对接数据中心，可以自动计算监测指标的数据值，根据设定的标准数据对学院、专业、课程、教师、学生五个层面进行及时预警。为合理利用资源，数据的自动采集设定一定的频率和时间，如缺课率数据每节课采集一次，学生同一门课缺课超过三次即触发一次预警，第四次再预警一次，五次及以上不再预警；教师课堂缺课率则每周一计算上周缺课率数据，若缺课率超标则向教师发送预警（图5-9）。

图 5-9　缺课率多渠道预警界面截图

3. 预警智能推送

预警推送的设置在质量标准模块中进行，主要设置预警的监测与推送时间，设置预警推送的手段，设置预警推送的对象。层面自诊信息化流程任务发布时统一设定该任务数据采集的时间范围，然后系统就可以按照监测时间，对接数据采集时间范围内的数据，按照公式计算判断结果是否超过阈值，最后将超过预警的指标按照预设的预警提示内容通过预设的微信、短信、邮件、平台消息等方式推送至预警对象，完成预警智能推送。

4. 预警处理措施

根据系统呈现预警的指标，用户需要及时处理收到的相关预警，通过手机端或者电脑端查看预警信息、下钻分析指标数据，查找原因，给出预警处理措施方案，并填入系统，即完成此条预警信息的处理。预警处理后，该指标进入下一周期预警，通过下一轮是否触发预警、预警监测值是否改善等内容可以验证处理措施方案是否有效。

5. 预警信息统计展现

预警信息按照预警周期，对预警信息进行分类、汇总显示并进行一定的统计分析，更好地把握预警内容，了解预警处理和改进成效。系统会自动根据预警指标、预警时间、预警对象、处理情况等标签对预警信息进行分类汇总，并且可以导出所有预警信息，以便查看。系统自动统计预警条数和处理条数，并且分部门、分院系统计预警处理率，便于追踪预警处理情况。系统自动汇总连续多次预警的预警信息，以便进行深入研究和决策分析。

5.4.3　事后诊断改进的报告模板设计

层面工作自诊任务流程按照层面诊改周期自动进入事后诊断改进环节。该环节中系统自动获取任务中各监测指标的最终结果，并提供数据达标判断、上一轮诊断监测值进行螺旋对比；数据结果可以直接下钻分析，深入查找问题原因，从而帮助各层面各维度质量主体撰写诊改报告。

为更方便诊改报告的撰写，层面工作自诊任务流程设置诊改报告模板，提供可选择的结构化模块，包括实时预警与处理信息汇总表、未达标指标汇总表、层面工作自诊指标监测与历史值对比表，以及存在问题、原因分析、改进措施、改进成效等栏目的填写框。图 5-10 为阶段自诊报告模板简明示意图。

一、自我诊改概述

1. 存在问题

2. 改进措施

3. 改进成效

二、未达标指标汇总表

序号	诊断点	数据内涵	诊断标准	本次结果	本次等级	上次结果	上次等级

三、质量监测指标汇总表

一级指标	二级指标	三级指标	诊断点	数据内涵	诊断标准	本次结果	本次等级	上次结果	上次等级

四、实时预警与处理信息汇总表

预警指标	预警值	预警时间	处理措施

图 5-10　阶段自诊报告模板简明示意图

其中，未达标指标汇总表可以帮助自诊对象自动定位问题，未达标指标汇总表中的结果数据可以点击下钻细分或明细数据，进行深层次数据挖掘分析未达标原因；实时预警与处理信息汇总表和指标监测与历史值对比表可以通过对比分析历史值的改善情况，总结改进成效。

5.4.4　层面工作自诊应用实例

1. 建立五层面质量标准库

系统支持建立五层面分维度的指标库，以便各层面各维度的责任主体全面参与自诊工作。根据层面自诊组织结构和工作需要，2017 年建立并使用目标标准库 43 个，2018 年通过新建优化与合并统一，使用目标标准库 20 个。图 5-11 为质量标准库界面。

质量标准库可对已存在的标准库可进行复制、编辑、修改等操作，通过复制快速生成新一轮的指标库，并按照新一轮的目标标准对其进行修改编辑，以符合新一年的目标要求。

数据来源以数据采集模块和自动对接为主。规范每个指标的数据来源，减少个人填写指标。目前主要有 21 个业务系统支撑五个层面诊改，图 5-12 为自动采集数据来源业务系统汇总图。数据来源规范以后，源头自动采集率由 2017 年的 35.07% 上升到 2018 年的 94.22%。

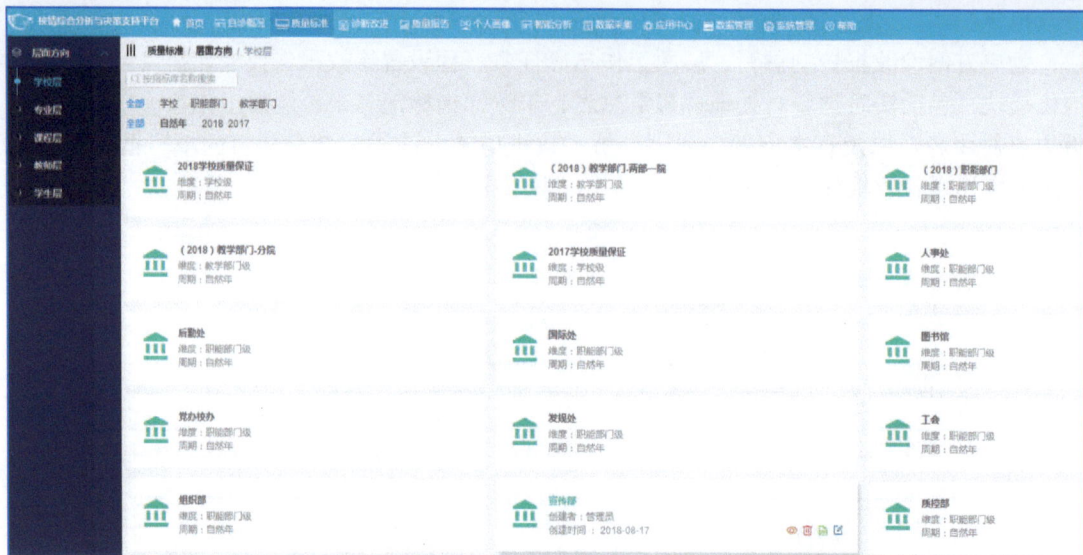

图 5-11　质量标准库界面

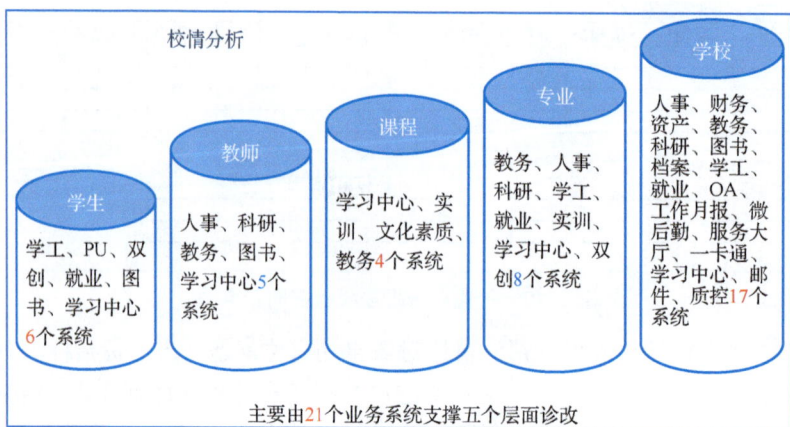

图 5-12　指标数据自动采集来源业务系统汇总

2. 发起层面自诊任务流程

管理员发起自诊任务，必须完成指标测量标准的设定、数据源抽取数据的时间范围、设置预警指标、设置自诊开始时间与结束时间等工作。图 5-13 为标准库设置界面。

第一步，选择标准库，调整具体指标及其标准值。

第二步，设定预警参数，预警周期分为三种：每日、每周及每月，根据需求进行选择，设置为每日时，每天零点进行预警；设置为每周时，每周日零点进行预警；设置为每月时，每月一日零点进行预警。预警参数设置如图 5-14 所示。

第三步：设置诊改任务各项参数，责任人、起止时间、自诊报告模板等，具体如图 5-15 所示。保存任务设置参数后，任务发布成功，系统将自诊任务推送至相关责任人，在"我的自诊任务"中显示，并启动自诊工作，图 5-16 为自诊任务发布后，相关责任人的自诊任务界面。

图 5-13　标准库设置界面

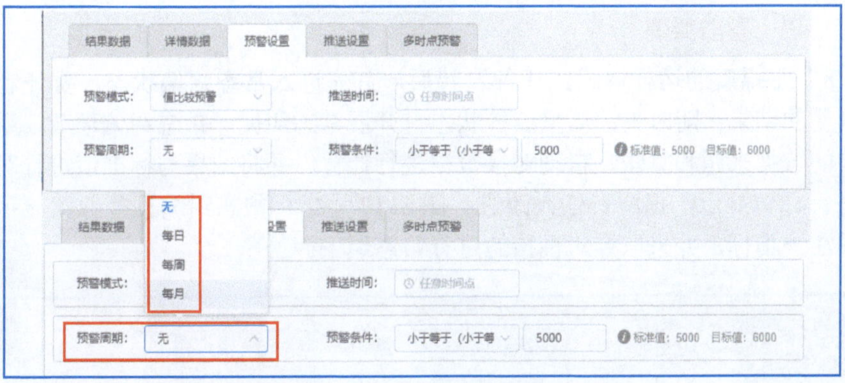

图 5-14　预警参数设置

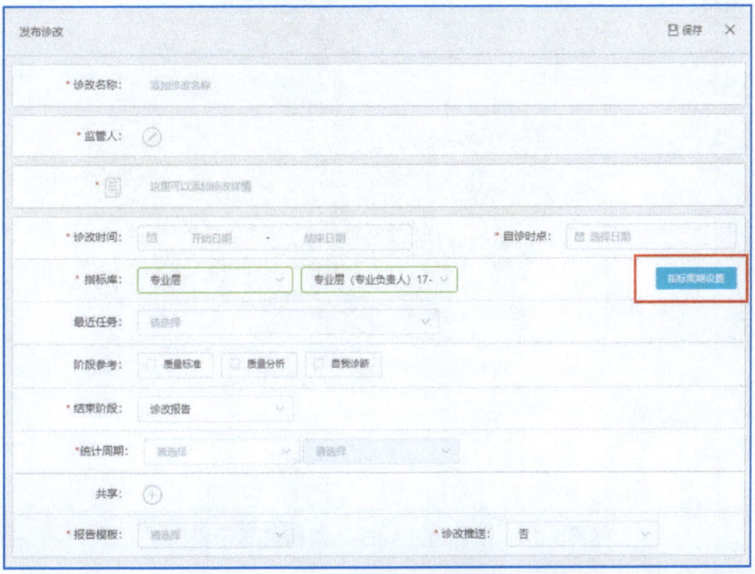

图 5-15　诊改任务发布参数设置界面

图 5-16　诊改任务状态界面（图中任务进入常态纠偏阶段）

3. 预警处理（常态纠偏）

按照"8"字螺旋的运行模式，任务发起后，首先进入常态纠偏状态，责任者可根据系统自动态测量的结果，随时关注质量监控状态，开展常态纠偏。常态纠偏环节，系统按照目标标准库中的数据来源和算法，自动对接数据进行计算，并将结果与标准值进行对比，触发预警值的进行标黄显示，提醒责任人改进。图 5-17 为指标常态纠编预警标黄显示界面，提示责任者关注该指标，并采取针对性措施进行常态纠偏。

图 5-17　指标常态纠偏预警标黄显示界面

对于重要的指标，系统可将预警信息自动发送给预警对象。例如，课堂缺课率指标就设置了预警推送，在某位教师课堂自诊常态纠偏中，系统自动采集教务系统中教学日志中

的课堂考勤明细，并计算缺勤率结果为 9.7%，超过了预警值（6%），即向教师的电脑端和手机端发送预警信息。预警内容为缺课率达到预警条件，当前值为 9.7%。图 5-18 为某教师个人预警信息界面。预警对象接收到预警信息后，点击"处理预警"可以查看具体预警内容、填写改进措施，如图 5-19 所示。

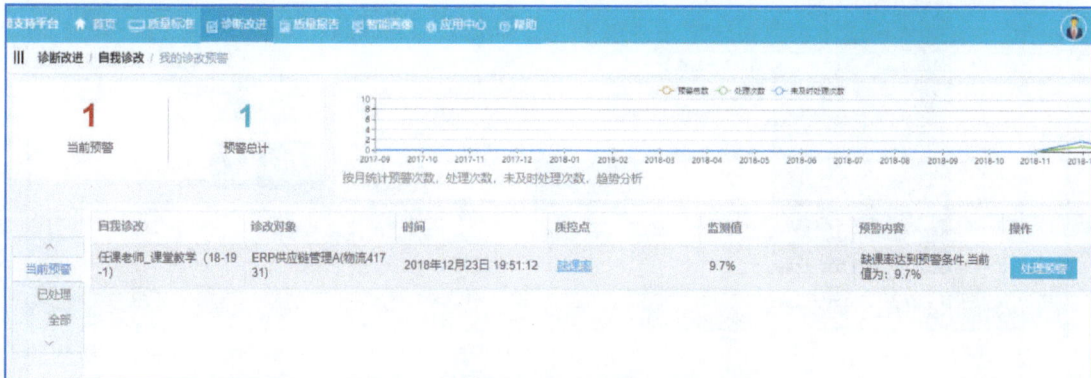

图 5-18　某教师个人诊改预警信息界面

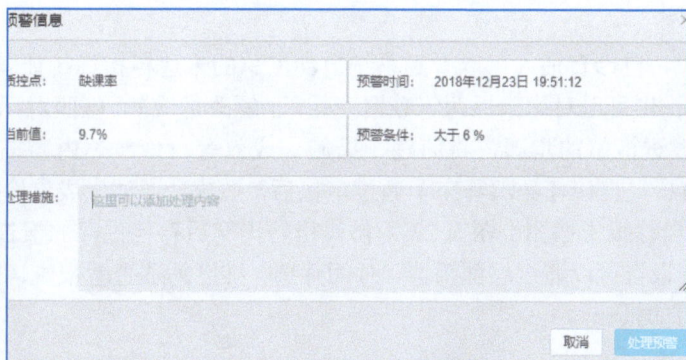

图 5-19　个人诊改预警处理界面

4. 撰写自诊报告（阶段自诊）

层面自诊任务流程按照任务发起时设定的时间周期自动进入诊断改进环节。图 5-20 为诊改任务状态界面（图中任务进入阶段改进和诊改报告阶段），图 5-21 为自诊报告撰写流程。

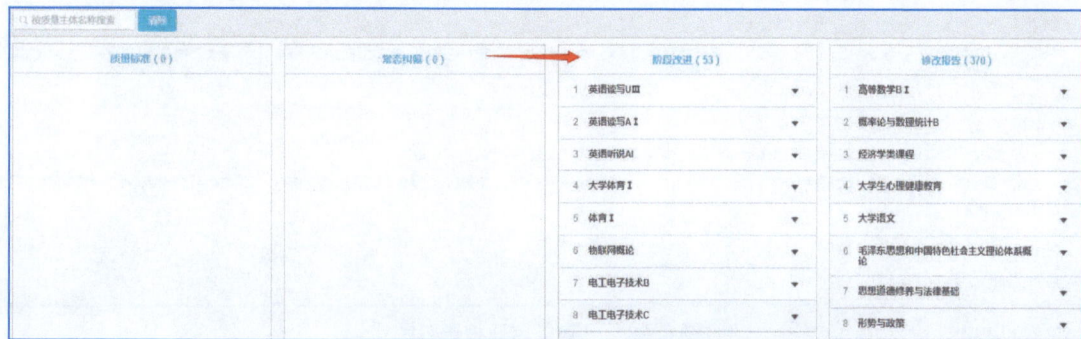

图 5-20　诊改任务状态界面（任务进入阶段改进和诊改报告阶段）

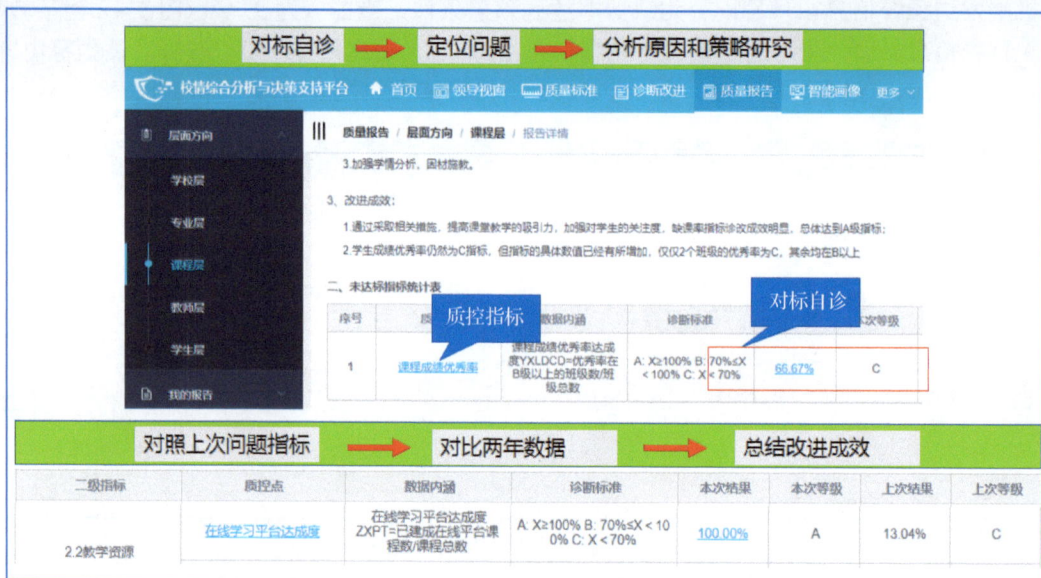

图 5-21　自诊报告填写流程

　　阶段自诊阶段，自诊责任人可以看到系统自动汇总的未达标指标统计表，对每个未达标指标进行下钻分析；也可以对比指标两年数据变化，了解改进成效，按照对标自诊、定位问题、分析原因，填写改进措施的步骤，将问题、措施、成效等自诊概述内容按照诊改报告模板填入系统，提交审核。自诊任务填写完毕通过审核后，系统会自动生成自诊报告，存档保留。图 5-22 为已完成自诊报告截图，图 5-23 为自诊报告提交后存档保存的报告展示界面。质量报告模块下，这些报告可以通过层面筛选、时间筛选、维度筛选查看报告，也可以通过名称、负责人检索想要看的报告。

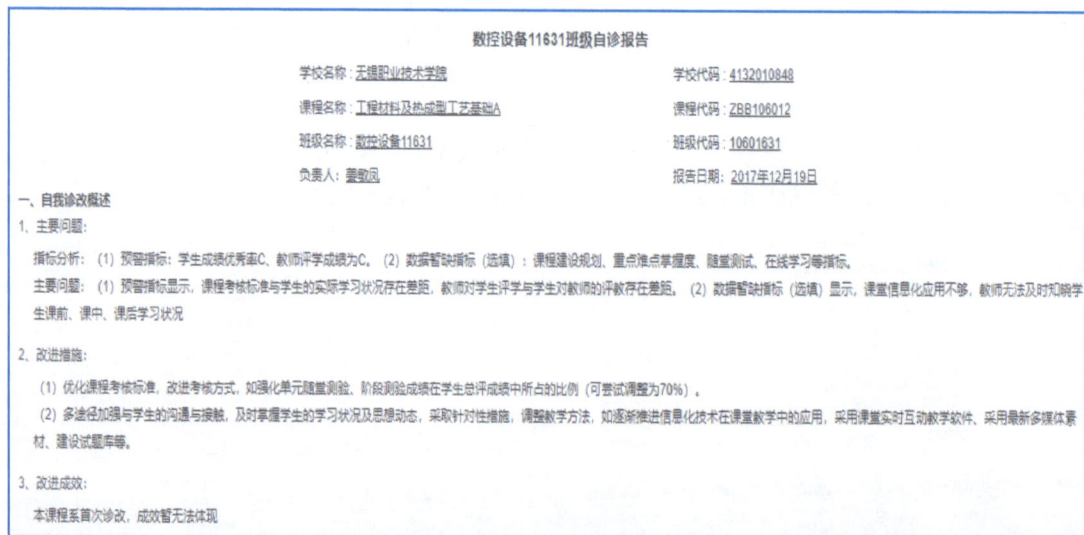

图 5-22　已完成自诊报告截图

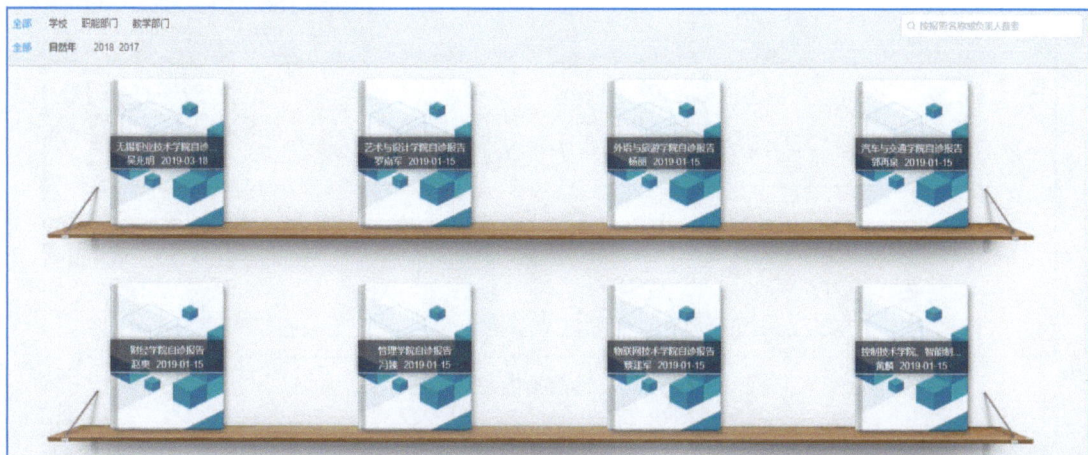

图 5-23　诊改报告展示界面

5.4.5　自诊任务管理与结果统计分析

层面工作目标标准库多、指标多、自诊任务多，又产生大量的指标自诊结果、预警信息，生成海量诊改报告，因此需要对任务进度情况进行监控，对目标标准库、指标数据来源、数据结果进行可视化分析，对预警信息、报告概况进行汇总统计。

1. 指标统计

可以按照五层面、责任主体（学校、职能部门、教学部门、分院、专业、教师、课程、班级、学生、教师等）、建库年份对目标标准库进行分类汇总统计，并对每个目标标准库的数据来源自动获取率进行统计和汇总。系统默认显示所有目标标准库统计情况，据系统统计，2018 年度指标库中 845 个自诊指标，自动采集数据的指标占 99.53%。

2. 报告统计

根据横向五层面（学校层、专业层、课程层、教师层和学生层）、各责任主体（职能部门、教学部门、分院、专业群、班级、学生班级等）和任务周期，对所有诊改报告进行了分类汇总，统计各责任主体在不同统计周期下的报告数量。

平台默认展示学校层面全部周期下的报告数量，如图 5-24 所示系统内共有 12917 份经过审核后存档的诊改报告，其中学校层有 74 份，专业层 97 份，课程层 12704 份、教师层 24 份、学生层 18 份。界面中顶部周期选项中可以手动选择周期，点击"层面圆形"按钮可以选择该层面，系统会根据条件筛选出对应的报告数量。点击柱形图中的任意一条柱子，可以关联到平台的质量报告功能模块中，显示该筛选条件下的诊改报告，如图 5-25 所示。

3. 自诊统计

各层面的诊改任务中，处于不同阶段的诊改对象的数量较大。为了方便对其进行管理与可视化分析，设置自诊统计模块，图 5-26 为自诊任务统计界面。

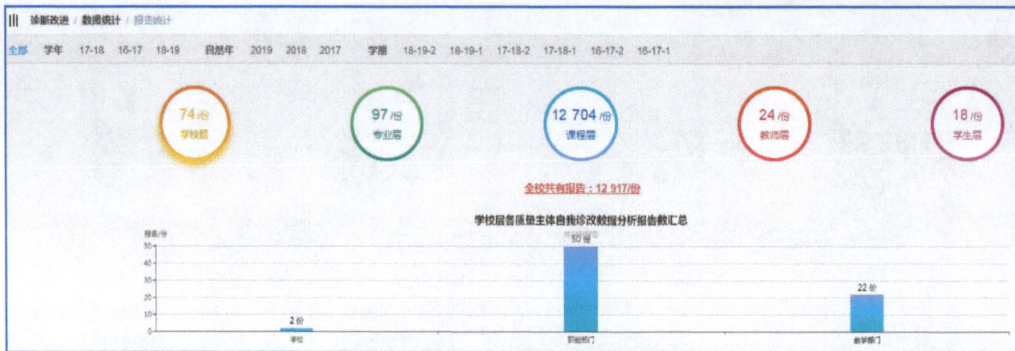

图 5-24　诊改报告统计界面

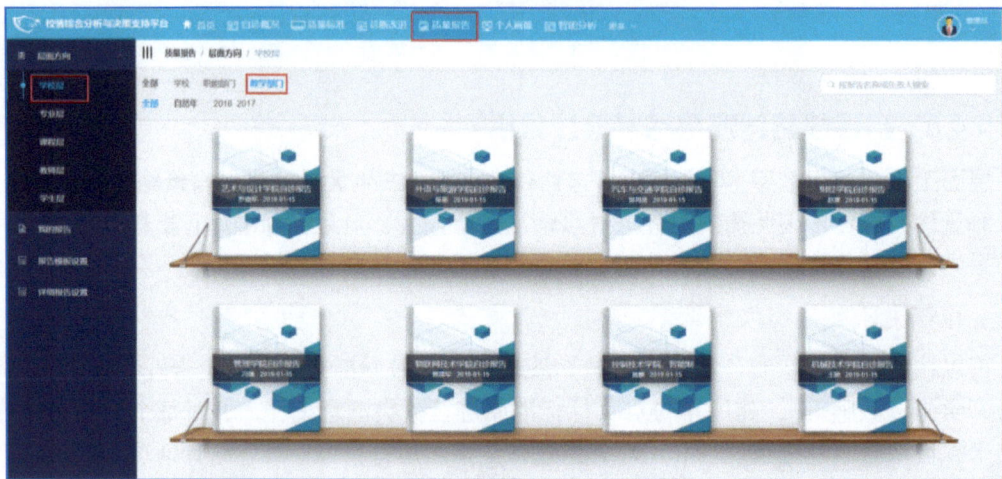

图 5-25　自动关联到诊改报告界面

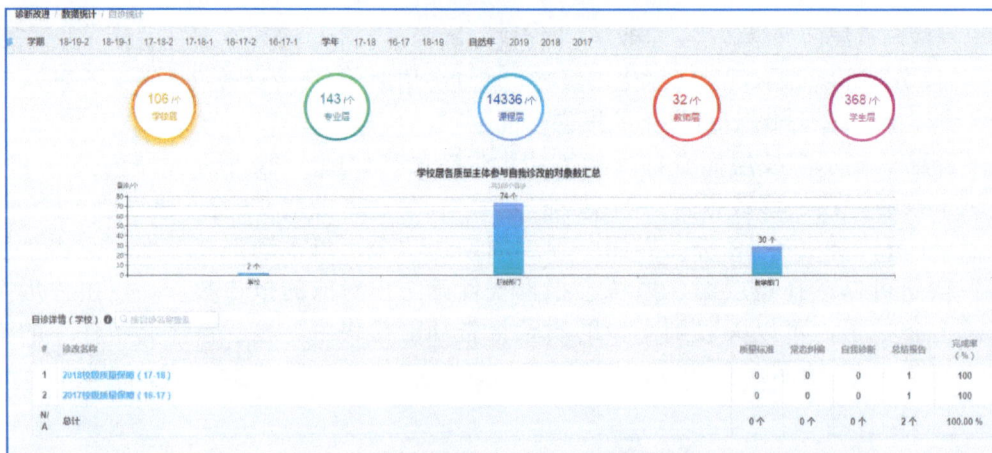

图 5-26　自诊任务统计界面

　　根据横向五层面（学校层、专业层、课程层、教师层和学生层）、各责任主体（职能部门、教学部门、分院、专业群、班级、学生班级等）和任务周期，对所有自诊任务进行了分类汇总，统计了各责任主体在不同阶段状态下的任务数量，方便进行诊改任务的统计、督促和分析。

自诊任务数统计系统默认展示层面历年累计（目前已累计两年）的自诊任务数量，界面下部自诊任务阶段详情默认显示学校层面的学校维度下的自诊情况，如需查看其他层面的自诊详情，管理员可手动选择周期、层面，系统会根据条件筛选出对应的任务数量。点击自诊状态表中的数字可自动连接到相应的任务明细界面（图 5-27）。

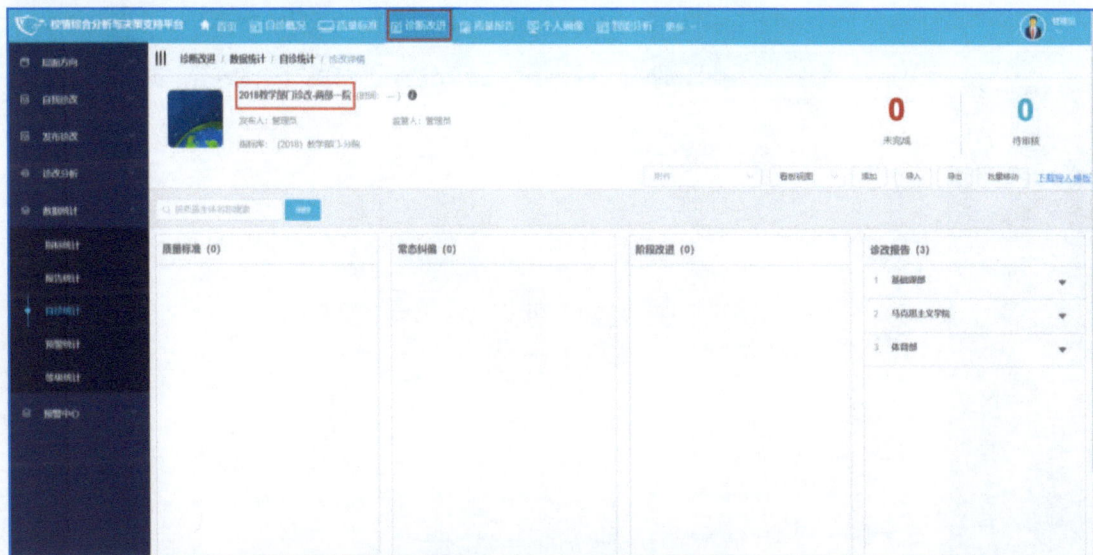

图 5-27　自动链接的任务明细界面

4. 预警统计

诊改任务过程中所有对象产生的指标预警信息数量庞大，为了方便对其进行管理与可视化分析，设置预警统计模块。图 5-28 为预警统计界面。

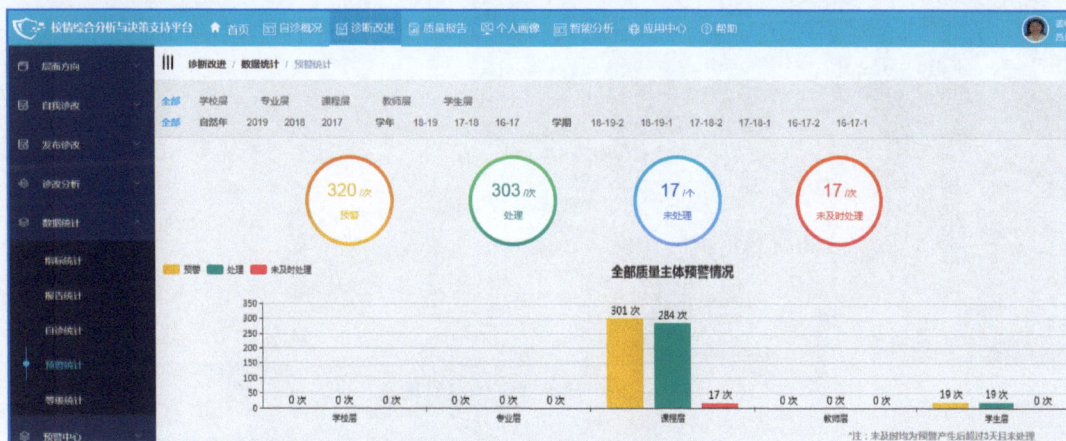

图 5-28　预警统计界面

根据横向五层面（学校层、专业层、课程层、教师层和学生层）、各责任主体（职能部门、教学部门、分院、专业群、班级、学生班级等）和指标周期，对任务对象指标的预警进行了分类汇总，统计了各责任主体在不同时段下的预警点数量，并分析了相关处理状况，方便管理员统计记录。系统默认展示全部周期、全部层面下的任务对象的预警点数量。管理

员可手动选择周期及层面，系统会根据条件筛选出对应的对象预警信息。

点击选择不同的预警处理状态可以进入查看到详情信息，可以对数量众多的预警信息进行层面、级别和周期的筛选，如图 5-29 所示，系统也支持模糊查询和数据明细导出。在预警数据的列表中点击预警内容，可以查看到具体预警的详情信息，图 5-30 为预警详细信息界面。

图 5-29　预警统计详情界面

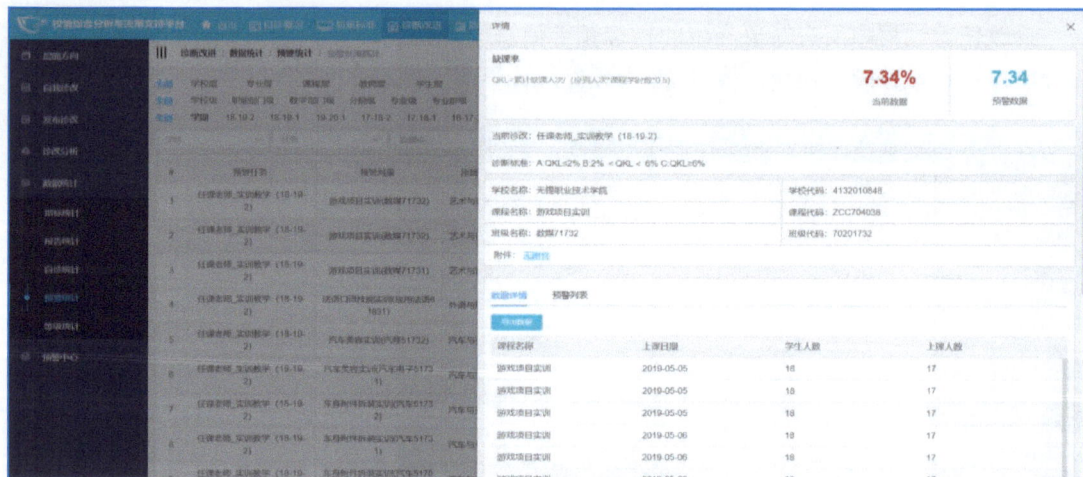

图 5-30　预警详细信息界面

5. 等级统计

诊改中产生的指标等级达成度信息数量非常大，为了方便对其进行管理和可视化分析，设置等级统计模块，如图 5-31 所示。

根据横向五层面（学校层、专业层、课程层、教师层和学生层）、各责任主体（职能部门、教学部门、分院、专业群、班级、学生班级等）和指标周期，对任务中各指标的达成等级

进行了分类汇总，统计了各责任主体不同等级的质控点数量，方便管理分析、了解指标结果概况。

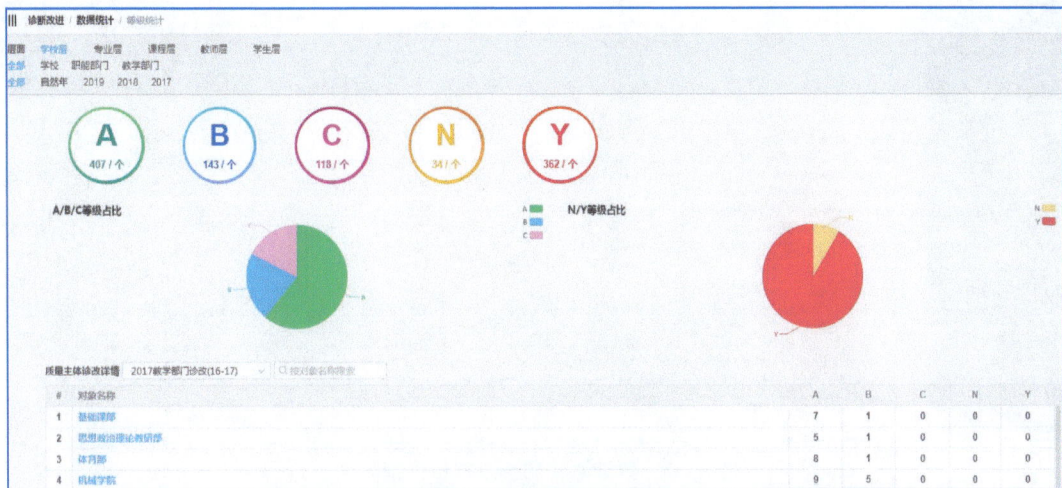

图 5-31　等级统计展示界面

系统默认展示学校层面、所有维度、累计的任务诊断点等级数量和占比。管理员可手动选择周期及层面，系统会根据条件筛选出该范围内的诊断点等级占比和数量信息。

在"质量主体诊改详情"处点击下拉框选择诊改任务，也可以按照对象的名称进行搜索；"质量主体诊改详情"列表中显示筛选任务下的质量主体（对象名称）明细和各质量主体任务诊断点结果等级的汇总统计明细，如图 5-32 所示。在该统计列表中点选不同的责任主体，能够跳转到平台的质量报告功能模块中对应的诊改报告详情界面，如图 5-33 所示。

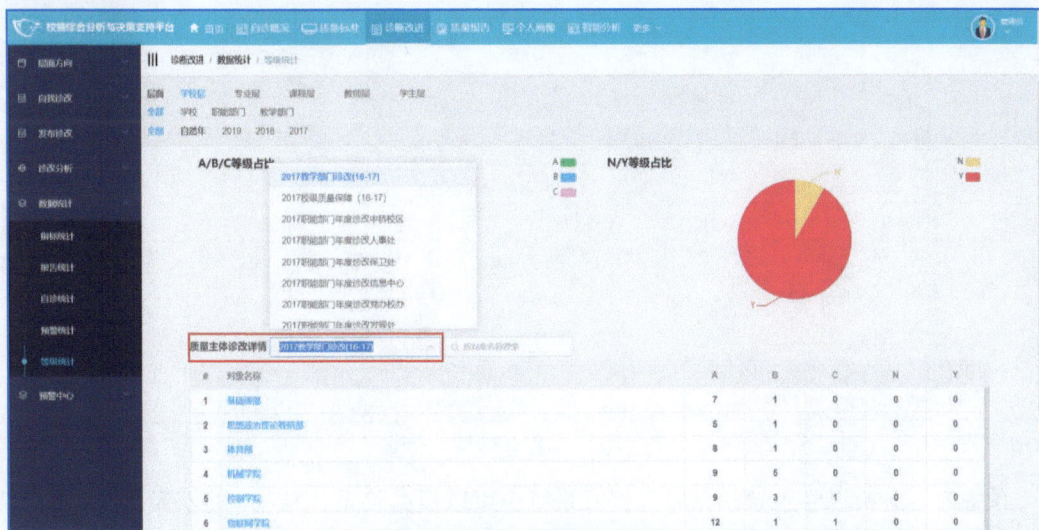

图 5-32　质量主体诊改详情界面

图 5-33　自动跳转到诊改报告详情界面

6. 预警中心

预警处理中心主要用来查看预警处理情况、分析预警内容。预警信息可以按照层面、指标周期等进行分类查看，点击预警内容可以查看预警详细信息。预警处理情况查看支持条件筛选和导出，如图 5-34 所示。

图 5-34　预警处理情况界面

预警内容分析以学生缺课预警为例，系统中可以根据院系、专业、班级及姓名检索预警明细中的学生缺课次数，方便辅导员与任课老师及时了解情况院系、专业、班级的学情和学生的出勤情况，并采取相应措施，如图 5-35 所示。

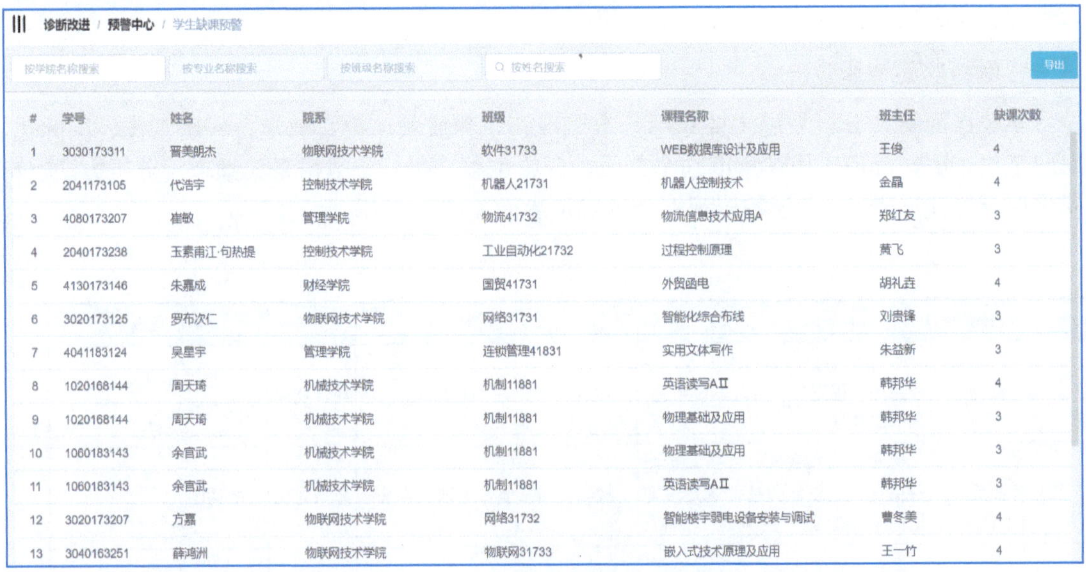
诊断改进 / 预警中心 / 学生缺课预警

按学院名称搜索 | 按专业名称搜索 | 按班级名称搜索 | 按姓名搜索 | 导出

#	学号	姓名	院系	班级	课程名称	班主任	缺课次数
1	3030173311	晋美朗杰	物联网技术学院	软件31733	WEB数据库设计及应用	王俊	4
2	2041173105	代浩宇	控制技术学院	机器人21731	机器人控制技术	金晶	4
3	4080173207	崔敏	管理学院	物流41732	物流信息技术应用A	郑红友	3
4	2040173238	玉素甫江·句热提	控制技术学院	工业自动化21732	过程控制原理	黄飞	3
5	4130173146	朱嘉成	财经学院	国贸41731	外贸函电	胡礼垚	4
6	3020173125	罗布次仁	物联网技术学院	网络31731	智能化综合布线	刘贵锋	3
7	4041183124	吴星宇	管理学院	连锁管理41831	实用文体写作	朱益新	3
8	1020168144	周天琦	机械技术学院	机制11881	英语读写AⅡ	韩邦华	4
9	1020168144	周天琦	机械技术学院	机制11881	物理基础及应用	韩邦华	3
10	1060183143	余宣武	机械技术学院	机制11881	物理基础及应用	韩邦华	3
11	1060183143	余宣武	机械技术学院	机制11881	英语读写AⅡ	韩邦华	3
12	3020173207	方嘉	物联网技术学院	网络31732	智能楼宇弱电设备安装与调试	曹冬美	4
13	3040163251	薛鸿洲	物联网技术学院	物联网31733	嵌入式技术原理及应用	王一竹	4

图 5-35 学生缺课预警内容分析界面

5.5 大数据分析展示的设计、应用与展望

诊断与改进信息化系统作为一个管理信息化系统，其主要应用价值是对大数据进行联动智能分析，挖掘数据价值，可视化输出有意义的数据结论和知识，帮助管理、辅助决策、提高目标达成度。例如，通过与不同来源的参考值（如国示范、省均值、校内均值、分院均值等）进行对比，可以直观了解监测指标值；通过历史值对比可以了解数据变化、推断发展趋势、分析改进成效；横向组间、个体间进行对比可以对同一层面不同主体进行对比，可以查找问题原因、定位个体位置。数据分析主要在智能分析模块和个人画像界面显示。

数据分析结果的可视化形式进行展示，可以呈现数据、知识等隐含的规律性信息，帮助用户对数据中的信息有一个显性化的理解，有利于提高洞察力、把握关键，从而更好地对数据进行后续分析处理、支撑决策。数据分析结果的可视化形式：①通过统计汇总，直接显示汇总表数据，此类方式适合明细内容较少的分析主题；②通过统计描述，直接显示数据结果，结果设置连接，可下钻显示明细，此类方式适合数据结果具有明显意义的主题；③通过分类统计或者分维度汇总，对数据进行简单对比，显示形式有柱形图、饼图、折线图、条形图等，用于低维度数据的对比显示；④通过复杂对比，显示多维度数据进行综合对比，常见方式有雷达图。

5.5.1 层面主题指标分析展示

智能分析模块根据五层面的管理目标和存在的痛点，建立问题导向的主题型应用数据分析，通过商业智能仪表盘绘图等形式进行直观展示，有对比、有关联、有结论、可预测，更直观显示差距，辅助领导决策，促进任务达标和质量提升。依据五层面实际业务需求、系统设置多个分析主题，构建系列指标进行分析对比，全面形成学校、专业、课程、教师、学生五层面的分主题、指标、数据采集频率、分析方法的可视化展示。分析主题主要有层面基

本情况、实时运行情况、工作成效等方面。

1. 学校层面智能分析

学校层面智能分析主题主要包括基本概况、培养成效、教育教学、科研工作、国际化、部门工作进度、部门工作满意度几个方面，分析主题、指标、数据采集频率、分析方法、可视化展示等详见表 5-1，学校层智能分析展示界面如图 5-36 所示。

表 5-1　学校层智能分析

分析主题	指标	数据采集频率	分析方法	可视化展示
基本概况	专任教师数、高层次人才、在校生数、固定资产、仪器设备值、图书册数等	实时对接业务系统数据	统计描述	数值，可下钻显示数据明细表
培养成效	知识总体满意度、素质总体提升情况、工作能力总体满足度等指标与全国均值进行对比	按年度对接麦可思调研数据	复杂对比	雷达图
教育教学	国家级教学团队、教学成果奖、专业教学资源库、精品资源共享课程、实训基地、学生获奖	按年度对接状态数据	统计描述	数值，可下钻显示数据明细表
科研工作	省级及以上科技创新团队、课题、科研平台等	实时对接人事系统、科研系统数据	统计描述	数值，可下钻显示数据明细表
国际化	中外合作办学项目、海外分校、国际合作平台、省级以上国际化奖项等	按年度对接状态数据或上传数据	统计描述	数值，可下钻显示数据明细表
部门工作进度	部门重点工作完成度	按月对接月报系统数据	简单对比	折线图（月度可选）
部门工作满意度	年度部门工作满意度	年度导入部门工作满意度得分	简单对比	折线图（月度可选）

图 5-36　学校层面智能分析界面

2. 专业层智能分析

专业层智能分析主题主要包括专业概况、专业师资、培养成效等，分析主题、指标、数据采集频率、分析方法、可视化展示等详见表 5-2，专业层智能分析展示界面如图 5-37 所示。

表 5-2　专业层面智能分析

分析主题	指　　标	数据采集频率	分析方法	可视化展示
专业概况	专业数、省级及以上专业、市级专业、有产教融合项目的专业	按年度导入数	统计描述	数值，可下钻显示数据明细表
	专业学生数	实时对接学工系统	统计描述	列表显示专业、班级数、学生数
专业师资	专业带头人具有高级职称数、专业带头人主持市级及以上教研或科研项目	实时对接人事系统、科研系统	统计描述	数值，可下钻显示数据明细表
	专业教师科研工作完成情况	实时汇总分析教师画像科数据	简单对比	饼图
专业教学	国际职业资格证书/职业能力标准与课程的对接率（%） 全课程信息化达成率（%） 国内职业资格证书/职业能力标准与课程的对接率（%） 校外专业实训基地（数量）	按年度分析各专业诊改报告相关指标数据	简单对比	柱状图
培养成效	各专业应届生就业专业相关性（MyCOS） 应届毕业生核心课程重要度（MyCOS） 应届毕业生核心课程满足度（MyCOS） 毕业生中高级职业资格证书获取率 毕业生英语等级考试通过率 毕业生计算机等级考试通过率 应届毕业生月薪（MyCOS） 专业 3～5 年毕业生升迁情况（MyCOS）	按年度分析各专业诊改报告相关指标数据	简单对比	柱状图

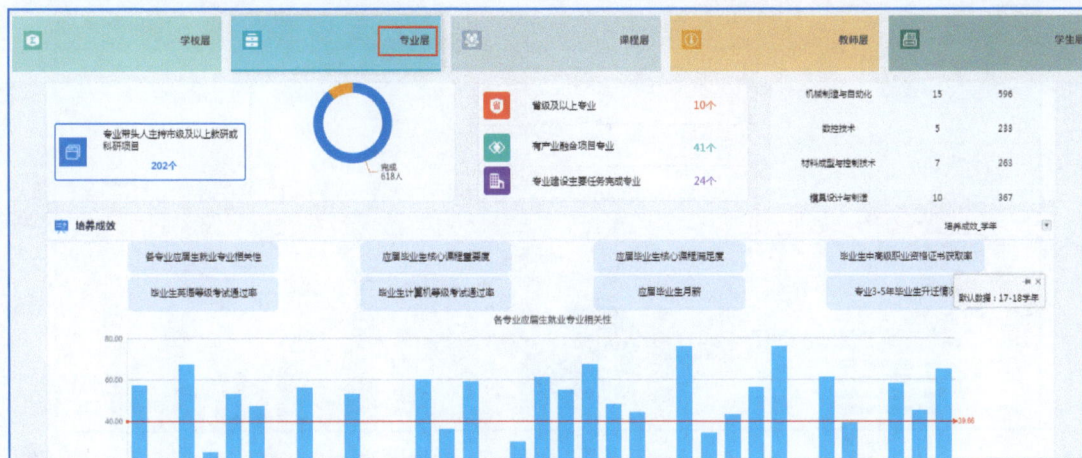

图 5-37　专业层面智能分析界面

3. 课程层智能分析

课程层智能分析主题主要包括课堂运行监测、重要指标分析等，分析主题、指标、数据采集频率、分析方法、可视化展示等详见表 5-3，课程层智能分析展示界面如图 5-38 所示。

表 5-3　课程层面智能分析

分析主题	指　标	数据采集频率	分析方法	可视化展示
课程概况	各类课程数量	按学期自动采集教务系统数据	统计描述	数值
课堂运行监测	课程调课率、缺课率	实时自动对接教务系统数据	简单对比	折线图，按课程归属、班级归属两种形式汇总至分院级进行对比，可下钻显示明细
	教学日志填写率	实时自动对接教务系统数据	简单对比	折线图，汇总至分院级进行对比，可下钻显示明细
	预警与处理情况	实时汇总分析系统预警数据	统计描述	预警线、已处理数，可以下钻显示预警明细
	学习任务点	实时对接课程信息化平台	统计描述	TOP 10 课程任务点数值，可下钻显示所有课程的各类任务点数
阶段指标统计分析	授课计划完成度、成绩合格率、成绩优秀率、教学日志完成率、课程调课率、教学日志超期填写率、督导听课评价、学生评教成绩等	按学期分析系统课程层诊价改报告数据	简单对比	柱形图，汇总至分院级进行对比，可下钻显示明细

4. 教师层智能分析

教师层智能分析主题主要包括师资概况、师资结构、人才工程等，分析主题、指标、数据采集频率、分析方法、可视化展示等详见表 5-4，师资层智能分析展示界面如图 5-39 所示。

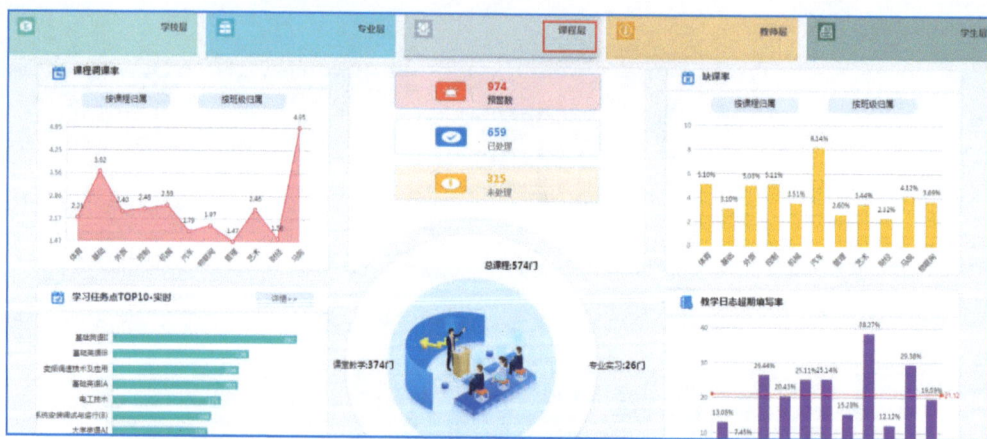

图 5-38　课程层面智能分析界面

5. 学生层智能分析

学生层智能分析主题主要包括学生概况、在校发展、培养成效，分析主题、指标、数据采集频率、分析方法、可视化展示等详见表 5-5，学生层智能分析展示界面如图 5-40 所示。

表 5-4　教师层面智能分析

分析主题	指　　标	数据采集频率	分析方法	可视化展示
师资概况	教职工总人数	实时对接人事系统数据	简单对比	地图显示教师籍贯
	教学院部专任教师数			柱形图，可下钻明细
	分院生师比			柱形图
	专任教师学年平均工作量（学明）、高水平教科研成果人均奖励金（万元/人）、专任教师培训经费人均值（万元）	按学年统计自诊报告指标	统计描述	数值，可下钻显示数据明细表
师资结构	全校教师职称分布、教师年龄分布专任教师学位占比、双师素质教师占比	实时对接人事系统数据	简单对比	柱形图/饼图，可下钻明细
人才工程	市级以上教科研团队、市级以上人才项目、省产业教授	实时对接人事系统数据	统计汇总	表格明细
	教学名师、学校青蓝工程教师技能获奖数		简单对比	饼图/柱形图、折线图显示各类数量，可下钻
教师评价	听课评价、学生评教	按学期分析分院教师层诊改报告数据	简单对比	饼图，可下钻明细

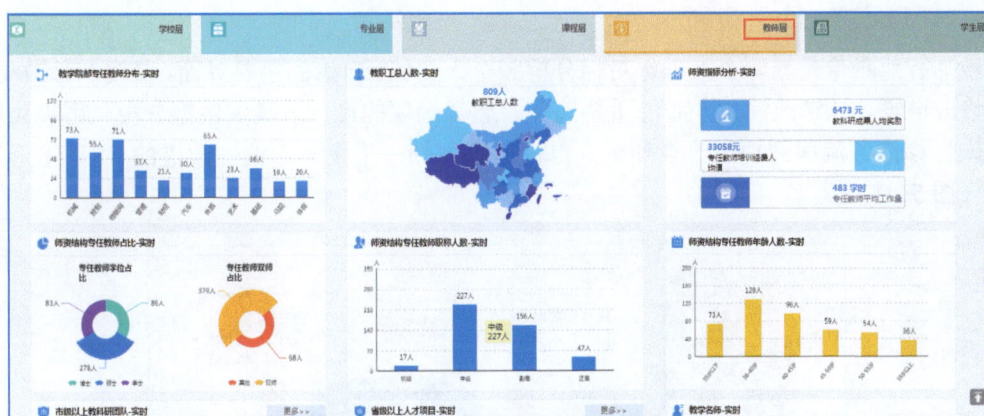

图 5-39　教师层面智能分析界面

表 5-5　学生层面智能分析

分析主题	指　　标	数据采集频率	分析方法	可视化展示
学生概况	在校生人数	实时采集学工系统数据	简单对比	柱形图，可下钻明细
	学生性别占比民族占比	实时采集学工系统数据	简单对比	饼图，可下钻明细
在校发展	学业完成情况	学期对接教务系统数据	统计汇总	表格明细
	学生缺课预警汇总	实时汇总缺课预警信息	统计汇总	表格明细
	社会实践完成情况	学期对接 PU 数据	简单对比	条状图，汇总至分院级进行对比
	学生科研成果奖	实时对接学工系统	简单对比	饼图，显示各类成果数量
培养成效	专转本比例	按年度对接学工系统数据	简单对比	柱形图，汇总至分院级进行对比
	就业竞争力	按年度对接麦可思就业竞争力相关指标数据	复杂对比	雷达图，对比国示范数据

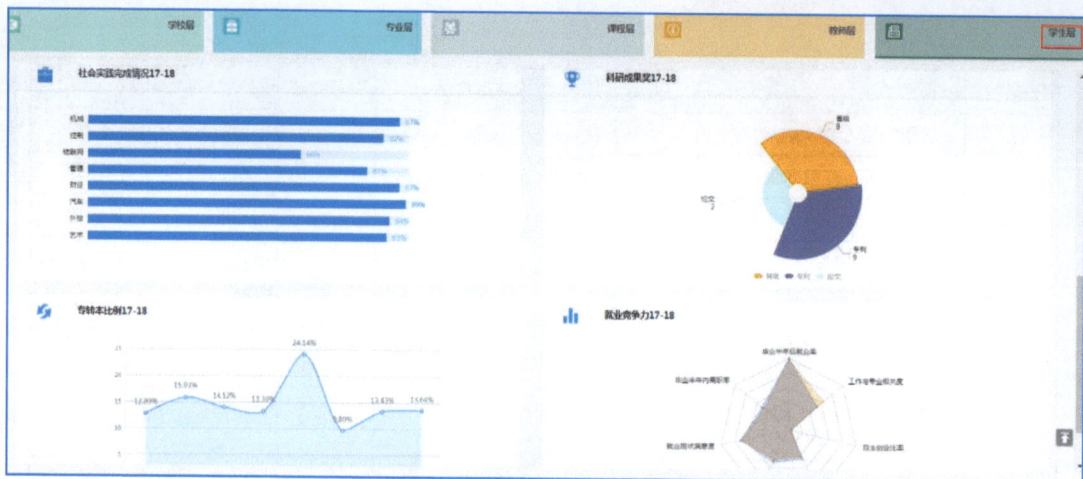

图 5-40　学生层面智能分析界面

5.5.2　教师智能画像

1. 教师智能画像功能设计

教师智能画像是教师个人进行对标分析和个人纠偏、自诊的主要界面，是浸润诊改文化、养成诊改自觉，让诊改深入人心的重要途径。教师画像的设计兼具大数据分析、可视化展示和个人自诊任务流程的功能，教师个人自诊遵循规划—采集—纠偏—改进的"8"字形循环流程（图 5-41）。

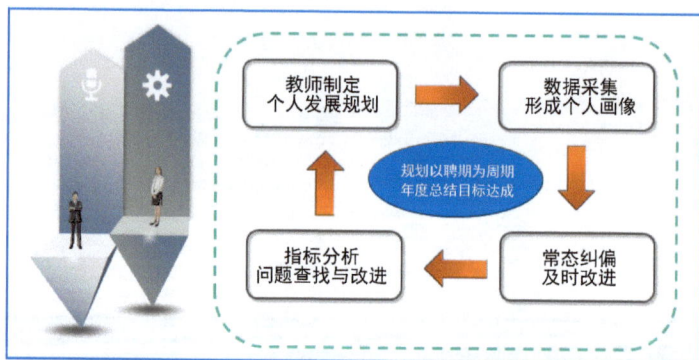

图 5-41　教师个人自诊流程图

教师画像界面主要功能有个人信息展示、实时授课明细与质量显示、教师个人发展目标进度显示、教师能力发展横向对比、教师个人自诊年度总结等，各功能模块具体设计与实现如下。

（1）教师个人信息：主要显示姓名、工号、职称系列、职级、专业等基本信息；不同职称系列、不同职级可以根据学校教师发展规划与教师个人发展方向设置不同的目标和标准；根据个人信息也可以对教师能力发展进行分类横向对比，更方便教师了解自己在全校范围内所处的位置，分析自己的优势、短板，更好地进行自诊、总结和设定新的目标。

（2）实时授课明细与质量显示：教学是教师最主要的任务之一，实时授课明细与质量显示模块直接实时抓取教师个人上课明细，用调课率、教学日志填写及时率和缺课率实时反映教师的教学规范和学生学情，便于教师自觉按照进程上课，并实时关注学风学情、提高教学质量。

（3）教师个人发展目标进度纠偏：系统自动采集教师在人事系统中设定的聘期规划目标和任务，目标任务完成情况数据来自人事系统、教务系统、科研系统、学工系统等业务系统，数据实时对接自动采集，按照预设的权重对标进行加权汇总获得目标进度情况，并以进度条的形式进行直观显示，如图5-42所示。

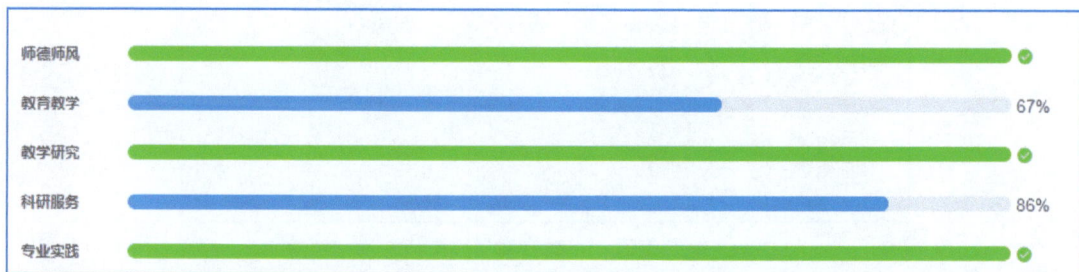

图5-42 教师画像——教师个人目标进度条截图

教师规划填写周期为聘岗时间，三年一规划，确定目标岗位职级；以教师基本素养、学校、部门、专业、个人发展要求等六个方面为依据，填写个人具体目标；具体目标标准分为五个维度，如图5-43中显示，这位老师的目标职级是教授四级，其师德师风规划要按照学校要求达到基本值80分，教育教学类目标有五个，教学研究类目标六个，科研服务目标七个，专业实践目标一个。

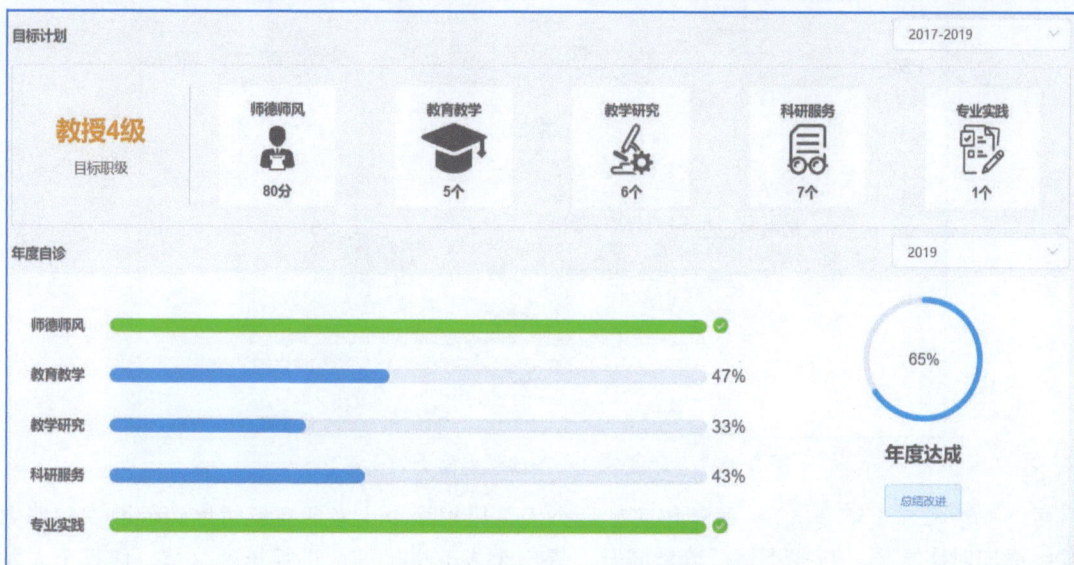

图5-43 教师画像——个人目标计划截图

点击其中各类目标均可下钻显示个人五维度目标详情，如图5-44所示，点击教育教学目标可以看到，根据学校建设和教师发展规划，系统共设定六类教育教学目标，该教师根据个人发展目标和工作需要选择了教学工作量、指导优秀毕业设计、指导职业技能大赛获奖、教学竞赛获奖四个目标，并填写了目标的具体数值等级。类似的，可点击其他维度下钻显示目标详情。

图 5-44　教师画像——教育教学维度目标详情截图

（4）教师能力发展横向对比：系统动态对标显示任务完成进度，记录教师个人发展轨迹，横向对比教师个人所处的位置，综合分析展示指标中的状况，帮助教师诊断自身发展中的问题，以便"扬长避短"，继续努力，也可帮助管理者发现教师个人的特长，为选拔各类人才提供参考。横向对比可以选择不同维度的参考均值，如全校、同分院、同专业、同职级等。例如，图 5-45 中，某教师五维度能力均达到或超过了全校均值水平；为了解个人与同分院、专业、职称的教师相比水平如何，该教师还可以选择各维度的参考线进行对比分析。

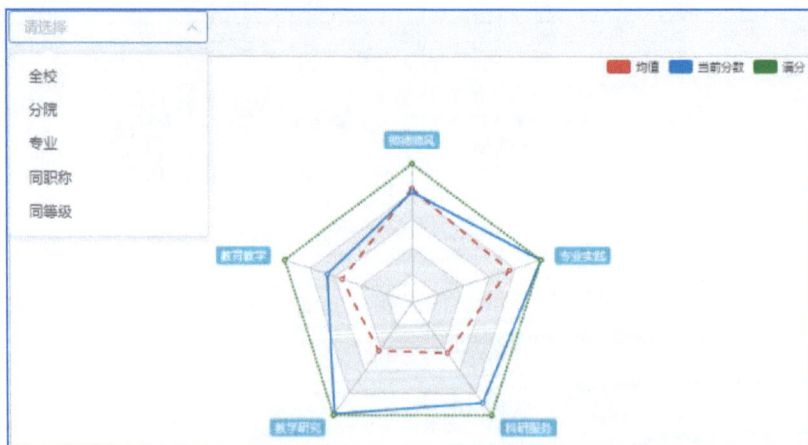

图 5-45　教师画像——五维综合能力对比雷达图

（5）教师个人年度自诊：每年年底教师个人可以根据个人发展目标进度纠偏数据和能力发展横向对比数据，查找不足、分析问题、提出个人改进措施，进行年度总结、修正个人发展目标任务。图 5-46 为某教师在系统中进行年度自诊的界面。

2. 教师个人画像指标体系

教师个人发展目标中具有横向对比意义的指标综合加权形成五维能力体系，教师个人自诊指标构成见表 5-6。

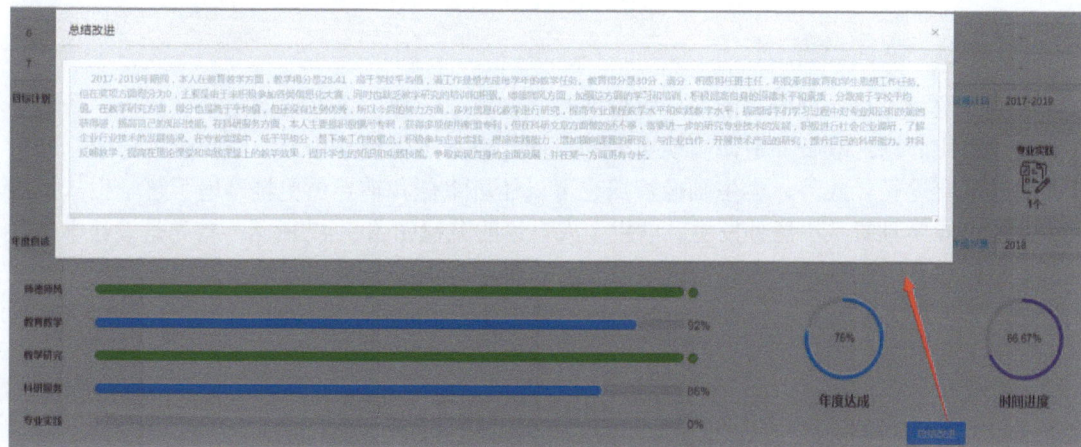

图 5-46　教师画像——个人自诊填写界面

表 5-6　教师个人画像五维度指标体系

维　度	指　标	完　成　度
师德师风	师德师风	（奖励及惩罚总分 +80） /80×100%
教育教学	教学工作量	6 项完成情况取平均
	教学类竞赛获奖	
	指导学生在各级各类职业技能大赛中获奖	
	指导学生获优秀毕业设计奖	6 项完成情况取平均
	指导学生参加创新创业类项目获奖	
	指导学生参加学科类竞赛获奖	
教学研究	申请获得教学成果奖	6 项完成情况取平均
	申请获得教学质量工程项目	
	申请获得各级重点教材	
	人才培养项目类	
	完成各类教研课题	
	编写出版各级教材	
科研服务	申请获得科技成果奖	7 项完成情况取平均
	发表论文	
	撰写本专业学术专著	
	完成纵向课题	
	完成横向课题	
	申请获得各类专利	
	申请获得各级科技创新团队	
专业实践	企业实践天数	（完成天数 / 目标天数） ×100%

5.5.3　学生智能画像

学生画像将大数据分析功能面向每位在校生,可以让学生更好地确定个人目标、了解个人发展,查找问题,取长补短,实现更好的发展,也是学生参与诊改、进行个人自诊,产生获得感的重要途径。此外,学生画像数据也可以让班主任和辅导员更精确地了解学生、把握学情、通过异常预警减少意外发生。学生个人自诊的流程如图5-47所示,首先是设计学生发展自诊指标体系,指导学生做好个人发展规划,然后系统根据学生发展测量指标形成学生个人画像,帮助学生对照个人发展目标与标准,通过目标达成度、纵横向对比等开展个人自诊。

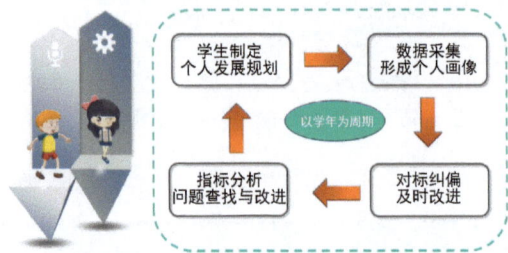

图 5-47　学生个人自诊流程图

1. 学生个人规划制定

基于学生处与团委联合建立学生成才发展模型(卓越、优秀、良好、合格大学生)和不同等级的标准,学生在 PU 系统中对照模型标准,根据班主任和辅导员的指导选择目标规划(卓越、优秀、良好、合格大学生),填写具体目标,如证书考取、社团参与、图书借阅、到课率等,如图5-48所示。

（a）PU平台界面发展规划模块　　　　　（b）PU平台学业规划界面

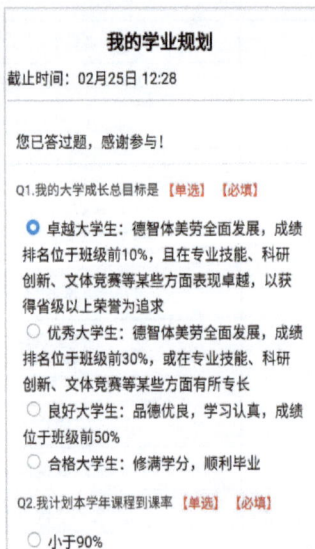

图 5-48　手机端 PU 平台学生个人规划

2.学生个人画像形成

平台根据画像预设的四维 17 个指标进行数据采集，并将数据传输至画像界面，学生可以在"画像"界面查看数据、查找短板、分析原因，并进行及时纠偏和年度总结，平台学生个人画像界面如图 5-49 所示。

（a）学生四维度画像　　　　（b）指标分析界面　　　　（c）个人总结界面

图 5-49　学生个人画像界面

学生画像界面主要由学生个人基本信息、实时上课情况、四维综合分析、指标分析、个人总结等部分构成。

（1）学生个人基本信息：主要有学生姓名、学号、年级、分院、专业、班级等基本信息，以便关联课程、辅导员、班主任等信息。

（2）实时上课情况：显示学生当前学期应上课程明细、缺课次数、课程得分等实时情况，提醒学生按时上课减少缺勤。

（3）四维综合分析：进行数据加权汇总分析，用雷达图的形式显示学生四个维度的综合得分与全校均值的对比情况，横向对比学生个人所处的位置，让学生直观了解自己各维度能力发展的强弱，综合分析展示学生各指标中的短板。

（4）指标分析：对该学生的每个指标进行具体分析，学生可以看到自己每个指标的具体信息及在全校学生中的排名情况。学生随时可以通过 17 个指标的横向对比和提示语，进行常态纠偏。

（5）个人总结：每学年结束，学生可以根据指标数据对比自己的个人目标，结合系统提示语汇总，填写个人总结改进。

3. 学生画像指标

经过专家讨论和可行性分析，学生画像确定 17 个指标，分成思想道德、学业投入、学业发展、能力发展四个维度，学生画像指标中可量化为百分制并具有横向对比意义的指标通过加权进行四维综合分析，具体指标与权重见表 5-7。

表 5-7   学生画像指标

维度	指　　标	权重	公　　式
思想品德	违纪情况	50%	量化为百分制分 ×50%
	公益活动学时	50%	量化为百分制分 ×50%
学业投入	课程到课率	70%	到课率 ×70%
	月入馆次数	10%	量化为百分制分 ×10%
	图书馆学年借书量	20%	量化为百分制计分 ×20%
能力发展	社会实践学时数	100%	量化为百分制计分 ×100%
生活自律	上网时间（周）	100%	量化为百分制计分 ×100%
学业发展	课程得分	60%	量化为百分制计分 ×60%
	素质得分	10%	量化为百分制计分 ×10%
	学年学业目标达成率	30%	量化为百分制计分 ×30%

5.5.4　校情综合分析与决策支撑展望

对于学校来说，师资、学生、资产、资金、信息都是非常重要的资源，其中信息资源决定了如何有效利用资源。校情综合分析就是一种掌握信息资源的手段，可以更好地组织其他资源发挥作用，提高效益和质量。校情综合分析通过对学校客观情况、外部对比、内部对比的了解，可以帮助决策者进行 SWOT 分析，把握将来的发展路径，做出正确的决策；通过对实施运行过程、服务过程进行实时监测与反馈，可以发现异常、进行纠偏，更好地进行过程进度和规范控制；通过建立数学模型，对学生行为、服务满意度等进行聚类、关联、预测分析，可以提出更准确有效的质量提升办法。

校情综合分析的第一阶段是报表阶段，通过数据对接、整合、清洗，打通信息孤岛，形成统一的报表，可以明确展示学校现状，客观回答"发生了什么"；第二阶段是分析，通过下钻挖掘、异常查找等方法，分析"为什么发生"，以便进行改进；第三阶段是预测，通过数据拟合、建模分析预测等方法对"将来会发生什么"进行预测，未雨绸缪。

目前我校以数据分析为基础的校情综合分析已初步实现了统一报表，针对五个层面进行了概况、运行、发展等维度的主题分析，在预测方面也尝试使用经验和规范数值预警的方式对不良倾向的行为进行预测预警。

近年来，学术研究中教育大数据分析的研究热点主要有教育大数据技术、学习行为分析、学习方式探索、个性化教学改革等核心领域。由此可见，未来校情综合分析还需要基于教育大数据技术的发展产生更丰富的数据报表，通过理论模型的研究和实践更好地分析学生学习行为、预测学习效果，基于数据探索学习方式的有效性、指导对学生进行分类个性化教学，提高人才培养成效。

第6章　自诊指标数据字典

数据字典：是对数据的数据项、数据结构、数据流、数据存储、处理逻辑等进行定义和描述，其目的是对数据流程图中的各个元素做出详细的说明，其内容是对系统中使用的所有数据元素的定义的集合。具体而言，诊改数据字典就是对学校、专业、课程、教师、学生五层面质量诊断指标的定义和详细说明。

编写数据字典的目的是解读自诊指标的内涵、诊断标准、数据分析时下钻内容的呈现形式、指标数据类型、数据来源、预警设置等信息，为自诊者理解指标的含义提供参考，也为开发诊断与改进信息化平台提供依据。

自诊数据字典的产生：在诊改信息化平台需求分析阶段，通过收集有关指标的数据信息，业务部门、信息化中心、层面用户和平台开发人员进行反复沟通，确认数据的状况、测量手段和数据处理手段，统一不同部门、不同个人之间对共同关心数据指标的内涵、来源、值类型、展现形式的理解和期望，形成诊改指标的统一概念和详细说明，这样就形成了数据字典。在平台开发之前，数据字典可以帮助开发人员理解学校诊改的真实需求，规范数据来源和数据处理过程，使开发人员和用户有共同的语言；在平台开发过程中，可以明确相关数据采集的职能分工，倒逼相关业务系统的建设，促进相关部门的信息化水平；在平台完成以后，数据字典可以帮助各层面各维度用户理解诊改指标和各项输入输出数据的意义，促进数据的使用，达到数据说话的目的。

数据字典的编写结构：一般有数据项名称、数据类型、数据含义、存储长度、单位、代码说明、精密度、准确度、数据来源、取值时间或环境等内容。诊改指标的完整设计还包括诊断标准、下钻呈现方式、数据负责部门、预警设置等。本章数据字典各指标的说明只包括"内涵说明""诊断标准""下钻呈现方式""值类型""备注（数据来源）"等关键内容。

其中，内涵说明是对诊断指标的定义，给出该指标数据项的计算方法、公式、样本范围、异常处理等；指标值类型主要有定量指标的整数、小数、百分比等类型和定性指标类型（是/否，有/无），数据类型划分是通俗的，更方便学校各部门人员的理解，也便于程序开发人员与标准类型对应；诊断标准主要说明定量指标的 *ABC* 等级具体指标数值的范围，定性指标的诊断标准都是 *Y/N*；下钻呈现方式是指结果数据的支撑数据的显示方式，主要有表格形式显示明细、柱状图显示细分数据值、文本资料直接显示定性指标的文本内容等方式；备注一方面补充内涵说明的一些细节，如数据的采集时点节点、均值计算方法、各类细分成分的权重等，另一方面说明数据来源，数据来源主要有业务系统（自动对接）、数据采集模块（相关部门统计汇总上传，包括麦可思数据）、上传附件自动判断有无、个人填报等方式；多数指标在系统中进行实时监测和标黄预警，部分设置预警推送的指标，在数据字典中增加了预警周期、预警对象。

数据字典索引：本章内容的编写，按学校、专业、课程、教师、学生五层面展开，本章

内容是 2.3 诊断指标的系统性设计 的延伸，可按 2.3 节表 2-6～表 2-12 进行索引，依据序号在数据字典中进行查找。

随着质量文化的深入、数据说话意识的强化和学校信息化的发展，诊改指标体系和数据字典是不断优化完善的，本章内容是在无锡职业技术学院 3 年诊改运行基础上的完善版本，还有很大的改进空间，仅供各院校参考。

6.1 学校层面数据字典

学校层面职能部门数据字典，排序按表 2-6 职能部门自诊指标体系简表；学校层面教学部门数据字典，排序按表 2-7 教学部门自诊指标体系简表排序。

6.1.1 学校层面职能部门自诊指标数据字典

1. 常规工作任务落实

❖ 内涵说明：部门岗位职责是否落实到个人。
❖ 诊断标准：*Y/N*，院办根据部门职责任务分配表判断是否落实到个人。
❖ 下钻呈现方式：文档附件。
❖ 值类型：有 / 无。
❖ 备注：数据来源——数据采集模块，院办统一上传。

2. 重点任务进度达成率

❖ 内涵说明：重点任务进度正常条目数 / 总条目数，进度正常是指任务进度不低于时间进度。
❖ 诊断标准：$A \geq 90\%$；$90\% > B \geq 80\%$；$C < 80\%$。
❖ 下钻呈现方式：表格。
❖ 值类型：百分比。
❖ 备注：数据来源——网上服务大厅—月报流程。

3. 交办任务进度达成率

❖ 内涵说明：交办任务进度正常条目数 / 总条目数，进度正常是指任务进度不低于时间进度。
❖ 诊断标准：$A \geq 90\%$；$90\% > B \geq 80\%$；$C < 80\%$。
❖ 下钻呈现方式：表格。
❖ 值类型：百分比。
❖ 备注：数据来源——网上服务大厅—月报流程。

4. 部门工作质量

❖ 内涵说明：学校质量简报通报表扬与批评加权值，质量简报表扬次数 ×10- 质量简报批评次数 ×10。
❖ 诊断标准：$A>$ 全校均值；B 为全校均值；$C<$ 全校均值。
❖ 下钻呈现方式：表格。

◇ 值类型：整数。

◇ 备注：数据来源——数据采集模块，质控部导入。

5. 年度政治学习完成率

◇ 内涵说明：部门年度政治学习任务按计划、高质量完成次数 / 计划安排次数。

◇ 诊断标准：$A \geqslant 90\% \times$ 时间进度；$90\% \times$ 时间速度 $> B \geqslant 80\% \times$ 时间进度；$C < 80\% \times$ 时间进度。

◇ 下钻呈现方式：表格。

◇ 值类型：百分比。

◇ 备注：数据来源——数据采集模块组织部统计上传。

6. 年度宣传报道按计划完成率

◇ 内涵说明：部门年度宣传报道完成次数 / 计划安排次数。

◇ 诊断标准：$A \geqslant 90\% \times$ 时间进度；$90\% \times$ 时间速度 $> B \geqslant 80\% \times$ 时间进度；$C < 80\% \times$ 时间进度。

◇ 下钻呈现方式：表格。

◇ 值类型：百分比。

◇ 备注：数据来源——数据采集模块宣传部统计上传。

7. 部门工作月报按时填写率

◇ 内涵说明：部门工作月报按时填写次数 / 截至当前累计应填次数，按时填写定义为次月 5 日前填写完上月的月度报告。

◇ 诊断标准：$A \geqslant 90\% \times$ 时间进度；$90\% \times$ 时间速度 $> B \geqslant 80\% \times$ 时间进度；$C < 80\% \times$ 时间进度。

◇ 下钻呈现方式：表格。

◇ 值类型：百分比。

◇ 备注：数据来源——月报系统。

8. 部门年度缺勤率

◇ 内涵说明：1- 部门人员年度实际出勤人次 / 截至当前合计应出勤人次。

◇ 诊断标准：$A \leqslant 10\% \times$ 时间进度；$10\% \times$ 时间速度 $< B \leqslant 20\% \times$ 时间进度；$C > 20\% \times$ 时间进度。

◇ 下钻呈现方式：表格。

◇ 值类型：百分比。

◇ 备注：数据来源——人事系统。

9. 部门年度财务预算执行率

◇ 内涵说明：部门年度财务预算资金使用金额 / 预算金额。

◇ 诊断标准：$A \geqslant 90\% \times$ 时间进度；$90\% \times$ 时间速度 $> B \geqslant 80\% \times$ 时间进度；$C < 80\% \times$ 时间进度。

◇ 下钻呈现方式：表格。

◇ 值类型：百分比。

◇ 备注：数据来源——财务系统。

10. 部门年度资产盘点按计划执行率

◇ 内涵说明：部门年度资产盘点按时次数 / 截至当前累计应盘点次数，盘点及时定义为盘点报表上交时间不晚于规定时间。

◇ 诊断标准：$A \geq 90\% \times$ 时间进度；$90\% \times$ 时间速度 $>B \geq 80\% \times$ 时间进度；$C<80\% \times$ 时间进度。

◇ 下钻呈现方式：表格。

◇ 值类型：百分比。

◇ 备注：数据来源——资产系统，还是采用数据采集模块，由资产处统计上传？

11. 部门信息化管理

◇ 内涵说明：是否具有部门业务管理的应用系统。

◇ 诊断标准：Y/N。

◇ 下钻呈现方式：文档附件。

◇ 值类型：有 / 无。

◇ 备注：数据来源——数据采集模块，信息化中心导入。

12. 部门工作满意度

◇ 内涵说明：（满意票数 + 基本满意票数）/ 总票数。

◇ 诊断标准：$A \geq 90\%$；$90\%>B \geq 80\%$；$C<80\%$。

◇ 下钻呈现方式：表格。

◇ 值类型：百分比。

◇ 备注：数据来源——数据采集模块，院办导入。

13. 教师意见处理及时率

◇ 内涵说明：五个工作日内处理为及时，紧急事项当天处理视为及时。

◇ 诊断标准：$A \geq 90\%$；$90\%>B \geq 80\%$；$C<80\%$。

◇ 下钻呈现方式：表格。

◇ 值类型：百分比。

◇ 备注：数据来源——质控系统。

14. 学生意见处理及时率

◇ 内涵说明：五个工作日内处理为及时，紧急事项当天处理视为及时。

◇ 诊断标准：$A \geq 90\%$；$90\%>B \geq 80\%$；$C<80\%$。

◇ 下钻呈现方式：表格。

◇ 值类型：百分比。

◇ 备注：数据来源——质控系统。

6.1.2　教学部门工作自诊指标数据字典

1. 部门年度重点工作进度完成率

◇ 内涵说明：部门年度重点工作进度完成率（JDDCL）= 部门重点任务完成数 / 部门年度重点工作计划数。

◇ 诊断标准：$A \geq 90\% \times$ 时间进度；$90\% \times$ 时间速度 $>B \geq 80\% \times$ 时间进度；$C<80\% \times$ 时间进度。

◇ 下钻呈现方式：表格。

◇ 值类型：百分比。

◇ 备注：数据来源——月报系统。

2. 部门专任教师平均学时

✧ 内涵说明：部门专任教师平均学时（ZRJSXS）=Y/X；X 为教学部门专任教师数，不含中层干部、双肩挑教师、兼课教师；Y 表示学年专任教师总课时。

✧ 诊断标准：$A \leq 468$；$468 < B \leq 648$；$C > 648$。

✧ 下钻呈现方式：表格。

✧ 值类型：小数。

✧ 备注：数据来源——数据采集模块，需各教学部门按照自定统计折算方法，汇总计算部门学年超工作量统计表，并上传到采集模块。

3. 教科研工作量完成率

✧ 内涵说明：教科研工作量完成率（KYWCL）= 完成教科研工作量人数 / 部门人数。

✧ 诊断标准：$A \geq 100\%$；$100\% > B \geq 85\%$；$C < 85\%$。

✧ 下钻呈现方式：表格。

✧ 值类型：百分比。

✧ 备注：数据来源——数据采集模块，人事处根据科研工作量分配表统计上传。

4. 教学部门二级教学事故数

✧ 内涵说明：教务处通报中部门的二级教学事故数。

✧ 诊断标准：A 为 0；B 为 1；$C \geq 2$。

✧ 下钻呈现方式：表格。

✧ 值类型：小数。

✧ 备注：数据来源——数据采集模块，教务处统计年度所有通报，汇总后上传。

5. 教学部门三级教学事故数

✧ 内涵说明：教务处通报中部门的三级教学事故数。

✧ 诊断标准：A 为 0；B 为 1 ～ 2；$C \geq 3$。

✧ 下钻呈现方式：表格。

✧ 值类型：小数。

✧ 备注：数据来源——数据采集模块，教务处统计年度所有通报，汇总后上传。

6. 教学部门学生意见反馈及时率

✧ 内涵说明：教学部门学生意见反馈及时率（JSL）= 意见及时处理数 / 意见总数。质控系统自动判别为及时，学生意见 5 个工作日给出回复意见。

✧ 诊断标准：$A \geq 90\%$；$90\% > B \geq 70\%$；$C < 70\%$。

✧ 下钻呈现方式：表格。

✧ 值类型：百分比。

✧ 备注：数据来源——质控系统。

7. 分院应届毕业生对母校的满意度（分院）

✧ 内涵说明：毕业生对母校的总体满意度评价分为"非常满意""满意""不满意""很不满意""不好说"。其中"满意""非常满意"属于满意的范围，"很不满意""不满

意"属于不满意的范围。校友满意度是回答满意范围的人数百分比,计算公式的分子是回答满意范围的人数,分母是回答满意范围和不满意范围的总人数。(麦可思调研数据)

◇ 诊断标准:$A \geqslant 95\%$;$95\% > B \geqslant 90\%$;$C < 90\%$。

◇ 下钻呈现方式:表格。

◇ 值类型:百分比。

◇ 备注:数据来源——麦可思数据。

8. 在校生满意度(分院)

◇ 内涵说明:在校生调研中,分院对学校满意的比例。

◇ 诊断标准:$A \geqslant 90\%$;$90\% > B \geqslant 80\%$;$C < 80\%$。

◇ 下钻呈现方式:表格。

◇ 值类型:百分比。

◇ 备注:数据来源——填报,分院根据调研数据填写。

9. 招生计划完成率(分院)

◇ 内涵说明:招生计划完成率(ZSJHWCL)= 新生实际录取数 / 招生计划数。

◇ 诊断标准:$A \geqslant 95\%$;$95\% > B \geqslant 90\%$;$C < 90\%$。

◇ 下钻呈现方式:表格。

◇ 值类型:百分比。

◇ 备注:数据来源——数据采集模块,招生办上传。

10. 核心课程重要度(分院)

◇ 内涵说明:毕业生认为课程对工作或学习的重要度评价分为"不重要""有些重要""重要""非常重要""极其重要""无法评估",其中"有些重要""重要""非常重要""极其重要"属于重要的范围。(麦可思调研数据)

◇ 诊断标准:$A \geqslant 80\%$;$80\% > B \geqslant 60\%$;$C < 60\%$。

◇ 下钻呈现方式:表格。

◇ 值类型:百分比。

◇ 备注:数据来源——麦可思数据。

11. 应届毕业生毕业率

◇ 内涵说明:应届毕业生毕业率(BYL)= 分院应届毕业生获毕业证书学生数 / 毕业生总数。

◇ 诊断标准:$A \geqslant 95\%$;$95\% > B \geqslant 90\%$;$C < 90\%$。

◇ 下钻呈现方式:表格。

◇ 值类型:百分比。

◇ 备注:数据来源——学工系统。

12. 专业就业率(按分院填写)

◇ 内涵说明:专业就业率(ZYJYL)= 麦可思调研中分院应届毕业生半年后就业学生数 / 调研毕业学生总数。

◇ 诊断标准：*A*> 国示范均值；*B*= 国示范均值；*C*< 国示范均值。

◇ 下钻呈现方式：表格。

◇ 值类型：百分比。

◇ 备注：数据来源——麦可思数据。

13. 就业与专业相关度（分院）

◇ 内涵说明：就业与专业相关度（ZYXGD）= 分院毕业生就业与专业对口的人数 / 调研样本数。

◇ 诊断标准：*A*> 国示范均值；*B*= 国示范均值；*C*< 国示范均值。

◇ 下钻呈现方式：表格。

◇ 值类型：百分比。

◇ 备注：数据来源——麦可思数据。

14. 应届毕业生月收入（分院）

◇ 内涵说明：应届毕业生月收入（CSQX）= 分院毕业生就业初始起薪。

◇ 诊断标准：*A*> 国示范均值；*B*= 国示范均值；*C*< 国示范均值。

◇ 下钻呈现方式：表格。

◇ 值类型：小数。

◇ 备注：数据来源——麦可思数据。

15. 缺课率

◇ 内涵说明：缺课率（KCQKL）= 本部门所属课程总缺课人次 / 应到总人次。

◇ 诊断标准：$A \leq 2\%$；$2\% < B \leq 2\%$；$C > 6\%$。

◇ 下钻呈现方式：表格。

◇ 值类型：百分比。

◇ 备注：数据来源——学工系统。

16. 本部门所属课程成绩合格率

◇ 内涵说明：本部门所属课程成绩合格率（KCHGL）= 本学年开设本部门所属课程班级成绩合格率均值。

◇ 诊断标准：$A \geq 90\%$；$90\% > B \geq 70\%$；$C < 70\%$。

◇ 下钻呈现方式：表格。

◇ 值类型：百分比。

◇ 备注：数据来源——教务系统。

17. 本部门校督导组听课评分均分

◇ 内涵说明：本部门校督导组听课评分均分（DDTK）= 校级督导听课分数部门汇总 / 督导总听课人次。

◇ 诊断标准：$A \geq 90$；$90 > B \geq 80$；$C < 80$。

◇ 下钻呈现方式：表格。

◇ 值类型：小数。

✧ 备注：数据来源——教务系统。

18. 本部门学生评教成绩均分

✧ 内涵说明：本部门学生评教成绩均分（KCPJCJ）=部门教师学生评教成绩均值。

✧ 诊断标准：$A{\geqslant}90$；$90{>}B{\geqslant}80$；$C{<}80$。

✧ 下钻呈现方式：表格。

✧ 值类型：小数。

✧ 备注：数据来源——教务系统。

19. 专业生师比（不含通识课）

✧ 内涵说明：分院学生数/分院专业专任教师数（指教学部门专任教师总数）。

✧ 诊断标准：$A{\leqslant}30$；$30{<}B{\leqslant}35$；$C{>}35$。

✧ 下钻呈现方式：表格。

✧ 值类型：小数。

✧ 备注：数据来源——学工系统（分子）、人事系统（分母）。

20. 专任教师高级职称占比

✧ 内涵说明：专任教师高级职称占比（GJZCZB）=高级职称专任教师数/专任教师总数（含校内双肩挑教师）。

✧ 诊断标准：$A{\geqslant}35\%$；$35\%{>}B{\geqslant}20\%$；$C{<}20\%$。

✧ 下钻呈现方式：表格。

✧ 值类型：百分比。

✧ 备注：数据来源——人事系统。

21. 专任教师硕士以上学位占比

✧ 内涵说明：专任教师硕士以上学位占比（SSZB）=具有硕士及以上学位专任教师占比（含校内双肩挑教师）。

✧ 诊断标准：$A{\geqslant}85\%$；$85\%{>}B{\geqslant}55\%$；$C{<}55\%$。

✧ 下钻呈现方式：表格。

✧ 值类型：百分比。

✧ 备注：数据来源——人事系统。

22. 专任青年教师占比

✧ 内涵说明：专任青年教师占比（QNJSZB）专=40岁以下专任青年教师数/专任教师总数。

✧ 诊断标准：$40\%{\leqslant}A{\leqslant}55\%$；$30\%{\leqslant}B{<}40\%$ 或 $55\%{<}B{\leqslant}65\%$；$C{>}65\%$ 或 ${<}30\%$。

✧ 下钻呈现方式：表格。

✧ 值类型：百分比。

✧ 备注：数据来源——人事系统。

23. 双师素质专任教师百分比

✧ 内涵说明：双师素质专任教师百分比（SSSZ）=部门双师素质专任教师数/部门专任教师数。

✧ 诊断标准：$A≥90\%$；$90\%>B≥75\%$；$C<75\%$。

✧ 下钻呈现方式：表格。

✧ 值类型：百分比。

✧ 备注：数据来源——人事系统。

24. 缺勤旷课五次以上学生百分比（分院）

✧ 内涵说明：分院缺勤旷课五次以上学生数 / 分院学生数。

✧ 诊断标准：$A≤2\%$；$2\%<B≤0\%$；$C>10\%$。

✧ 下钻呈现方式：表格。

✧ 值类型：百分比。

✧ 备注：数据来源——学工系统。

25. 学期三门不及格学生百分比（分院）

✧ 内涵说明：学期三门不及格学生百分比（XSCJBHGL）= 分院三门不合格学生数 / 分院学生数。

✧ 诊断标准：$A≤2\%$；$2\%<B≤10\%$；$C>10\%$。

✧ 下钻呈现方式：表格。

✧ 值类型：百分比。

✧ 备注：数据来源——学工系统。

26. 学院教师评学成绩均分

✧ 内涵说明：学院教师评学成绩均分（JSPX）= 部门教师评学成绩均值。

✧ 诊断标准：$A≥90$；$90>B≥80$；$C>80$。

✧ 下钻呈现方式：表格。

✧ 值类型：小数。

✧ 备注：数据来源——教务系统。

27. 学生参加社团活动的比例（分院）

✧ 内涵说明：学生参加社团活动的比例（CJST）= 分院参加社团活动总学生数 / 在校学校总数。

✧ 诊断标准：$A≥85\%$；$85\%>B≥75\%$；$C<75\%$。

✧ 下钻呈现方式：表格。

✧ 值类型：百分比。

✧ 备注：数据来源——麦可思数据。

28. 知识总体满足度（分院）

✧ 内涵说明：知识总体满足度（ZSMZ）= 毕业时掌握的核心知识水平 / 工作要求的水平，100% 为完全满足，此处取该分院毕业生满足度均值。核心知识是指本校毕业生工作中较重要的知识。麦可思参考美国 SCANS 标准，对核心知识进行划分，不仅包括毕业生从事对应岗位所需要的专业知识，同时也包括毕业生职业迁移所需要的通识知识。

✧ 诊断标准：*A*> 国示范均值；*B*= 国示范均值；*C*< 国示范均值。

✧ 下钻呈现方式：表格。

✧ 值类型：百分比。

✧ 备注：数据来源——麦可思数据。

29. 分院毕业生工作能力总体满足度（分院）

✧ 内涵说明：分院毕业生工作能力总体满足度（GZNLMZ）＝毕业时掌握的基本工作能力水平／工作要求的水平时掌握的基本工作能力水平，100% 为完全满足，此处取该分院毕业生满足度均值。基本工作能力指大学毕业生的 35 项基本工作能力。不同的职业要求的基本工作能力不同。麦可思参考美国 SCANS 标准，对基本工作能力进行划分，不仅包括毕业生从事对应岗位所需要的专业技术能力，同时也包括毕业生职业迁移所需要的通识能力。

✧ 诊断标准：*A*> 国示范均值；*B*= 国示范均值；*C*< 国示范均值。

✧ 下钻呈现方式：表格。

✧ 值类型：百分比。

✧ 备注：数据来源——麦可思数据。

30. 分院学生素养总体提升率（分院）

✧ 内涵说明：分院学生素养总体提升率（SYMY）＝分院学生回答素养有提升的人数／调研样本数，素养提升是指大学帮助毕业生在素养方面的提升，毕业生回答大学帮助自己在哪些方面得到明显提升，一个毕业生可以选择多项，也可以回答"没有任何帮助"。

✧ 诊断标准：*A*> 国示范均值；*B*= 国示范均值；*C*< 国示范均值 。

✧ 下钻呈现方式：表格。

✧ 值类型：百分比。

✧ 备注：数据来源——麦可思数据。

6.2 专业层自诊指标数据字典

6.2.1 单个专业自诊数据字典

1. 专业目前在校生数量

✧ 内涵说明：本专业当前在校生数。

✧ 诊断标准：有／无。

✧ 下钻呈现方式：文档附件。

✧ 值类型：有／无。

2. 新生招生计划完成率

✧ 内涵说明：新生招生计划完成率（ZSJHWC）＝当年专业新生报到数／当年专业新生计划数。

◇ 诊断标准：$A \geqslant 95\%$；$95\% > B \geqslant 90\%$；$C < 90\%$。

◇ 下钻呈现方式：表格。

◇ 值类型：百分比。

◇ 备注：数据来源——分子来源招生系统数据，分母数据由招生办导入计划数。

3. 专业应届生就业专业相关性

◇ 内涵说明：应届生就业专业相关性。

◇ 诊断标准：$A \geqslant 60\%$；$60\% > B \geqslant 55\%$；$C < 55\%$。

◇ 下钻呈现方式：表格。

◇ 值类型：百分比。

◇ 备注：数据来源——麦可思数据。

4. 专业毕业生 3～5 年升迁率

◇ 内涵说明：本专业毕业生 3～5 年岗位升迁的比例。

◇ 诊断标准：$A \geqslant 59\%$（全国平均）；$60\% > B \geqslant 40\%$；$C < 40\%$。

◇ 下钻呈现方式：表格。

◇ 值类型：百分比。

◇ 备注：数据来源——麦可思数据。

5. 调研企业数量

◇ 内涵说明：专业调研企业数量。

◇ 诊断标准：$A \geqslant 15$；$15 > B \geqslant 10$；$C < 10$。

◇ 下钻呈现方式：表格。

◇ 值类型：整数。

◇ 备注：数据来源——填报。

6. 调研企业类型

◇ 内涵说明：调研企业类型数（大型 2000 人以上；中型 300～2000 人；小型 300 人以下）。

◇ 诊断标准：$A=3$；$B=2$；$C=1$。

◇ 下钻呈现方式：表格。

◇ 值类型：整数。

◇ 备注：数据来源——填报。

7. 专业综合调研报告

◇ 内涵说明：是否已经具备规划文本。

◇ 诊断标准：有/无。

◇ 下钻呈现方式：文档附件。

◇ 值类型：有/无。

◇ 备注：本诊断点为制度、文件、方案类，文本按照规范上传后，系统自动判断有无。

8. 专业论证或复审结论（新、老专业）

◇ 内涵说明：是否已经具备专业论证或复审结论文本。

◇ 诊断标准：有／无。

◇ 下钻呈现方式：文档附件。

◇ 值类型：有／无。

◇ 备注：本诊断点为制度、文件、方案类，文本按照规范上传后，系统自动判断有无。

9. 专业人才培养方案审定结论

◇ 内涵说明：是否已经具备专业人才培养方案审定结论文本。

◇ 诊断标准：有／无。

◇ 下钻呈现方式：文档附件。

◇ 值类型：有／无。

◇ 备注：本诊断点为制度、文件、方案类，文本按照规范上传后，系统自动判断有无。

10. 课程体系学分构成合规性

◇ 内涵说明：课程体系学分构成是否符合学校规定标准。

◇ 诊断标准：是／否。

◇ 下钻呈现方式：表格。

◇ 值类型：是／否。

◇ 备注：本诊断点为制度、文件、方案类，文本按照规范上传后，系统自动判断有无。

11. 应届毕业生核心课程重要度

◇ 内涵说明：应届毕业生判定麦可思调研问卷中的核心课程在自己的工作或学习中是否重要；课程对工作或学习的重要度评价分为"无法评估""不重要""有些重要""重要""非常重要""极其重要"，其中"有些重要""重要""非常重要""极其重要"属于重要的范围。

◇ 诊断标准：$A \geqslant 80\%$；$80\% > B \geqslant 70\%$；$C < 70\%$。

◇ 下钻呈现方式：表格。

◇ 值类型：百分比。

◇ 备注：数据来源——麦可思数据。

12. 应届毕业生核心课程满足度

◇ 内涵说明：麦可思调研问卷中回答了课程"有些重要"到"极其重要"的毕业生会被要求回答课程训练是否满足工作或学习要求，满足度指标是回答某课程能满足工作或学习的百分比。计算公式的分子是回答"满足"的人数，分母是回答"满足"和"不满足"的总人数。

◇ 诊断标准：$A \geqslant 80\%$；$80\% > B \geqslant 70\%$；$C < 70\%$。

◇ 下钻呈现方式：表格。

◇ 值类型：百分比。

◇ 备注：数据来源——麦可思数据。

13. 国内职业证书／职业能力标准与课程对接度

◇ 内涵说明：国内职业证书／职业能力标准与课程对接度（GNZYZG）＝国内职业资格

证书 (职业能力标准) 对接门数 / 专业课门数（含专业基础课）。

✧ 诊断标准：$A≥60\%$；$60\%>B≥60\%$；$C<50\%$。

✧ 下钻呈现方式：表格。

✧ 值类型：百分比。

✧ 备注：数据来源——填报。

14.C 类课程（实践课）学分比例

✧ 内涵说明：C 类课程（实践课）学分比例（SJKBL）=C 类课程学分数 / 专业总学分。

✧ 诊断标准：$A≥25\%$；$B<25\%$。

✧ 下钻呈现方式：表格。

✧ 值类型：百分比。

✧ 备注：数据来源——教务系统。

15. 运行周期专业教学计划调整

✧ 内涵说明：是否有教学计划调整；选"有"则备注栏填写调整次数。

✧ 诊断标准：$A=0$；$B=1$；$C>2$。

✧ 下钻呈现方式：表格。

✧ 值类型：整数。

✧ 备注：数据来源——教务处导入。

16. 新生录取专业对口率

✧ 内涵说明：新生录取专业对口率（ZYLQDKL）= 按照志愿录取的新生（即非专业调剂的人数）/ 专业录取总人数。

✧ 诊断标准：$A≥95\%$；$95\%>B≥90\%$；$C<90\%$。

✧ 下钻呈现方式：表格。

✧ 值类型：百分比。

✧ 备注：数据来源——普通高招的录取系统。

17. 应届毕业生毕业率

✧ 内涵说明：应届毕业生毕业率（BYL）= 专业毕业生人数 / 专业总毕业人数。

✧ 诊断标准：$A≥95\%$；$95\%>B≥90\%$；$C<90\%$。

✧ 下钻呈现方式：表格。

✧ 值类型：百分比。

✧ 备注：数据来源——学工系统。

18. 专业学生辍学率

✧ 内涵说明：专业学生辍学率（CXL）= 专业学年辍学学生数 / 当年专业学生总数。

✧ 诊断标准：$A≤5\%$；$5\%<B≤8\%$；$C>8\%$。

✧ 下钻呈现方式：表格。

✧ 值类型：百分比。

✧ 备注：数据来源——学工系统。

19. 是否达成零教学事故

◇ 内涵说明：各级教学事故是否为零。

◇ 诊断标准：是／否。

◇ 下钻呈现方式：表格显示各级教学事故等级及数量。

◇ 值类型：是／否。

◇ 备注：数据来源——教务处"教学通报"数据。

20. 学生缺课率

◇ 内涵说明：学生缺课率（QKL）＝专业课累计缺课人次／（应到人次×专业课课程学时数/2）。

◇ 诊断标准：$A \leqslant 5\%$；$5\% < B \leqslant 8\%$；$C > 8\%$。

◇ 下钻呈现方式：表格。

◇ 值类型：百分比。

◇ 备注：数据来源——教务系统—教学日志。

21. 专业课督导听课成绩高于 85 分占比

◇ 内涵说明：专业课督导听课成绩高于 85 分占比。

◇ 诊断标准：$A \geqslant 95\%$；$95\% > B \geqslant 90$；$C < 90\%$。

◇ 下钻呈现方式：表格。

◇ 值类型：百分比。

◇ 备注：数据来源——质控系统督导模块数据。

22. 专业课学生评教 90 分及以上占比

◇ 内涵说明：专业课学生评教 90 分及以上占比。

◇ 诊断标准：$A \geqslant 95\%$；$95\% > B \geqslant 90$；$C < 90\%$。

◇ 下钻呈现方式：表格。

◇ 值类型：百分比。

◇ 备注：数据来源——质控系统学生评教模块数据。

23. 专业应届毕业生教学满意度

◇ 内涵说明：本专业应届毕业生（半年内）对学校教学的满意度。

◇ 诊断标准：$A \geqslant 95\%$；$95\% > B \geqslant 91\%$；$C < 91\%$。

◇ 下钻呈现方式：表格。

◇ 值类型：百分比。

◇ 备注：数据来源——麦可思数据。

24. 专业在校生教学满意度

◇ 内涵说明：本专业在校生对学校教学的满意度。

◇ 诊断标准：$A \geqslant 95\%$；$95\% > B \geqslant 90\%$；$C < 90\%$。

◇ 下钻呈现方式：表格。

◇ 值类型：百分比。

◇ 备注：数据来源——校内调研平台。

25. 毕业生中高级职业证书获取率

◇ 内涵说明：毕业生中高级职业证书获取率（BYSZYZSHQL）＝应届毕业生获得中高级职业资格证书的人数／应届毕业生总人数。

◇ 诊断标准：$A\geqslant95\%$；$95\%>B\geqslant90\%$；$C<90\%$。

◇ 下钻呈现方式：表格。

◇ 值类型：百分比。

◇ 备注：数据来源——状态数据。

26. 毕业生英语等级考试通过率

◇ 内涵说明：毕业生英语等级考试通过率（BYSYYTGL）＝毕业生英语等级考试通过学生人数／专业总毕业人数。

◇ 诊断标准：$A\geqslant90\%$；$90\%>B\geqslant80\%$；$C<80\%$。

◇ 下钻呈现方式：表格。

◇ 值类型：百分比。

◇ 备注：数据来源——教务系统。

27. 毕业生计算机等级考试通过率

◇ 内涵说明：毕业生计算机等级考试通过率（BYSJSJTGL）＝毕业生计算机等级考试学生人数／专业总毕业人数。

◇ 诊断标准：$A\geqslant70\%$；$70\%>B\geqslant60\%$；$C<60\%$。

◇ 下钻呈现方式：表格。

◇ 值类型：百分比。

◇ 备注：数据来源——教务系统。

28. 应届毕业生初次就业率

◇ 内涵说明：应届毕业生初次就业率（YJBYSCCJYL）＝毕业生在离校前已落实就业单位的比率（其就业形式还包括自主创业、升学等）。

◇ 诊断标准：$A\geqslant92\%$；$92\%>B\geqslant90\%$；$C<90\%$。

◇ 下钻呈现方式：表格。

◇ 值类型：百分比。

◇ 备注：数据来源——就业系统。

29. 应届毕业生月薪

◇ 内涵说明：应届毕业生月薪（YJBYSYX）＝应届毕业生平均月收入。

◇ 诊断标准：$A\geqslant3700$；$3700>B\geqslant3500$；$C<3500$。

◇ 下钻呈现方式：表格。

◇ 值类型：小数。

◇ 备注：数据来源——麦可思数据。

30. 专业带头人具有高级职称

- ❖ 内涵说明：专业带头人有无高级职称。
- ❖ 诊断标准：有 / 无。
- ❖ 下钻呈现方式：表格。
- ❖ 值类型：有 / 无。
- ❖ 备注：数据来源——人事系统。

31. 专业专任教师双师素质占比

- ❖ 内涵说明：专业专任教师双师素质占比（ZYZZSS）＝专业专职双师素质教师数 / 专业专职教师数（不含双肩挑、平台课教师）。
- ❖ 诊断标准：$A \geq 98\%$；$98\% > B \geq 95\%$；$C < 95\%$。
- ❖ 下钻呈现方式：表格。
- ❖ 值类型：百分比。
- ❖ 备注：数据来源——人事系统。

32. 专业专任教师高级职称占比

- ❖ 内涵说明：专业专任教师高级职称占比（ZYZZGJ）＝专业高级职称教师数 / 专业专职教师数（不含双肩挑、平台课教师）。
- ❖ 诊断标准：$A \geq 40\%$；$40\% > B \geq 35\%$；$C < 35\%$。
- ❖ 下钻呈现方式：表格。
- ❖ 值类型：百分比。
- ❖ 备注：数据来源——人事系统。

33. 专业专任教师硕士学位占比

- ❖ 内涵说明：专业专任教师硕士学位占比（ZYZZSS）＝专业硕士及以上学位教师数 / 专业专职教师数（不含双肩挑、平台课教师）。
- ❖ 诊断标准：$A \geq 90\%$；$90\% > B \geq 80\%$；$C < 80\%$。
- ❖ 下钻呈现方式：表格。
- ❖ 值类型：百分比。
- ❖ 备注：数据来源——人事系统。

34. 专业专任教师博士学位占比

- ❖ 内涵说明：专业专任教师博士学位占比（ZZZYBS）＝专业博士学位教师数 / 专业专职教师数（不含双肩挑、平台课教师）。
- ❖ 诊断标准：$A \geq 20\%$；$20\% > B \geq 15\%$；$C < 15\%$。
- ❖ 下钻呈现方式：表格。
- ❖ 值类型：百分比。
- ❖ 备注：数据来源——人事系统。

35. 专业生师比（不含通识课）

- ❖ 内涵说明：专业生师比（ZYSSB）＝专业总学生数 / 专业专职教师数。

◇ 诊断标准：$A{\leq}20$；$20{<}B{\leq}23$；$C{>}23$。

◇ 下钻呈现方式：表格。

◇ 值类型：小数。

◇ 备注：数据来源——学工系统（分子）、人事系统（分母）。

36. 校外专业实训基地数

◇ 内涵说明：专业深度合作校外实训基地数。

◇ 诊断标准：$A{\geq}6$；$6{>}B{\geq}4$；$C{<}4$。

◇ 下钻呈现方式：表格。

◇ 值类型：整数。

◇ 备注：数据来源——状态数据。

37. 校内专业实训基地生均仪器设备

◇ 内涵说明：专业生均教学科研仪器设备值是否达 5000 元以上。

◇ 诊断标准：是 / 否。

◇ 下钻呈现方式：表格。

◇ 值类型：是 / 否。

◇ 备注：数据来源——状态数据。

38. 专业群申请获得市级以上实践基地数

◇ 内涵说明：专业群是否有国家、省、市基地。

◇ 诊断标准：有 / 无。

◇ 下钻呈现方式：表格，显示各级别的基地个数。

◇ 值类型：有 / 无。

◇ 备注：数据来源——教务处导入数据采集模块。

39. 选用省级以上精品及规划教材占比

◇ 内涵说明：选用省级以上精品及规划教材占比（JCJPZB）＝自编及省级以上教材数 / 专业所用教材数。

◇ 诊断标准：$A{\geq}30\%$；$30\%{>}B{\geq}20\%$；$C{<}20\%$。

◇ 下钻呈现方式：表格。

◇ 值类型：百分比。

◇ 备注：数据来源——教务系统。

40. 专业生均图书册数年度增量

◇ 内涵说明：专业生均图书册数年度增量（SJTSCSNDZL）＝学校图书总增量 / 全日制高职在校生。

◇ 诊断标准：$A{\geq}3.5$；$3.5{>}B{\geq}3$；$C{<}3$。

◇ 下钻呈现方式：表格。

◇ 值类型：小数。

◇ 备注：数据来源——图书馆管理系统。

41. 生均教育经费占比

✧ 内涵说明：生均教育经费占学费比例。

✧ 诊断标准：$A \geq 60\%$；$60\% > B \geq 50\%$；$C < 50\%$。

✧ 下钻呈现方式：表格。

✧ 值类型：百分比。

✧ 备注：数据来源——状态数据。

42. 产教融合项目数（混合所有制、现代学徒制、订单培养等）

✧ 内涵说明：专业是否开展各类产教融合项目（含混合所有制、现代学徒制、订单培养、顶岗实习等）。

✧ 诊断标准：有 / 无。

✧ 下钻呈现方式：表格。

✧ 值类型：有 / 无。

✧ 备注：数据来源——教务处导入数据采集模块。

43. 市级以上专业科研平台数

✧ 内涵说明：专业是否有国家、省、市科研平台；选"有"则备注栏填写：国（个数）省（个数）市（个数），如国0、省1、市2。

✧ 诊断标准：有 / 无。

✧ 下钻呈现方式：表格。

✧ 值类型：有 / 无。

✧ 备注：数据来源——教务处导入数据采集模块。

44. 专业教师教科研工作量完成率

✧ 内涵说明：专业教师教科研工作量完成率（KYWCL）＝完成科研量专业专职教师数 / 专业专职教师总数。

✧ 诊断标准：$A = 100\%$；$100\% > B \geq 95\%$；$C < 95\%$。

✧ 下钻呈现方式：表格。

✧ 值类型：百分比。

✧ 备注：数据来源——人事处导入数据采集模块。

45. 年度社会人员培训量

✧ 内涵说明：专业群是否完成学校培训指标。

✧ 诊断标准：是 / 否。

✧ 下钻呈现方式：表格。

✧ 值类型：是 / 否。

✧ 备注：数据来源——教务处导入数据采集模块。

46. 国际合作项目数（中外合作项目、留学生、国际化教育合作）

✧ 内涵说明：专业是否具有国际合作项目（中外合作项目、留学生、国际化教育合作等）。

✧ 诊断标准：有 / 无。

◇ 下钻呈现方式：表格显示国际合作项目清单。

◇ 值类型：有 / 无。

◇ 备注：数据来源——教务处导入数据采集模块。

47. 国际职业资格证书 / 职业能力标准与课程对接度

◇ 内涵说明：GJZYZG= 国际职业资格证书 (职业能力标准) 对接门数 / 专业课门数（含专业基础课）。

◇ 诊断标准：$A \geqslant 30\%$ ；$30\% > B \geqslant 20\%$ ；$C \leqslant 20\%$。

◇ 下钻呈现方式：表格。

◇ 值类型：百分比。

◇ 备注：数据来源——填报。

48. 市级以上专业资源库（国家、省、市）

◇ 内涵说明：专业是否有国家、省、市专业资源库。

◇ 诊断标准：有 / 无。

◇ 下钻呈现方式：表格显示各级专业资源库清单，格式为"国（个数）省（个数）市（个数）"，如国 1、省 0、市 0。

◇ 值类型：有 / 无。

◇ 备注：数据来源——教务处导入数据采集模块。

49. 市级以上专业精品课 / 资源共享课 / 开放课数（国家、省、市）

◇ 内涵说明：专业是否有国家、省、市精品课 / 资源共享课 / 开放课诊断标准。

◇ 下钻呈现方式：表格显示各级精品课 / 资源共享课 / 开放课清单，格式为"国（个数）省（个数）市（个数）"，如国 1、省 2、市 3。

◇ 值类型：有 / 无。

◇ 备注：数据来源——状态数据。

50. 全课程信息化达成度

◇ 内涵说明：利用信息化平台辅助教学课程数 / 全部专业课程数。

◇ 诊断标准：$A \geqslant 90\%$ ；$90\% > B \geqslant 80\%$ ；$C < 80\%$。

◇ 下钻呈现方式：表格。

◇ 值类型：百分比。

◇ 备注：数据来源——教务系统。

51. 教师信息化教学比赛获奖

◇ 内涵说明：专业教师信息化教学比赛是否获奖。

◇ 诊断标准：有 / 无。

◇ 下钻呈现方式：表格，显示各级别教师信息化教学比赛获奖数：国（个数）省（个数）市（个数）。

◇ 值类型：有 / 无。

◇ 备注：数据来源——教务处统计导入。

52. 完成年度专业建设主要任务占比

✧ 内涵说明：完成年度专业建设主要任务占比。

✧ 诊断标准：A=100%；100%>B≥80%；C<80%。

✧ 下钻呈现方式：表格。

✧ 值类型：百分比。

✧ 备注：数据来源——教务处导入数据采集模块。

6.2.2 专业汇总指标数据说明

在单个专业自诊的基础上，系统可按要求进行数据汇总分析，目前采取"按分院汇总、全校汇总"两级进行专业汇总分析。

对于专业汇总自诊，单纯地汇总计算指标的平均值，自诊意义的不大。为有效揭示各专业运行的实际状况，采取计算指标达成度的方法，为各级专业管理者提供参考。一般认为，如果测量结果设置为 A、B、C 三个等级，那么，某自诊指标测量结果为 A、B，可认为目标已达成，因此，某自诊指标达成度的计算方法如下。

自诊指标达成度 =（等级 A 数 + 等级 B 数）/（等级 A 数 + 等级 B 数 + 等级 B 数)(%)。

如果测量指标结果设置为 Y/N，则测量结果为 Y 认为是已达成，否则不达成，同理可计算指标的达成度。

6.3 课程层自诊指标数据字典

6.3.1 单门课程自诊指标数据字典

1. 课程教学大纲审核结论（系或教研室）

✧ 内涵说明：课程是否有系或教研室教学大纲审核结论。

✧ 诊断标准：Y/N。

✧ 下钻呈现方式：表格。

✧ 值类型：有 / 无。

✧ 备注：数据来源——教务系统。

2. 课程教学大纲审核结论（教学部门）

✧ 内涵说明：课程是否有教学部门教学大纲审核结论。

✧ 诊断标准：Y/N。

✧ 下钻呈现方式：表格。

✧ 值类型：有 / 无。

✧ 备注：数据来源——教务系统。

3. 教务处审核结论（教务处）

✧ 内涵说明：课程是否有教务处教学大纲审核结论。

✧ 诊断标准：Y/N。

✧ 下钻呈现方式：表格。

- ❖ 值类型：有 / 无。
- ❖ 备注：数据来源——教务处统。

4. 课程教学大纲是否入库

- ❖ 内涵说明：课程教学大纲是否录入教务系统。
- ❖ 诊断标准：Y/N。
- ❖ 下钻呈现方式：表格。
- ❖ 值类型：有 / 无。
- ❖ 备注：数据来源——教务系统。

5. 授课计划审查（系、教研室）

- ❖ 内涵说明：课程是否有（系、教研室）授课计划审查。
- ❖ 诊断标准：Y/N。
- ❖ 下钻呈现方式：表格。
- ❖ 值类型：有 / 无。
- ❖ 备注：数据来源——教务系统。

6. 授课计划审核（教学部门）

- ❖ 内涵说明：课程是否有（教学部门）授课计划审核。
- ❖ 诊断标准：Y/N。
- ❖ 下钻呈现方式：表格。
- ❖ 值类型：有 / 无。
- ❖ 备注：数据来源——教务系统。

7. 课程授课计划是否入库

- ❖ 内涵说明：课程授课计划是否录入教务系统。
- ❖ 诊断标准：Y/N。
- ❖ 下钻呈现方式：表格。
- ❖ 值类型：有 / 无。
- ❖ 备注：数据来源——教务系统。

8. 课程教案是否入库

- ❖ 内涵说明：课程教案是否录入教务系统。
- ❖ 诊断标准：Y/N。
- ❖ 下钻呈现方式：表格。
- ❖ 值类型：有 / 无。
- ❖ 备注：数据来源——教务系统。

9. 课程教学进程填写率

- ❖ 内涵说明：课程教学进程填写率（RZTXL）= 填写次数 /（课程总学时 ×0.5）。
- ❖ 诊断标准：$A \geq 100\%$；$100\% > B \geq 90\%$；$C < 90\%$。
- ❖ 下钻呈现方式：表格。

◇ 值类型：百分比。

◇ 备注：数据来源——教务系统。

10. 课程教学进程超期填写率

◇ 内涵说明：课程教学进程超期填写率（RZCQL）＝本课程超期填写次数／（课程已授总学时 ×0.5）。

◇ 诊断标准：$A \leq 10\%$；$10\% < B \leq 20\%$；$C > 20\%$。

◇ 下钻呈现方式：表格。

◇ 值类型：百分比。

◇ 备注：数据来源——教务系统。

11. 调课率

◇ 内涵说明：调课率（TKL）＝调课时数／课程已授总学时。

◇ 诊断标准：$A \leq 10\%$；$10\% < B \leq 20\%$；$C > 20\%$。

◇ 下钻呈现方式：表格。

◇ 值类型：百分比。

◇ 备注：数据来源——教务系统。

12. 课程实践项目开出率

◇ 内涵说明：课程实践项目开出率（TCL）＝课程实际开设实践项目数／课程授课计划实践项目数。

◇ 诊断标准：$A = 100\%$；$100\% > B \geq 50\%$；$C < 50\%$。

◇ 下钻呈现方式：表格。

◇ 值类型：百分比。

◇ 备注：数据来源——教务系统。

13. 缺课率

◇ 内涵说明：缺课率（QKL）＝累计缺课人次／（应到人次 × 课程已授总学时 /2）。

◇ 诊断标准：$A \leq 2\%$；$2\% < B \leq 6\%$；$C > 6\%$。

◇ 预警周期：每月。

◇ 预警对象：任课教师（负责人）、课程负责人（审核人）。

◇ 下钻呈现方式：表格。

◇ 值类型：百分比。

◇ 备注：数据来源——教务系统。

14. 在线预习率（任务点浏览情况）

◇ 内涵说明：在线预习率（ZXXX）＝在线预习任务已学习班级人次总数合计／发布任务数 × 班级人数。

◇ 诊断标准：$A \geq 100\%$；$100\% > B \geq 80\%$；$C < 80\%$。

◇ 下钻呈现方式：表格。

◇ 值类型：百分比。

◇ 备注：数据来源——超星泛雅课程数据。

15. 课堂随堂测验率

◇ 内涵说明：课堂随堂测验率（STCYL）＝随堂测验次数 / 已填写日志随堂测验次数。

◇ 诊断标准：$A \geq 100\%$；$100\% > B \geq 60\%$；$C < 60\%$。

◇ 下钻呈现方式：表格。

◇ 值类型：百分比。

◇ 备注：数据来源——超星泛雅课程数据。

16. 课程平台交流频次

◇ 内涵说明：课程平台交流频次（KHJL）＝学生互动人次合计 / 已授课次数 × 班级人数。

◇ 诊断标准：$A = 100\%$；$100\% > B \geq 50\%$；$C < 50\%$。

◇ 下钻呈现方式：表格。

◇ 值类型：百分比。

◇ 备注：数据来源——超星泛雅课程数据。

17. 课程成绩优秀率

◇ 内涵说明：课程成绩优秀率（KCYXL）＝优秀人数 / 班级总人数（选课人数）。

◇ 诊断标准：$A \geq 15\%$；$15\% > B \geq 8\%$；$C < 8\%$。

◇ 下钻呈现方式：表格。

◇ 值类型：百分比。

◇ 备注：数据来源——教务系统。

18. 课程成绩合格率

◇ 内涵说明：课程成绩合格率（KCHGL）＝合格人数 / 班级总人数（选课人数）。

◇ 诊断标准：$A \geq 90\%$；$90\% > B \geq 75\%$；$C < 70\%$。

◇ 下钻呈现方式：表格。

◇ 值类型：百分比。

◇ 备注：数据来源——教务系统。

19. 课程成绩分数段分布

◇ 内涵说明：课程成绩分数段分布（CJFB）＝(70 ～ 90 分人数)/ 班级人数（选课人数）。

◇ 诊断标准：$A \geq 60\%$；$60\% > B \geq 40\%$；$C < 40\%$。

◇ 下钻呈现方式：表格。

◇ 值类型：百分比。

◇ 备注：数据来源——教务系统。

20. 校级督导听课成绩

◇ 内涵说明：校级督导听课成绩（TKCJ）＝听课评价成绩平均分（校级督导）。

◇ 诊断标准：$A \geq 90$；$90 > B \geq 80$；$C < 80$。

◇ 下钻呈现方式：表格。

◇ 值类型：小数。

❖ 备注：数据来源——质控系统督导模块。

21. 教学部门听课成绩

❖ 内涵说明：教学部门听课成绩（TKCJ）= 听课评价成绩平均分。

❖ 诊断标准：$A{\geq}90$；$90{>}B{\geq}80$；$C{<}80$。

❖ 下钻呈现方式：表格。

❖ 值类型：小数。

❖ 备注：数据来源——质控系统督导模块。

22. 评学成绩（在校生）

❖ 内涵说明：评学成绩（PXCJ）= 教师评学得分。

❖ 诊断标准：$A{\geq}90$；$90{>}B{\geq}80$；$C{<}80$。

❖ 下钻呈现方式：表格。

❖ 值类型：小数。

❖ 备注：数据来源——质控系统评价模块。

23. 评教成绩（在校生）

❖ 内涵说明：评教成绩（PJCJ）= 评教综合分。

❖ 诊断标准：$A{\geq}90$；$90{>}B{\geq}80$；$C{<}80$。

❖ 下钻呈现方式：表格。

❖ 值类型：小数。

❖ 备注：数据来源——质控系统评价模块。

24. 选用教材名称与课程是否相符

❖ 内涵说明：课程选用教材名称与课程是否相符。

❖ 诊断标准：Y/N。

❖ 下钻呈现方式：表格。

❖ 值类型：是 / 否。

❖ 备注：数据来源——教务系统。

25. 选用教材级别（国家、省）

❖ 内涵说明：课程选用教材是否有级别。

❖ 诊断标准：Y/N。

❖ 下钻呈现方式：表格，下钻显示课程级别。

❖ 值类型：是 / 否。

❖ 备注：数据来源——教务系统。

26. 选用教材出版年份

❖ 内涵说明：课程选用教材出版年份是否 5 年内。

❖ 诊断标准：Y/N。

❖ 下钻呈现方式：表格，下钻显示课程教材出版年份。

❖ 值类型：是 / 否。

◇ 备注：数据来源——教务系统。

27. 选用教材是否自编出版

◇ 内涵说明：课程选用教材出版是否自编。
◇ 诊断标准：*Y/N*。
◇ 下钻呈现方式：表格。
◇ 值类型：是 / 否。
◇ 备注：数据来源——教务系统。

28. 教学平台是否具备开课条件

◇ 内涵说明：课程教学资源类型达标（SZZY）= 视频数 / 二级架构数。
◇ 诊断标准：*A*≥1；*B*<1。
◇ 下钻呈现方式：表格。
◇ 值类型：小数。
◇ 备注：数据来源——超星泛雅课程数据。

29. 微课等级（校、市、省、国家）

◇ 内涵说明：课程是否有微课获奖等级。
◇ 诊断标准：*Y/N*。
◇ 下钻呈现方式：表格，下钻显示微课具体等级。
◇ 值类型：有 / 无。
◇ 备注：数据来源——教务处统一上传到数据采集模块。

30. 在线开放课等级（校、市、省、国家）

◇ 内涵说明：课程是否有在线开放课获奖等级。
◇ 诊断标准：*Y/N*。
◇ 下钻呈现方式：表格，下钻显示在线开放课具体等级。
◇ 值类型：有 / 无。
◇ 备注：数据来源——教务处统一上传到数据采集模块。

31. 资源共享课等级（校、市、省、国家）

◇ 内涵说明：课程是否有资源共享课获奖等级。
◇ 诊断标准：*Y/N*。
◇ 下钻呈现方式：表格，下钻显示资源共享课具体等级。
◇ 值类型：有 / 无。
◇ 备注：数据来源——教务处统一上传到数据采集模块。

32. 信息化大赛等级（校、市、省、国家）

◇ 内涵说明：课程是否有信息化大赛获奖等级。
◇ 诊断标准：*Y/N*。
◇ 下钻呈现方式：表格，下钻显示信息化大赛具体等级。
◇ 值类型：有 / 无。

✧ 备注：数据来源——教务处统一上传到数据采集模块。

33. 课程组是否建立

✧ 内涵说明：课程是/否建立课程组。
✧ 诊断标准：Y/N。
✧ 下钻呈现方式：表格。
✧ 值类型：有/无。
✧ 备注：数据来源——上传表格判断有无，表格内容为课程组（授课教师）名单，含工号、姓名、职称、学历学位、年龄、主讲（辅讲）。

34. 重难点达成度

✧ 内涵说明：重难点达成度（ZNDDCD）=尔雅随堂测验成绩75分以上合计人次/测验次数×班级人数。
✧ 诊断标准：$A \geq 50\%$；$50\% > B \geq 30\%$；$C < 30\%$。
✧ 下钻呈现方式：表格。
✧ 值类型：百分比。
✧ 备注：数据来源——超星泛雅课程数据。

35. 课程对毕业要求达成度

✧ 内涵说明：课程对毕业要求达成度（BYYQDCD）=课程毕业要求达成度。
✧ 诊断标准：$A \geq 70\%$；$70\% > B \geq 60\%$；$C < 60\%$。
✧ 下钻呈现方式：表格。
✧ 值类型：百分比。
✧ 备注：数据来源——教务系统。

36. 实训日志填写率（实训类课程专用）

✧ 内涵说明：实训日志填写率（RZTXL）=填写次数/（课程总学时×0.5）。
✧ 诊断标准：$A \geq 100\%$；$100\% > B \geq 90\%$；$C < 90\%$。
✧ 下钻呈现方式：表格。
✧ 值类型：百分比。
✧ 备注：数据来源——教务系统。

37. 实训日志超期填写率（实训类课程专用）

✧ 内涵说明：实训日志超期填写率（RZCQL）=本课程超期填写次数/（课程总学时×0.5）。
✧ 诊断标准：$A \leq 10\%$；$10\% < B \leq 20\%$；$C > 20\%$。
✧ 预警周期：每周。
✧ 预警对象：任课教师（负责人）、课程负责人（审核人）。
✧ 下钻呈现方式：表格。
✧ 值类型：百分比。
✧ 备注：数据来源——教务系统。

38. 实训指导率（实训类课程专用）

- ✧ 内涵说明：实训指导率（SXZDL）＝指导次数／（实习周次 ×2）。
- ✧ 诊断标准：$A \geq 100\%$；$100\% > B \geq 90\%$；$C < 90\%$。
- ✧ 下钻呈现方式：表格。
- ✧ 值类型：百分比。
- ✧ 备注：数据来源——教务系统，其中指导次数以教务系统实习指导记录为准。

39. 企业指导教师生师比（实训类课程专用）

- ✧ 内涵说明：企业指导教师生师比（QYSSB）＝班级学生人数／该课程企业指导教师人数。
- ✧ 诊断标准：$A \leq 10\%$；$10\% < B \leq 15\%$；$C > 15\%$。
- ✧ 下钻呈现方式：表格。
- ✧ 值类型：百分比。
- ✧ 备注：数据来源——教务系统。

40. 毕业设计开题及时率（毕设类课程专用）

- ✧ 内涵说明：毕业设计开题及时率（KTL）＝准时开题人数／班级总人数。
- ✧ 诊断标准：$A = 100\%$；$100 > B \geq 95\%$；$C < 95\%$。
- ✧ 下钻呈现方式：表格。
- ✧ 值类型：百分比。
- ✧ 备注：数据来源——教务系统，准时开题人数以教务系统按时录入开题信息的人数为准。

41. 毕业设计课题与毕业实践对口率（毕设类课程专用）

- ✧ 内涵说明：毕业设计课题与毕业实践对口率（DKL）＝问卷调研中选择毕业设计课题与毕业实践对口人数／该班级填写问卷的总人数。
- ✧ 诊断标准：$A = 100\%$；$100\% > B \geq 80\%$；$C < 80\%$。
- ✧ 下钻呈现方式：表格。
- ✧ 值类型：百分比。
- ✧ 备注：数据来源——校内调研系统。

42. 毕业设计中期检查合格率（毕设类课程专用）

- ✧ 内涵说明：毕业设计中期检查合格率（ZQHGL）＝中期检查合格人数／班级总人数。
- ✧ 诊断标准：$A = 100\%$；$100\% > B \geq 95\%$；$C < 95\%$。
- ✧ 下钻呈现方式：表格。
- ✧ 值类型：百分比。
- ✧ 备注：数据来源——教务系统。

43. 毕设指导率（毕设类课程专用）

- ✧ 内涵说明：毕设指导率（BSZDL）＝指导次数／（毕设周次 ×2）。
- ✧ 诊断标准：$A \geq 100\%$；$100\% > B \geq 90\%$；$C < 90\%$。
- ✧ 下钻呈现方式：表格。

- ◇ 值类型：百分比。
- ◇ 备注：数据来源——教务系统，毕设指导次数以教务系统毕设指导记录为准。

6.3.2　课程汇总自诊指标说明

在单门课程自诊的基础上，系统可按要求进行数据汇总分析，目前采取按专业汇总、全校汇总两级进行课程汇总分析。

对于课程汇总自诊，单纯地汇总计算指标的平均值，自诊意义的不大。为有效揭示各门课程运行的实际状况，采取计算指标达成度的方法，为课程的各级管理者提供参考。一般认为，如果测量结果设置为 A、B、C 3 个等级，那么，某自诊指标测量结果为 A、B，可认为目标已达成，因此，某自诊指标达成度的计算方法如下。

自诊指标达成度 =（等级 A 数 + 等级 B 数）/（等级 A 数 + 等级 B 数 + 等级 B 数)(%)。

如果测量指标结果设置为 Y/N，则测量结果为 Y 认为是已达成，否则不达成，同理可计算指标的达成度。

6.4　教师层自诊指标数据字典

6.4.1　师资队伍建设的自诊指标（校级）

1. 学校师资规划年度任务完成率

- ◇ 内涵说明：学校师资规划年度任务完成率 = 人事处师资规划各项年度任务完成率均值。
- ◇ 诊断标准：$A \geqslant 80\%$；$80\% > B \geqslant 60\%$；$C < 60\%$。
- ◇ 下钻呈现方式：表格。
- ◇ 值类型：百分比。
- ◇ 备注：月报系统。

2. 分院（部）师资规划年度任务完成达成率

- ◇ 内涵说明：分院（部）师资规划年度任务完成达成率（ZRJSXS）= 完成师资年度规划任务的分院（部）数 / 总分院（部）数。
- ◇ 诊断标准：$A \geqslant 80\%$；$80\% > B \geqslant 60\%$；$C < 60\%$。
- ◇ 下钻呈现方式：表格。
- ◇ 值类型：小数。
- ◇ 备注：人事处上传数据到采集模块。

3. 教师职业生涯规划任务进度达标人数占比

- ◇ 内涵说明：教师职业生涯规划任务进度超过时间进度的人数 / 专任教师总人数。
- ◇ 诊断标准：$A \geqslant 80\%$；$80\% > B \geqslant 60\%$；$C < 60\%$。
- ◇ 下钻呈现方式：表格。
- ◇ 值类型：小数。
- ◇ 备注："校情综合分析与决策支撑"平台教师画像模块。

4. 专任教师平均工作量（学时）

✧ 内涵说明：专任教师平均工作量（ZRJSXS）$=Y/X$。

✧ 诊断标准：$A \leqslant 468$；$468 < B \leqslant 648$；$C > 648$。

✧ 下钻呈现方式：表格。

✧ 值类型：小数。

✧ 备注：数据来源——数据采集模块，各分院（部）导入 Excel 数据。X 为教学部门专任教师数（不含中层干部、双肩挑教师、兼课教师）；Y 表示学年专任教师总课时。

5. 工匠型实践教师平均工作量（学时）

✧ 内涵说明：工匠型实践教师平均工作量（SJJSXS）$=Y/X$。

✧ 诊断标准：$A \leqslant 360 \times 1.3$；$360 \times 1.3 < B \leqslant 360 \times 1.8$；$C > 360 \times 1.8$。

✧ 下钻呈现方式：表格。

✧ 值类型：小数。

✧ 备注：数据来源——数据采集模块，各分院（部）导入 Excel 数据。Y 表示实验实训课程指导教师总学时；X 表示实验岗总人数（不含中层干部、双肩挑教师、兼课教师）。

6. 高层次人才年度引进计划完成率

✧ 内涵说明：高层次人才年度引进计划完成率（RCWCL）= 教学部门年度高层次人才引进人数 / 年度引进计划人数。

✧ 诊断标准：$A \geqslant 95\%$；$90\% \leqslant B \leqslant 95\%$；$C < 90\%$。

✧ 下钻呈现方式：表格。

✧ 值类型：百分比。

✧ 备注：数据来源——数据采集模块，人事处导入人事处。

7. 专任教师海内外研修计划年度完成率

✧ 内涵说明：专任教师海内外研修计划年度完成率（RCWCL）= 教学部门年度高层次人才引进人数 / 年度引进计划人数。

✧ 诊断标准：$A \geqslant 95\%$；$90\% \leqslant B \leqslant 95\%$；$C < 90\%$。

✧ 下钻呈现方式：表格。

✧ 值类型：百分比。

✧ 备注：数据来源——人事系统。

8. 校外双师培养基地数

✧ 内涵说明：校外双师培养基地数。

✧ 诊断标准：$A \geqslant$ 规划数 $\times 90\%$；规划数 $\times 90\% > B \geqslant$ 规划数 $\times 70\%$；$C \leqslant$ 规划数 $\times 70\%$。

✧ 下钻呈现方式：表格。

✧ 值类型：整数。

✧ 备注：数据来源——教务系统（表内含基地名称、培训内容、培养培训人次、累计人天数）。

9. 专任教师培训经费人均值（万元）

✧ 内涵说明：专任教师培训经费人均值（RJPXF）= 教学部门教师培训费总额 / 专任教师数。

✧ 诊断标准：$A \geq 1$；$1 > B \geq 0.5$；$C < 0.5$。

✧ 下钻呈现方式：表格。

✧ 值类型：小数。

✧ 备注：数据来源——人事系统数据明细汇总计算教师分院指标结果（培训经费含各级各类培训会议、学历提升等）。

10. 校内专任教师数量

✧ 内涵说明：校内专任教师数量。

✧ 诊断标准：$A \geq$ 规划数 ×90%；规划数 ×90% > $B \geq$ 规划数 ×70%；$C <$ 规划数 ×70%。

✧ 下钻呈现方式：表格。

✧ 值类型：整数。

备注：数据来源——人事系统。

11. 校外聘用教师数量

✧ 内涵说明：校外聘用教师数量。

✧ 诊断标准：$A \geq$ 规划数 ×90%；规划数 ×90% > $B \geq$ 规划数 ×70%；$C <$ 规划数 ×70%。

✧ 下钻呈现方式：表格。

✧ 值类型：整数。

✧ 备注：数据来源——人事系统。

12. 双师素质教师数量

✧ 内涵说明：双师素质教师数量。

✧ 诊断标准：$A \geq$ 规划数 ×90%；规划数 ×90% > $B \geq$ 规划数 ×70%；$C <$ 规划数 ×70%。

✧ 下钻呈现方式：表格。

✧ 值类型：整数。

✧ 备注：数据来源——人事系统。

13. 专任教师生师比

✧ 内涵说明：分院学生数 / 分院专业专任教师数。

✧ 诊断标准：$A \leq 30$；$30 < B \leq 35$；$C > 35$。

✧ 下钻呈现方式：柱状图。

✧ 值类型：小数。

✧ 备注：数据来源——学工系统（分子）、人事系统（分母）。专任教师含本部门专任教师及校内兼课教师，校内兼课教师按系数 0.3 折算。

14. 专职辅导员生师比

✧ 内涵说明：分院学生数 / 本部门专职辅导员数。

✧ 诊断标准：$A \leq 200$；$200 < B \leq 250$；$C > 250$。

✧ 下钻呈现方式：表格。

✧ 值类型：小数。

✧ 备注：数据来源——学工系统（分子）、人事系统（分母）。

15. 专任教师高级职称占比

✧ 内涵说明：专任教师高级职称占比（GJZCZB）＝高级职称专任教师数 / 部门专任教师总数。

✧ 诊断标准：$A \geqslant 35\%$ ；$35\% > B \geqslant 20\%$ ；$C < 20\%$。

✧ 下钻呈现方式：表格。

✧ 值类型：百分比。

✧ 备注：数据来源——人事系统（含校内兼课教师）。

16. 专任教师硕士以上学位占比

✧ 内涵说明：专任教师硕士以上学位占比（SSZB）＝具有硕士及以上学位专任教师 / 占比。

✧ 诊断标准：$A \geqslant 85\%$，$B \geqslant 55\%$，$C < 55\%$。

✧ 下钻呈现方式：表格。

✧ 值类型：百分比。

✧ 备注：数据来源——人事系统 (含校内兼课教师)。

17. 校外聘教师占比

✧ 内涵说明：教学部门校外兼职教师数 / 本部门教师总数。

✧ 诊断标准：$15\% \leqslant A \leqslant 28\%$ ；$28\% < B \leqslant 33\%$ 或 $10\% \leqslant B < 15\%$ ；$C \geqslant 33$ 或 $C < 10$。

✧ 下钻呈现方式：表格。

✧ 值类型：百分比。

✧ 备注：数据来源——人事系统。

18. 专任青年教师占比

✧ 内涵说明：专任青年教师占比（QNJSZB）＝部门 40 岁以下专任青年教师数 / 专任教师总数。

✧ 诊断标准：$A \leqslant 50\%$ ；$50\% < B \leqslant 65\%$ ；$C > 65\%$。

✧ 下钻呈现方式：饼图。

✧ 值类型：百分比。

✧ 备注：数据来源——人事系统。

19. 双师素质教师占比

✧ 内涵说明：双师素质教师占比（SSSZ）＝双师素质专任教师数 / 专任教师总数。

✧ 诊断标准：$A \geqslant 90\%$ ；$90\% > B \geqslant 75\%$ ；$C < 75\%$。

✧ 下钻呈现方式：饼图。

✧ 值类型：百分比。

✧ 备注：数据来源——人事系统。

20. 校级以上教学名师数量

✧ 内涵说明：校级以上近五年各类名师人数合计。

✧ 诊断标准：$A \geq 15$；$15 > B \geq 10$；$C < 10$。

✧ 下钻呈现方式：表格。

✧ 值类型：整数。

✧ 备注：数据来源——人事系统，数据选取范围：近五年，含校级以上教学名师；金牌教练、学生省级以上技能竞赛获奖的指导教师；市级、省级技能大师和名师工作室等，校级以上人才项目数量（折合人均）。

21. 市级以上人才项目数量（折合人均）

✧ 内涵说明：市级以上人才项目赋分合计／除以专任教师数。

✧ 诊断标准：$A \geq 50\%$；$50\% > B \geq 5\%$；$C < 5\%$。

✧ 下钻呈现方式：表格。

✧ 值类型：百分比。

✧ 备注：数据来源——人事系统，项目赋分：享受政府特殊津贴专家（5分）、国家教学名师（5分）、国家级教学团分（5分）、省级教学团队（3分）、省科研团队（3分）、省333工程（1.5分）、青蓝工程带头人（1.5分）、骨干教师（1分）、省教学名师（3分）、技能大师工作室（2分）、市突贡专家（1.5分）、市名师工作室（2分）、省六大高峰（1.5分）等。

22. 市级以上教学团队数

✧ 内涵说明：市级以上教学团队数。

✧ 诊断标准：$A >$ 计划数；$B =$ 计划数；$C <$ 计划数。

✧ 下钻呈现方式：表格。

✧ 值类型：整数。

✧ 备注：数据来源——人事系统。

23. 市级以上科研团队数

✧ 内涵说明：市级以上科研团队数。

✧ 诊断标准：$A >$ 计划数；$B =$ 计划数；$C <$ 计划数。

✧ 下钻呈现方式：表格。

✧ 值类型：整数。

✧ 备注：数据来源——人事系统。

24. 高水平科研成果考核获奖（元／人均）

✧ 内涵说明：学校高水平教科研成果人均奖励金。

✧ 诊断标准：$A \geq 1000$；$1000 > B \geq 500$；$C < 500$。

✧ 下钻呈现方式：表格。

✧ 值类型：小数。

✧ 备注：数据来源——数据采集模块，人事处导入最终统计结果。

25. 教授、博士人均高水平论文数

✧ 内涵说明：高水平论文篇数合计 / 教授、博士人数合计。

✧ 诊断标准：$A \geqslant 0.8$ ；$0.8 > B \geqslant 0.3$ ；$C < 0.3$。

✧ 下钻呈现方式：表格。

✧ 值类型：小数。

✧ 备注：数据来源——科研系统（省级期刊除外，仅看第一作者）。

6.4.2　教师个人画像指标数据字典

1. 师德师风

✧ 内涵说明：以 80 分为基准分，在此基础上进行加减分；加分依据：个人荣誉；减分依据：各类处分，教学事故、通报等；指标进度 = 教师实际得分 /80 分。

✧ 诊断标准：100%。

✧ 下钻呈现方式：加减分明细。

✧ 值类型：百分比。

✧ 备注：数据来源——人事系统奖惩模块。

2. 教学工作量

✧ 内涵说明：教师个人本年度折合工作量依据各分院具体规定计算；指标进度 = 实际工作量 / 教师个人设置的年度教学工作量目标。

✧ 诊断标准：100%。

✧ 下钻呈现方式：表格，分学期显示工作量等具体明细。

✧ 值类型：百分比。

✧ 备注：数据来源——数据采集模块，分院上传教师工作量数据。

3. 学生评教成绩

✧ 内涵说明：本学年教师个人的学生评教成绩均分；指标进度 = 实际得分 / 目标得分。

✧ 诊断标准：教师个人设置的学生评教得分目标。

✧ 下钻呈现方式：表格，分学期显示得分等具体明细。

✧ 值类型：百分比。

✧ 备注：数据来源——质控系统。

4. 教学质量考核等级

✧ 内涵说明：年度教师个人的教学质量考核等级；本指标按照等第折合得分，指标进度 = 实际得分 / 教师个人设置的教学质量考核等级折合得分。

✧ 诊断标准：100%。

✧ 下钻呈现方式：表格。

✧ 值类型：百分比。

✧ 备注：数据来源——质控系统。

5. 竞赛获奖

- ◇ 内涵说明：本学年教师参与或指导学生竞赛获奖加权得分；指标进度＝聘期内累计实际获奖加权得分 / 教师聘期三年竞赛获奖目标加权得分。
- ◇ 诊断标准：聘期时间进度。
- ◇ 下钻呈现方式：表格，分学期显示获奖、等级、参与度、得分。
- ◇ 值类型：百分比。
- ◇ 备注：数据来源——人事系统。

6. 教学事类

- ◇ 内涵说明：本学年教师所获校级及以上教学荣誉加权得分；指标进获奖加权得分 / 教师聘期三年竞赛获奖目标加权得分。
- ◇ 诊断标准：聘期时间进度。
- ◇ 下钻呈现方式：表格，分学期显示荣誉、等级、参与度、得分。
- ◇ 值类型：百分比。
- ◇ 备注：数据来源——人事系统。

7. 教育管理

- ◇ 内涵说明：本学年教师教育管理折合工作量；指标进度＝实际教育管理工作量 / 教师个人设置的年度教育管理工作量目标。
- ◇ 诊断标准：100%。
- ◇ 下钻呈现方式：表格，分学期显示具体明细。
- ◇ 值类型：百分比。
- ◇ 备注：数据来源——数据采集模块，学生处上传工作量。

8. 课题项目

- ◇ 内涵说明：本学年成功申报主持的课题项目；指标进度＝聘期内累计成功申报主持的课题项目 / 聘期三年计划申报主持的项目数。
- ◇ 诊断标准：时间进度。
- ◇ 下钻呈现方式：表格，显示具体明细、申报时间。
- ◇ 值类型：百分比。
- ◇ 备注：数据来源——科研系统。

9. 专业建设

- ◇ 内涵说明：教师参与专业建设情况折合得分；指标进度＝聘期内累计得分 / 三年聘期目标得分。
- ◇ 诊断标准：时间进度。
- ◇ 下钻呈现方式：表格，分学期显示参与专业建设项目、程度、得分。
- ◇ 值类型：百分比。
- ◇ 备注：数据来源——网上办事大厅—教研模块。

10.课程建设

✧ 内涵说明：教师参与课程建设情况折合得分；指标进度 = 聘期内累计得分 / 三年聘期目标得分。

✧ 诊断标准：时间进度。

✧ 下钻呈现方式：表格，分学期显示参与课程建设项目、程度、得分。

✧ 值类型：百分比。

✧ 备注：数据来源——网上办事大厅—教研模块。

11. 资源库建设

✧ 内涵说明：教师参与资源库建设情况折合得分；指标进度 = 聘期内累计得分 / 三年聘期目标得分。

✧ 诊断标准：时间进度。

✧ 下钻呈现方式：表格，分学期显示参与资源库建设项目、程度、得分。

✧ 值类型：百分比。

✧ 备注：数据来源——网上办事大厅—教研模块。

12. 校内实训基地建设

✧ 内涵说明：教师参与实训基地建设情况折合得分；指标进度 = 聘期内累计得分 / 三年聘期目标得分。

✧ 诊断标准：时间进度。

✧ 下钻呈现方式：表格，分学期显示参与实训基地建设项目、程度、得分。

✧ 值类型：百分比。

✧ 备注：数据来源——网上办事大厅—教研模块。

13. 教学团队

✧ 内涵说明：教师参与教学团队情况；指标进度 = 教师聘期内参与教学团队数 / 教师聘期内计划参与教学团队数。

✧ 诊断标准：时间进度。

✧ 下钻呈现方式：表格，显示具体团队明细、时间。

✧ 值类型：百分比。

✧ 备注：数据来源——人事系统。

14. 教材论著

✧ 内涵说明：教师参与编著出版的教材论著；指标进度 = 聘期内累计实际参与编著出版的教材论著数 / 聘期三年计划参与编著出版的教材论著数。

✧ 诊断标准：时间进度。

✧ 下钻呈现方式：表格，显示具体明细。

✧ 值类型：百分比。

✧ 备注：数据来源——科研系统。

15. 教研论文

✧ 内涵说明：教师个人第一作者发表的教研论文数；指标进度＝聘期内累计发表教研论文数／聘期三年计划发表教研论文数。

✧ 诊断标准：时间进度。

✧ 下钻呈现方式：表格，显示论文名称、发表时间。

✧ 值类型：百分比。

✧ 备注：数据来源——科研系统。

16. 纵向课题项目

✧ 内涵说明：教师个人主持的纵向课题项目数；指标进度＝聘期内累计主持的纵向课题项目数／聘期三年计划主持的纵向课题项目数。

✧ 诊断标准：时间进度。

✧ 下钻呈现方式：表格，显示具体项目信息。

✧ 值类型：百分比。

✧ 备注：数据来源——科研系统。

17. 横向到账金额

✧ 内涵说明：教师个人主持的横向课题到账金额；指标进度＝聘期内主持横向课题的到账金额／聘期三年计划到账金额。

✧ 诊断标准：时间进度。

✧ 下钻呈现方式：表格，显示项目、到账金额、时间。

✧ 值类型：百分比。

✧ 备注：数据来源——科研系统。

18. 科研团队参与

✧ 内涵说明：教师参与科研团队情况；指标进度＝教师出期内参与科研团队数／教师聘期内计划参与科研团队数。

✧ 诊断标准：时间进度。

✧ 下钻呈现方式：表格，显示具体团队明细、时间。

✧ 值类型：百分比。

✧ 备注：数据来源——人事系统。

19. 高水平论文

✧ 内涵说明：教师个人第一作者发表的高水平论文数；指标进度＝聘期内累计发表高水平论文数／聘期三年计划发表高水平论文数。

✧ 诊断标准：时间进度。

✧ 下钻呈现方式：表格，显示论文名称、发表时间。

✧ 值类型：百分比。

✧ 备注：数据来源——科研系统。

20. 普通论文

✧ 内涵说明：教师个人第一作者发表的普通论文（不含教研论文）数；指标进度＝聘期内累计发表普通论文数／聘期三年计划发表普通论文数。

✧ 诊断标准：时间进度。

✧ 下钻呈现方式：表格，显示论文名称、发表时间。

✧ 值类型：百分比。

✧ 备注：数据来源——科研系统。

21. 专利

✧ 内涵说明：教师个人第一作者发明人申请获得的专利数；指标进度＝聘期内累申请获得专利数／聘期三年计划申请获得专利数。

✧ 诊断标准：时间进度。

✧ 下钻呈现方式：表格，显示专利名称、发表时间。

✧ 值类型：百分比。

✧ 备注：数据来源——科研系统。

22. 艺术作品

✧ 内涵说明：教师个人第一作者设计的被认可的艺术作品；指标进度＝聘期内累计设计作品数／聘期三年计划设计作品数。

✧ 诊断标准：时间进度。

✧ 下钻呈现方式：表格，显示作品名称、发表时间。

✧ 值类型：百分比。

✧ 备注：数据来源——科研系统。

23. 专业实践时间

✧ 内涵说明：教师个人的参与企业实践的时间；指标进度＝聘期内累计参与实践时间／聘期三年计划参与实践时间。

✧ 诊断标准：时间进度。

✧ 下钻呈现方式：表格，显示时间单位、具体时间。

✧ 值类型：百分比。

✧ 备注：数据来源——人事系统。

24. 校外实践基地

✧ 内涵说明：教师参与校外实践基地建设情况折合得分；指标进度＝聘期内累计得分／三年聘期目标得分。

✧ 诊断标准：时间进度。

✧ 下钻呈现方式：表格，显示校外实践基地名称、参与程度、得分。

✧ 值类型：百分比。

✧ 备注：数据来源——网上办事大厅—教研模块。

25. 对外培训服务

✧ 内涵说明：本学年教师参与对外培训服务折合学时数；指标进度＝本学年教师参与对外培训服务折合学时数／本学年个人计划学时数。

✧ 诊断标准：100%。

✧ 下钻呈现方式：表格，显示培训名称、学时。

✧ 值类型：百分比。

✧ 备注：数据来源——数据采集模块，继续教育学院上传。

6.5 学生层自诊指标数据字典

6.5.1 学生层工作自诊指标（校级）

1. 学校学生工作规划年度任务完成率

✧ 内涵说明：学校学生工作规划年度任务完成率＝学生处学生工作规划各项年度任务完成率均值。

✧ 诊断标准：$A \geq 80\%$；$80\% > B \geq 60\%$；$C < 60\%$。

✧ 下钻呈现方式：表格。

✧ 值类型：百分比。

✧ 备注：月报系统。

2. 分院（部）学生工作规划年度任务完成达成率

✧ 内涵说明：分院（部）学生工作规划年度任务完成达成率＝完成学生工作年度规划任务的分院（部）数／总分院（部）数。

✧ 诊断标准：$A \geq 80\%$；$80\% > B \geq 60\%$；$C < 60\%$。

✧ 下钻呈现方式：表格。

✧ 值类型：小数。

✧ 备注：学生处上传数据到采集模块。

3. 学生学业生涯规划任务完成率

✧ 内涵说明：学生学业生涯规划任务完成率＝学生学业规划年度规划达标的人数／学生总人数。

✧ 诊断标准：$A \geq 80\%$；$80\% > B \geq 60\%$；$C < 60\%$。

✧ 下钻呈现方式：表格。

✧ 值类型：小数。

✧ 备注："校情综合分析与决策支撑"平台学生画像模块。

4. 辅导员平均管理班级数

✧ 内涵说明：班级数／辅导员数（汇总计算，取各分院平均值）。

✧ 诊断标准：$A \leq 8$；$8 < B \leq 11$；$C > 11$。

✧ 下钻呈现方式：表格。

◆ 值类型：小数。

◆ 备注：数据来源——汇总分院相应指标数据，计算均值；分院辅导员平均管理班级数数据来源——数据采集模块—学生处工作数据依模板上传。

5. 班级班主任配套率

◆ 内涵说明：有班主任的班级数／班级总数（汇总计算，取各分院平均值）。

◆ 诊断标准：$A \geq 98\%$；$98\% > B \geq 95\%$；$C < 95\%$。

◆ 下钻呈现方式：表格。

◆ 值类型：百分比。

◆ 备注：数据来源——汇总分院相应指标数据，计算均值；分院班级班主任配套率数据来源——数据采集模块—学生处工作数据依模板上传。

6. 学业导师普及率

◆ 内涵说明：学业导师数／学生总数（汇总计算，取各分院平均值）。

◆ 诊断标准：$A \geq 2\%$；$2\% > B \geq 1\%$；$C < 1\%$。

◆ 下钻呈现方式：表格。

◆ 值类型：百分比。

◆ 备注：数据来源——汇总分院相应指标数据，计算均值；分院学业导师普及率数据来源——数据采集模块—学生处工作数据依模板上传。

7. 学生服务经费占教育经费比例

◆ 内涵说明：学生服务总经费／教育总经费（汇总计算，取各分院平均值）。

◆ 诊断标准：$A \geq 15\%$；$15\% > B \geq 12\%$；$C < 12\%$。

◆ 下钻呈现方式：表格。

◆ 值类型：百分比。

◆ 备注：数据来源——汇总分院相应指标数据，计算均值；分院学生服务经费占教育经费比例数据来源——数据采集模块—学生处工作数据依模板上传。

8. 宿舍违章比例

◆ 内涵说明：宿舍违章数／宿舍数量（汇总计算，取各分院平均值）。

◆ 诊断标准：$A \leq 6\%$；$6\% < B \leq 12\%$；$8\% < C \leq 12\%$。

◆ 下钻呈现方式：表格。

◆ 值类型：百分比。

◆ 备注：数据来源——汇总分院相应指标数据，计算均值；分院宿舍违章比例数据来源——数据采集模块—学生处工作数据依模板上传。

9. 辅导员进宿舍次数

◆ 内涵说明：总次数／辅导员数量（汇总计算，取各分院平均值）。

◆ 诊断标准：$A \geq 70$ 次；70 次 $> B \geq 50$；$C < 50$ 次。

◆ 下钻呈现方式：表格。

◆ 值类型：小数。

❖ 备注：数据来源——汇总分院相应指标数据，计算均值；分院辅导员进宿舍次数数据来源——数据采集模块—学生处工作数据依模板上传。

10. 学生意见及时处理率

❖ 内涵说明：学生意见处理及时 / 学生意见总数（取学生处和各分院学生意见及时处理率的平均值）。

❖ 诊断标准：$A \geqslant 80\%$；$80\% > B \geqslant 70\%$；$C < 70\%$。

❖ 下钻呈现方式：表格。

❖ 值类型：百分比。

❖ 备注：数据来源——质控系统，汇总计算分院和学生处的相应指标数据，计算均值。

11. 处理结果满意度

❖ 内涵说明：学生意见处理结果满意 / 学生意见总数（取学生处和各分院学生意见及时处理率的平均值）。

❖ 诊断标准：$A \geqslant 95\%$；$95\% > B \geqslant 90\%$；$C < 90\%$。

❖ 下钻呈现方式：表格。

❖ 值类型：百分比。

❖ 备注：数据来源——质控系统，汇总计算分院和学生处的相应指标数据，计算均值。

12. 学生突发事件数量

❖ 内涵说明：学生突发事件一览表（汇总计算，取各分院平均值）。

❖ 诊断标准：$A \leqslant 2$；$2 < B \leqslant 5$；$C > 5$。

❖ 下钻呈现方式：表格。

❖ 值类型：整数。

❖ 备注：数据来源——汇总分院相应指标数据，计算均值；分院学生突发事件数量数据来源——数据采集模块—学生处工作数据依模板上传。

13. 学生申请入党比率

❖ 内涵说明：学生提交入党申请数 / 学生人数（汇总计算，取各分院平均值）。

❖ 诊断标准：$A \geqslant 30\%$；$30\% > B \geqslant 15$；$C < 15\%$。

❖ 下钻呈现方式：表格。

❖ 值类型：百分比。

❖ 备注：数据来源——汇总分院相应指标数据，计算均值；分院学生申请入党比率数据来源——数据采集模块—学生处工作数据依模板上传。

14. 星期二讲堂开课频率

❖ 内涵说明：学期星期二讲堂开设次数。

❖ 诊断标准：$A \geqslant 8$；$8 > B \geqslant 6$；$C < 6$。

❖ 下钻呈现方式：表格。

❖ 值类型：小数。

❖ 备注：数据来源——汇总分院相应指标数据，计算均值；分院星期二讲堂开课频率数据来源——数据采集模块—学生处工作数据依模板上传。

15. 科学类社团占比

❖ 内涵说明：科学类社团数／社团总数。

❖ 诊断标准：$A \geq 10\%$；$10\% > B \geq 8$；$C < 8\%$。

❖ 下钻呈现方式：表格。

❖ 值类型：百分比。

❖ 备注：数据来源——汇总分院相应指标数据，计算均值；分院科学类社团占比数据来源——数据采集模块—学生处工作数据依模板上传。

16. 学业导师参与度

❖ 内涵说明：学业导师参与班级活动数／班级活动总数（汇总计算，取各分院平均值）。

❖ 诊断标准：$A \geq 60\%$；$60\% > B \geq 30\%$；$C < 30\%$。

❖ 下钻呈现方式：表格。

❖ 值类型：百分比。

❖ 备注：数据来源——汇总分院相应指标数据，计算均值；分院学业导师参与度数据来源——数据采集模块—学生处工作数据依模板上传。

17. 就业信息定向推送率

❖ 内涵说明：学校推介企业岗位数／应届毕业生总人数。

❖ 诊断标准：$A \geq 300\%$；$300\% > B \geq 200\%$；$C < 200\%$。

❖ 下钻呈现方式：表格。

❖ 值类型：百分比。

❖ 备注：数据来源——汇总分院相应指标数据，计算均值；分院就业信息定向推送率数据来源——数据采集模块—学生处工作数据依模板上传。

18. 通过学校就业服务获得工作学生比例

❖ 内涵说明：通过学校就业服务获得工作学生人数／学生总数。

❖ 诊断标准：$A \geq 50\%$；$50\% > B \geq 30\%$；$C < 30\%$。

❖ 下钻呈现方式：表格。

❖ 值类型：百分比。

❖ 备注：数据来源——汇总分院相应指标数据，计算均值；分院通过学校就业服务获得工作学生比例数据来源——数据采集模块—学生处工作数据依模板上传。

19. 助学覆盖率

❖ 内涵说明：获得奖助学贷总人次／全校总人数。

❖ 诊断标准：$A \geq 50\%$；$50\% > B \geq 40\%$；$C < 40\%$。

❖ 下钻呈现方式：表格。

❖ 值类型：百分比。

❖ 备注：数据来源——汇总分院相应指标数据，计算均值；分院助学覆盖率数据来源——学工系统。

20. 心理疾病干预率

✧ 内涵说明：干预人数／心理问题学生总数（系统）。

✧ 诊断标准：$A\geq90\%$；$90\%>B\geq80\%$；$C<80\%$。

✧ 下钻呈现方式：表格。

✧ 值类型：百分比。

✧ 备注：数据来源——汇总分院相应指标数据，计算均值；分院心理疾病干预率数据来源——数据采集模块—学生处工作数据依模板上传。

21. 特殊学生对学校满意率

✧ 内涵说明：（民族、留学生、心理疾病、残疾）满意人数／特殊群体学生总数。

✧ 诊断标准：$A\geq95\%$；$95\%>B\geq90\%$；$C<90\%$。

✧ 下钻呈现方式：表格。

✧ 值类型：百分比。

✧ 备注：数据来源——汇总分院相应指标数据，计算均值；分院特殊学生对学校满意率数据来源——数据采集模块—学生处工作数据依模板上传。

22. 学分绩点达标比例

✧ 内涵说明：学分绩点达标学生数／学生总数。

✧ 诊断标准：$A\geq98\%$；$98\%>B\geq97\%$；$C<97\%$。

✧ 下钻呈现方式：表格。

✧ 值类型：百分比。

✧ 备注：数据来源——汇总分院相应指标数据，计算均值；分院学分绩点达标比例数据来源——教务系统。

23. 学期三门不及格学生百分比

✧ 内涵说明：三门不合格学生数／学生数。

✧ 诊断标准：$A\leq12\%$；$12\%>B\leq25\%$；$C>25\%$。

✧ 下钻呈现方式：表格。

✧ 值类型：百分比。

✧ 备注：数据来源——汇总分院相应指标数据，计算均值；分院学期三门不及格学生百分比数据来源——教务系统。

24. 缺勤旷课五次以上学生百分比

✧ 内涵说明：缺勤旷课五次以上学生数／学生数。

✧ 诊断标准：$A\leq4\%$；$4\%<B\leq7\%$；$C>7\%$。

✧ 下钻呈现方式：表格。

✧ 值类型：百分比。

✧ 备注：数据来源——汇总分院相应指标数据，计算均值；分院缺勤旷课五次以上学生百分比数据来源——教务系统。

25. 英语 A 级达标率

✧ 内涵说明：获得英语 A 级证书学生数 / 学生总数。

✧ 诊断标准：$A \geq 40\%$；$40\% > B \geq 30\%$；$C < 30\%$。

✧ 下钻呈现方式：表格。

✧ 值类型：百分比。

✧ 备注：数据来源——汇总分院相应指标数据，计算均值；分院英语 A 级达标率数据来源——教务系统。

26. 计算机一级达标率

✧ 内涵说明：获得计算机一级证书学生数 / 学生总数。

✧ 诊断标准：$A \geq 70\%$；$70\% > B \geq 50\%$；$C < 50\%$。

✧ 下钻呈现方式：表格。

✧ 值类型：百分比。

✧ 备注：数据来源——汇总分院相应指标数据，计算均值；分院计算机一级达标率数据来源——教务系统。

27. 社会学时完成率

✧ 内涵说明：完成学期设定学时学生数 / 学生人数。

✧ 诊断标准：$A \geq 55\%$；$55\% > B \geq 45\%$；$C < 45\%$。

✧ 下钻呈现方式：表格。

✧ 值类型：百分比。

✧ 备注：数据来源——汇总分院相应指标数据，计算均值；分院社会学时完成率数据来源——数据采集模块—学生处工作数据依模板上传。

28. 学生违纪人数

✧ 内涵说明：违纪学生人数。

✧ 诊断标准：$A \leq 5$；$5 < B \leq 8$；$C > 8$。

✧ 下钻呈现方式：表格。

✧ 值类型：小数。

✧ 备注：数据来源——汇总分院相应指标数据，计算均值；分院学生违纪人数数据来源——学工系统。

29. 社团参与率

✧ 内涵说明：参与社团学生人数 / 学生总数。

✧ 诊断标准：$A \geq 20\%$；$20\% > B \geq 12$；$C < 12\%$。

✧ 下钻呈现方式：表格。

✧ 值类型：百分比。

✧ 备注：数据来源——汇总分院相应指标数据，计算均值；分院社团参与率数据来源——数据采集模块—学生处工作数据依模板上传。

30. 体质健康达标率

✧ 内涵说明：体质达标学生数／学生总数 – 免测学生数。

✧ 诊断标准：$A≥98\%$；$98\%>B≥95\%$；$C<95\%$。

✧ 下钻呈现方式：表格。

✧ 值类型：百分比。

✧ 备注：数据来源——汇总分院相应指标数据，计算均值；分院体质健康达标率数据来源——数据采集模块—学生处工作数据依模板上传。

31. 校级及以上竞赛（各类竞赛）学生参与比例

✧ 内涵说明：校级及以上竞赛参与／学生总数。

✧ 诊断标准：$A≥70\%$；$70\%>B≥60\%$；$C<60\%$。

✧ 下钻呈现方式：表格。

✧ 值类型：百分比。

✧ 备注：数据来源——汇总分院相应指标数据，计算均值；分院校级及以上竞赛（各类竞赛）学生参与比例数据来源——数据采集模块—学生处工作数据依模板上传。

32. 毕业生双证获取率

✧ 内涵说明：获取双证毕业生人数／毕业生总数。

✧ 诊断标准：$A≥60\%$；$60\%>B≥30\%$；$C<30\%$。

✧ 下钻呈现方式：表格。

✧ 值类型：百分比。

✧ 备注：数据来源——汇总分院相应指标数据，计算均值；分院毕业生双证获取率数据来源——数据采集模块—学生处工作数据依模板上传。

33. 校级及以上科研项目参与学生比例

✧ 内涵说明：校级及以上科研项目参与学生／学生总数。

✧ 诊断标准：$A≥5\%$；$5\%>B≥3\%$；$C<3\%$。

✧ 下钻呈现方式：表格。

✧ 值类型：百分比。

✧ 备注：数据来源——汇总分院相应指标数据，计算均值；分院校级及以上科研项目参与学生比例数据来源——学工系统。

34. 申报创新创业项目学生参与比例

✧ 内涵说明：申报创新创业的学生数／学生总数。

✧ 诊断标准：$A≥0.3\%$；$0.3\%>B≥0.2\%$；$C<0.2\%$。

✧ 下钻呈现方式：表格。

✧ 值类型：百分比。

✧ 备注：数据来源——汇总分院相应指标数据，计算均值；分院申报创新创业项目学生参与比例数据来源——学工系统。

35. 专转本率

❖ 内涵说明：转本学生数／学生总数。

❖ 诊断标准：$A \geq 10\%$；$10\% > B \geq 4\%$；$C < 4\%$。

❖ 下钻呈现方式：表格。

❖ 值类型：百分比。

❖ 备注：数据来源——汇总分院相应指标数据，计算均值；分院专转本率数据来源——数据采集模块—学生处工作数据依模板上传。

36. 转专业率

❖ 内涵说明：申请转专业人数／学生总数。

❖ 诊断标准：$A \geq 3\%$；$3\% > B \geq 1.5\%$；$C < 1.5\%$。

❖ 下钻呈现方式：表格。

❖ 值类型：百分比。

❖ 备注：数据来源——汇总分院相应指标数据，计算均值；分院转专业率数据来源——数据采集模块—学生处工作数据依模板上传。

37. 优秀校友占比

❖ 内涵说明：系统内优秀校友数／学生总数。

❖ 诊断标准：$A \geq 15\%$；$15\% > B \geq 10\%$；$C < 10\%$。

❖ 下钻呈现方式：表格。

❖ 值类型：百分比。

❖ 备注：数据来源——汇总分院相应指标数据，计算均值；分院优秀校友占比数据来源——数据采集模块—学生处工作数据依模板上传。

38. 获得校级以上奖励学生比例

❖ 内涵说明：获得校级以上奖励学生人次／学生总人数。

❖ 诊断标准：$A \geq 2\%$；$2\% > B \geq 1\%$；$C < 1\%$。

❖ 下钻呈现方式：表格。

❖ 值类型：百分比。

❖ 备注：数据来源——汇总分院相应指标数据，计算均值；分院获得校级以上奖励学生比例数据来源——学工系统。

39. 合格学生数比例

❖ 内涵说明：合格学生人数／学生总数。

❖ 诊断标准：$A \geq 97\%$；$97\% > B \geq 95\%$；$C < 95\%$。

❖ 下钻呈现方式：表格。

❖ 值类型：百分比。

❖ 备注：数据来源——汇总分院相应指标数据，计算均值；分院合格学生数比例数据来源——学工系统。

40. 优秀学生数比例

◇ 内涵说明：优秀学生数 / 学生总数，优秀学生指获得过校级及以上荣誉的学生。

◇ 诊断标准：$A \geq 25\%$；$25\% > B \geq 22\%$；$C < 22\%$。

◇ 下钻呈现方式：表格。

◇ 值类型：百分比。

◇ 备注：数据来源——汇总分院相应指标数据，计算均值；分院优秀学生数据来源——学工系统。

41. 毕业生流失率

◇ 内涵说明：流失学生数 / 学生总数，流失学生数取该届毕业生中三年来累计退学的学生数。

◇ 诊断标准：$A \leq 0.5\%$；$0.5\% < B \leq 1\%$；$C > 1\%$。

◇ 下钻呈现方式：表格。

◇ 值类型：百分比。

◇ 备注：数据来源——汇总分院相应指标数据，计算均值；分院毕业生流失率数据来源——学工系统。

42. 获得规定学分学生比例

◇ 内涵说明：获得规定学分学生人数 / 毕业学生总数。

◇ 诊断标准：$A \geq 20\%$；$20\% > B \geq 17$；$C < 17\%$。

◇ 下钻呈现方式：表格。

◇ 值类型：百分比。

◇ 备注：数据来源——汇总分院相应指标数据，计算均值；分院获得规定学分学生比例数据来源——教务系统。

43. 学年内未入馆学生所占比例

◇ 内涵说明：未入馆学生人数 / 在校学生总数。

◇ 诊断标准：$A \leq 50\%$；$50\% < B \leq 55\%$；$C > 55\%$。

◇ 下钻呈现方式：表格。

◇ 值类型：百分比。

◇ 备注：数据来源——汇总分院相应指标数据，计算均值；分院本学年内未入馆学生所占比例数据来源——一卡通系统。

44. 学年内未借阅学生所占比例（动态）

◇ 内涵说明：未借阅学生人数 / 在校学生总数。

◇ 诊断标准：$A \leq 90\%$；$90\% < B \leq 95\%$；$C > 95\%$。

◇ 下钻呈现方式：表格。

◇ 值类型：百分比。

◇ 备注：数据来源——汇总分院相应指标数据，计算均值；分院本学年内未借阅学生所占比例数据来源——一卡通系统。

45. 学生工作满意度

✧ 内涵说明：麦可思调研毕业生对母校的学生工作满意度。评价分为"无法评估""很不满意""不满意""满意""很满意"，其中"满意""很满意"属于满意的范围，满意度是回答满意范围的人数百分比，计算公式的分子是回答满意范围的人数，"无法评估"不计入分母。

✧ 诊断标准：$A \geq 90\%$；$90\% > B \geq 85\%$；$C < 85\%$。

✧ 下钻呈现方式：表格。

✧ 值类型：百分比。

✧ 备注：数据来源——汇总分院相应指标数据，计算均值；分院学生工作满意度数据来源——麦可思数据。

46. 学生生活服务满意度

✧ 内涵说明：由毕业生回答对母校的生活服务满意度，选项有"很满意""满意""不满意""很不满意""无法评估"共五项。其中，"满意""很满意"属于满意的范围，满意度是回答满意范围的人数百分比，计算公式的分子是回答满意范围的人数，"无法评估"不计入分母。

✧ 诊断标准：$A \geq 80\%$；$80\% > B \geq 70\%$；$C < 70\%$。

✧ 下钻呈现方式：表格。

✧ 值类型：百分比。

✧ 备注：数据来源——汇总分院相应指标数据，计算均值；分院学生生活服务满意度数据来源——麦可思数据。

47. 学生社团满意度

✧ 内涵说明：麦可思调研中，毕业生选择了某类社团活动后，会被要求评价对该类社团活动是否满意。社团活动满意度＝参加过该类社团活动并表示满意的人数/参加过该类社团活动的人数。

✧ 诊断标准：$A \geq 80\%$；$80\% > B \geq 70\%$；$C < 70\%$。

✧ 下钻呈现方式：表格。

✧ 值类型：百分比。

✧ 备注：数据来源——汇总分院相应指标数据，计算均值；分院学生社团满意度数据来源——麦可思数据。

48. 毕业生就业率

✧ 内涵说明：应届毕业生年终就业率。

✧ 诊断标准：$A \geq 97\%$；$97\% > B \geq 94\%$；$C < 94\%$。

✧ 下钻呈现方式：表格。

✧ 值类型：百分比。

✧ 备注：数据来源——就业系统。

49. 毕业生初次就业平均薪酬

✧ 内涵说明：应届毕业生初次就业薪酬平均值。

◇ 诊断标准：$A≥4000$ 元；$4000>B≥3500$ 元；$C<3500$ 元。

◇ 下钻呈现方式：表格。

◇ 值类型：小数。

◇ 备注：数据来源——汇总分院相应指标数据，计算均值；分院毕业生初次就业平均薪酬数据来源——麦可思调研数据。

50. 毕业生就业对口率

◇ 内涵说明：应届毕业生就业对口人数占总人数的比例。

◇ 诊断标准：$A≥65\%$；$65\%>B≥55\%$；$C<55\%$。

◇ 下钻呈现方式：表格。

◇ 值类型：百分比。

◇ 备注：数据来源——汇总分院相应指标数据，计算均值；分院毕业生就业对口率数据来源——麦可思数据。

51. 毕业生自主创业比率

◇ 内涵说明：应届毕业生自主创业人数占总人数的比例。

◇ 诊断标准：$A≥5\%$；$5\%>B≥3\%$；$C<3\%$。

◇ 下钻呈现方式：表格。

◇ 值类型：百分比。

◇ 备注：数据来源——汇总分院相应指标数据，计算均值；分院毕业生自主创业比率数据来源——麦可思数据。

52. 毕业生平均薪酬

◇ 内涵说明：毕业生中期薪酬（3～5 年）平均值。

◇ 诊断标准：$A≥6500$ 元；$6500>B≥6000$ 元；$C<6000$ 元。

◇ 下钻呈现方式：表格。

◇ 值类型：小数。

◇ 备注：数据来源——汇总分院相应指标数据，计算均值；分院毕业生平均薪酬数据来源——麦可思中期调研数据。

53. 毕业生中期岗位升迁率（3～5 年）

◇ 内涵说明：学生毕业 3～5 年调研岗位有升迁的占总数的比例。

◇ 诊断标准：$A≥60\%$；$60\%>B≥50\%$；$C<50\%$。

◇ 下钻呈现方式：表格。

◇ 值类型：百分比。

◇ 备注：数据来源——汇总分院相应指标数据，计算均值；分院毕业生中期岗位升迁率（3～5 年）数据来源——麦可思中期调研数据。

54. 毕业生对母校满意率

◇ 内涵说明：对母校满意毕业生占毕业生总人数的比例。

◇ 诊断标准：$A≥80\%$；$80\%>B≥70\%$；$C<70\%$。

◇ 下钻呈现方式：表格。

◇ 值类型：百分比。

◇ 备注：数据来源——汇总分院相应指标数据，计算均值；分院毕业生对母校满意率数据来源——麦可思数据。

6.5.2　学生个人画像指标数据字典

1. 违纪情况

◇ 内涵说明：在校生累计违纪次数折合得分：0=100分，1=80分，2=60分，3个以上=40分。

◇ 自诊标准：年级内排名百分比与个人目标排名百分比对标自诊。

◇ 下钻呈现方式：个人违纪明细（内容、学期、可撤销年月）。

◇ 值类型：百分比。

◇ 备注：数据来源——数据采集模块，学生处统一上传学生违纪情况明细。

2. 公益活动学时

◇ 内涵说明：学生在校期间公益服务的总学时数。

◇ 自诊标准：年级内排名百分比与个人目标排名百分比对标自诊。

◇ 下钻呈现方式：公益活动参与明细（内容、学时、学期）、个人公益活动类别占比分析（饼图）。

◇ 值类型：百分比。

◇ 备注：数据来源——PU平台。

3. 课程到课率

◇ 内涵说明：学生个人课程到课率 =100%– 学生在校期间总缺课次数 / 学生总计应上课次数。

◇ 自诊标准：年级内排名百分比与个人目标排名百分比对标自诊。

◇ 下钻呈现方式：个人分学期各课程缺课情况明细。

◇ 值类型：百分比。

◇ 预警：课程到课率后 10% 的学生名单推送给辅导员、班主任。

◇ 备注：数据来源——教务系统—教学日志。

4. 课程平均分

◇ 内涵说明：学生成绩表中所有课程（素质类除外）的平均分。

◇ 自诊标准：年级内排名百分比与个人目标排名百分比对标自诊。

◇ 下钻呈现方式：表格，显示学期、各门课程成绩。

◇ 值类型：小数。

◇ 备注：数据来源——教务系统。

5. 成绩班级排名

◇ 内涵说明：按学生成绩表中所有课程（素质类除外）总分进行班级内排名。

◇ 自诊标准：班级内排名百分比与个人目标排名百分比对标自诊。

◇ 下钻呈现方式：个人成绩明细。

◇ 值类型：整数。

◇ 备注：数据来源——教务系统。

6. 月入馆次数

◇ 内涵说明：学生当月累计入馆次数。

◇ 自诊标准：全校排名百分比与个人目标排名百分比对标自诊。

◇ 下钻呈现方式：表格，显示具体入馆信息。

◇ 值类型：整数。

◇ 备注：数据来源——学校一卡通系统。

7. 图书馆学年借书量

◇ 内涵说明：学生本学年在校期间累计借书总数。

◇ 自诊标准：年级排名百分比与个人目标排名百分比对标自诊。

◇ 下钻呈现方式：表格，显示借书明细。

◇ 值类型：整数。

◇ 备注：数据来源——学校一卡通系统。

8. 职业资格证书

◇ 内涵说明：学生在校期间获得职业资格证书的数量。

◇ 自诊标准：年级排名百分比与个人目标排名百分比对标自诊。

◇ 下钻呈现方式：表格，显示学生所获资格证书名称、时间。

◇ 值类型：整数。

◇ 备注：数据来源——数据采集模块，学生处统一上传学生资格证书获取情况。

9. 英语等级

◇ 内涵说明：学生在校期间英语考试通过的最高等级。

◇ 自诊标准：通过英语等级在年级排名的百分比与个人目标排名百分比对标自诊。

◇ 下钻呈现方式：表格，学生考试通过的最高等级（只统计 CET-4,CET-6 和英语 A 级）。

◇ 值类型：文本。

◇ 备注：数据来源——教务系统。

10. 计算机等级

◇ 内涵说明：学生在校期间考试通过的最高计算机等级（一级和二级）。

◇ 自诊标准：通过计算机等级在年级排名的百分比与个人目标排名百分比对标自诊。

◇ 下钻呈现方式：表格，学生计算机等级信息。

◇ 值类型：文本。

◇ 备注：数据来源——教务系统。

11. 累计素质学分得分

◇ 内涵说明：学生在校期间获得素质类课程的总学分数。

◇ 自诊标准：学生素质类课程学分数排名百分比与个人目标排名百分比对标自诊。

◇ 下钻呈现方式：表格，学生所上素质类课程明细与成绩。

◇ 值类型：小数。
◇ 备注：数据来源——教务系统。

12. 体质测试达标

◇ 内涵说明：学生在校期间体质测试得分。
◇ 自诊标准：体质测试得分年级排名百分比与个人目标排名百分比对标自诊。
◇ 下钻呈现方式：表格，学生体质测试得分情况。
◇ 值类型：小数。
◇ 备注：数据来源——数据采集平台，体育部统一上传。

13. 奖励次数

◇ 内涵说明：学生在校期间获奖总数＋获奖学金项数。
◇ 自诊标准：获奖数量年级排名百分比与个人目标排名百分比对标自诊。
◇ 下钻呈现方式：表格，获奖与奖学金明细。
◇ 值类型：整数。
◇ 备注：数据来源——学工系统。

14. 班级及以上学生班干任职情况

◇ 内涵说明：学生在校期间担任班干部次数。
◇ 自诊标准：年级排名百分比与个人目标排名百分比对标自诊。
◇ 下钻呈现方式：表格，显示担任班干部情况。
◇ 值类型：整数。
◇ 备注：数据来源——数据采集模块，学生处定期统一上传班干部表。

15. 累计社会实践学时

◇ 内涵说明：学生在校期间累计社会实践学时数。
◇ 自诊标准：年级排名百分比与个人目标排名百分比对标自诊。
◇ 下钻呈现方式：表格，社会实践学时明细。
◇ 值类型：整数。
◇ 备注：数据来源——PU 平台。

16. 参与社团

◇ 内涵说明：学生在校期间参与社团数。
◇ 自诊标准：参与社团数年级排名百分比与个人目标排名百分比对标自诊。
◇ 下钻呈现方式：表格，参与社团明细。
◇ 值类型：整数。
◇ 备注：数据来源——数据采集模块，团委定期统一上传学生社团管理表。

17. 特长类别

◇ 内涵说明：学生获得校级及以上奖励的特长类别数。
◇ 自诊标准：特长类别数全校排名与个人目标排名百分比对标自诊。
◇ 下钻呈现方式：柱状图，显示具有不同特长类别数的学生数量。

❖ 值类型：整数。

❖ 备注：数据来源——学工系统获奖统计栏目。

18. 特长级别

❖ 内涵说明：学生在校期间特长获奖数量。

❖ 自诊标准：获奖数量年级排名百分比与个人目标排名百分比对标自诊。

❖ 下钻呈现方式：表格，学生特长获奖明细；柱状图，显示各类别特长获奖人数；雷达图，显示各类特长人均获奖次数。

❖ 值类型：整数。

❖ 备注：数据来源——学工系统。

19. 消费金额

❖ 内涵说明：本年度学生餐费累计支出总金额。

❖ 自诊标准：全校排名百分比与个人目标排名百分比对标自诊。

❖ 下钻呈现方式：折线图，学生月度消费金额。

❖ 值类型：小数。

❖ 备注：数据来源——学校一卡通平台。

20. 上网时间

❖ 内涵说明：学生在校期间日均上网时长。

❖ 自诊标准：全校排名百分比与个人目标排名百分比对标自诊。

❖ 下钻呈现方式：折线图，学生7天内每日上网时长。

❖ 值类型：小数。

❖ 备注：数据来源——信息化中心网络监测数。

第 7 章　研究与探索

根据教育部有关高职院校持续提升人才培养质量的要求，无锡职业技术学院研究先行、试点探路，积极推进"教育部高等职业院校学校内部质量保证体系诊断与改进试点校"工作，组建由学校、专业、课程、教师、学生五层面管理人员、专任教师等成员组成的研究团队，探索构建满足现代职教发展规律，同时具有学校特色、体现传承意义的质量保证体系，确保质量保证体系的前瞻性、科学性、严谨性，采用研究与建设运行并进的工作模式，总结经验、寻找规律，不断完善质量保证体系。本着研究先行，试点探路的原则，从教学质量诊断的多个方面进行了研究和探索，学校内部质量保证体系建设与运行机制取得了明显进步与丰硕成果，也存在部分不足，对部分学术成果以论文摘要的形式介绍如下。

7.1　高职院校诊改工作若干问题的思考（戴勇）

[摘要] 2015 年教育部下发了高职院校内部质量保证体系诊断与改进工作文件，2016 年教育部确定了九省 27 所高职院校为诊改工作试点学校。诊改工作是"十三五"期间高职质量工程的重点，因该项工作处于启动阶段，需要对其思想认识、作业流程、工作重点等研讨。笔者选择构建学校内部质保体系及运行架构、高职院校目前存在的学风问题和资源保障问题、校级数据采集与管理平台开发问题等发表一些观点，谈些认识，以抛砖引玉。

[关键词] 高职院校　内部质量保证体系　若干问题　诊断与改进

注：本文已公开发表于《机械职业教育》2016 年第 7 期。

扫一扫看本论文原稿

7.2　"评估"到"诊改"，高等职业教育质量观的变迁（姜敏凤等）

[摘要] 当代社会各界对教育质量空前关注，高等职业教育经历了始于 20 世纪 90 年代的体制改革、招生规模大扩张、基础设施大建设，在取得了规模与基础发展成就的背景下，办学质量与内涵建设已成为发展的首要任务。文章根据教育"质量"及"质量保证"体系的定义，分析了我国高等职业教育近十年进行的教育质量评价活动，对照高等职业教育以往的两次"评估"，提出"质量成果—质量体系—质量文化"质量观的变迁过程，分析了质量文化形成的三个基础层面"物质、行为、制度"，有助于当前诊改工作中的质量观的确立，建设符合高等职业教育特色的质量保证体系。

[关键词] 质量观　评估　诊改　质量体系

注：本文已公开发表于《无锡职业技术学院学报》2017 年第 16 卷第 1 期。

扫一扫看本论文原稿

7.3 "五个层面四步循环" 质量保证制度体系的构建（顾京等）

[摘要] 为助推学校教学质量目标达成，保障学校内部质量保证体系有效运行，按"五个层面四步循环"系统构建教学质量保证制度体系，形成学校、专业、课程、师资、学生五个层面多元质量保证主体，每个质量主体以"规划标准、运行管理、考核评价、研究实践"四步循环准则设计系列制度形成制度质量闭环，推动学校教学质量的持续改进。

[关键词] 五个层面四步循环　质量保证　制度体系

[作者简介] 顾京，女，无锡职业技术学院教授，研究方向为高职教育管理；姜敏凤，女，无锡职业技术学院教授，研究方向为金属材料及成形工艺，教学管理；孙燕华，女，无锡职业技术学院教授，研究方向为专业与教学管理。

注：本文已公开发表于《机械职业教育》2018 年第 8 期。

扫一扫看本论文原稿

7.4 打开"灰箱"：基于教学过程的高职课程诊改探索与实践（谈向群等）

[摘要] 高职院校教学质量诊断与改进已成为事关学校内涵建设发展的重要战略举措，如何有效开展高职院校诊改工作成为当前各高职院校在优质校建设中关注的重点问题。高职院校诊改从学校、专业、课程、教师、学生不同层面建立起完整且相对独立的自我质量保证机制，开展自我诊断与改进。文章以首批全国高职诊改试点院校之一——无锡职业技术学院为例，基于信息化平台，以课程层为突破口，深入课程过程管理，打开教学过程质量管理的"灰箱"，实现课程质量管理螺旋式提升，以期为诊改院校课程层诊改提供参考。

[关键词] 诊断与改进　高职院校　教学质量　实践

注：本文已公开发表于《职业技术教育》2018 年第 17 期。

扫一扫看本论文原稿

7.5 基于成果导向的物联网专业诊断与改进研究（陈天娥）

[摘要] 成果导向的专业诊断与改进是现代职业教育提质增效的要求，也是借鉴《悉尼协议》开展国际等效专业认证的必由之路。文章以物联网应用技术专业为案例，提出四步反向设计法，解决专业标准开发问题；采用毕业要求达成度和课程要求达成度定量评价人才培养目标是否达成；克服传统专业诊断主观性强的缺点，提出建立状态数据驱动的专业诊断与改进机制，以期从技术实现层面，为高职专业诊断与改进提供科学的思路与方法。

[关键词] 成果导向教育　反向设计　量化评价　数据驱动　专业诊断与改进

注：本文已公开发表于《机械职业教育》2017 年第 2 期。

扫一扫看本论文原稿

7.6　高职院校内部学生层面质量保证体系建立与诊改机制研究（强伟纲等）

[摘要] 高职院校需在学校、专业、课程、师资、学生层面构建完善的内部质量保证体系及诊改机制。本文研究思路如下：首先分析了学生层面质量保证体系与诊改机制构建的基础，从而认为构建以学生全面发展为中心的质量保证体系及诊改机制意义重大；其次从质量保证体系的结构框架、质量保证体系的诊断与改进机制、质量保证体系架构内涵及诊改机制运行模式、动力机制等角度深入分析质量保证体系与诊断与改进机制的建设路径；最后深入分析体系可能存在的问题及进一步的研究设想。

[关键词] 学生全面发展　质量保证体系　诊断与改进　诊改机制

注：本文已公开发表于《机械职业教育》2018 年第 2 期。

扫一扫看本论文原稿

7.7　内涵建设背景下学校内部质量保证体系建设探索：以无锡职业技术学院为例（姜敏凤等）

[摘要] 总结学校质量体系建设的成果与不足，分析现代高职教育质量所面临的机遇与挑战，明确内部质量保证体系建设的指导思想与建设目标，提出在内部质量保证体系建设中融入"以服务学生发展为中心的核心理念、以学习成果为目标导向（OBE）的过程理念、以教育信息化及数据分析为支撑技术"的建设理念，构建质量保证体系的架构。确定高职院校内部质量保证体系建设的重点任务与建设步骤：构建组织架构、质量制度与标准体系、评价指标体系、信息化平台、质量诊改工作机制、校园质量文化、管理与服务创新等。

[关键词] 质量保证体系　建设思路　体系框架　体系运行　重点建设任务

注：本文已公开发表于《机械职业教育》2016 年第 12 期。

扫一扫看本论文原稿

7.8　基于全员获得感视角推进高职院校教学质量诊断与改进的思考（吴兆明等）

[摘要] "让人民群众有更多获得感"是当前全面深化改革过程中习近平总书记"以人民为中心"治国理政新思想新理念的集中体现和形象化表达。这一思想为高职院校教学质量提升与发展提供了共识性认识和切实的方法论。以全国高职院校教学质量诊断与改进试点院校之一无锡职业技术学院为例，通过诊改实践分析，当前高职院校教学质量诊改依然存在依赖评估模式现象、教师参与教学质量诊改意识不足、校园质量文化的培育还有待加强等问题。有效推进高职教学质量诊改需要从"学校教育管理者、教师、学生"获得感的角度，构建体系完备的学校教育教学综合信息分析平台，增强教学质量诊断与改进的可感知性，科学设计各层面诊改指标，完善目标链与标准链建设，基于全员获得感开展自我诊改与复核等。

[关键词] 获得感　教学质量　诊改　高职院校

注：本文已公开发表于《职业技术教育》2017 年第 29 期。

扫一扫看本论文原稿

高职院校质量保证体系诊断与改进——无锡职业技术学院实践案例

7.9　基于诊断与改进工作的教务管理系统研究与实现（王得燕等）

[摘要] 2016 年教育部启动职业院校教学诊断与改进工作，以建设学校内部质量保证体系为重点，逐步形成并认同校园质量文化。教务管理系统作为教学工作开展的信息化平台，承载教学质量数据生成的全过程。从系统需求分析、系统详细设计、系统实现、角色演绎、安全策略等方面实现了一个现代教学质量观为指引的教务管理系统。

[关键词] 诊断与改进　质量文化　升级　预警

注：本文已公开发表于《中国职业技术教育》2017 年第 11 期。

扫一扫看本论文原稿

7.10　基于学生核心利益的高职教育教学理念辨析（胡俊平等）

[摘要] 经济社会发展的新常态必然给高职教育教学带来深远影响。为主动适应高职教育新常态的要求，坦然应对教育新常态的挑战，高职人才培养要以教育教学理念转变为突破口，聚焦"学生核心利益"，积极推进教学改革，更好体现教学在人才培养过程的中心地位。

[关键词] 高职教育　核心利益　教学理念

基金项目：江苏省高等教育教改研究立项课题"基于品牌企业合作的高职专业建设研究与实践"（课题编号：2015JSJG433）阶段性研究成果。

注：本文已公开发表于《机械职业教育》2017 年第 11 期。

扫一扫看本论文原稿

7.11　英国高等教育质量保证体系综述（王得燕等）

[摘要] 英国作为高等教育发达国家，早在 20 世纪 70 年代就建立起了教育质量保证体系，而后经过多轮修正完善，现在已经进入稳定阶段，高校每六年接受一次教育质量评审。2016 年展开了新一轮的质量评审。本轮评审的反馈报告针对核心主题"学生就业能力"，对所有参加评审的教育机构均展开详细评审说明，牛津大学和桑德兰城市学院作为英国顶尖大学和普通大学，接受了本轮评审。从评审反馈报告中能清晰了解到一流大学优点及可借鉴之处及普通大学优点及需要改进部分。研究英国高等教育质量保证体系对我国高等职业教育开展的诊断与改进工作具有很强的参考价值。

[关键词] 评审　英国高等教育质量标准　期望达成　诊断与改进　手册　学生就业能力

注：本文已公开发表于《黑龙江畜牧兽医》2017 年第 20 期。

扫一扫看本论文原稿

7.12　高职院校教学质量监控信息化平台的设计：以无锡职业技术学院为例（徐金凤和张路遥）

[摘要] 为更好地服务"江苏品牌专业"建设和"教学诊断与改进"工作，提高教学质量，

针对目前教学质量监控手段存在的问题，从功能需求入手介绍了平台设计原则、平台框架设计及主要功能模块。

[关键词] 教学质量 质量监控 信息化 课堂考勤

注：本文已公开发表于《无锡职业技术学院学报》2017 年 5 月。

扫一扫看本论文原稿

7.13 质量主体联动的学生层面质量保证体系诊断与改进思考（王鑫芳）

[摘要] 学生层面质量保证机制建设要以学生服务、学生全面发展为目标导向，通过"四链"（目标链、标准链、任务链、工作链）梳理，明确质量保证主体职责。各质量主体自行设定工作目标及标准，分析教育教学运行过程中存在的问题，经过问题分析，研究创新解决方法，以需求为导向，重点解决满足质量主体需求的关键问题，采用提升主体获得感的手段方法。以平台为支撑，兼具目标标准设定、计划保障、实施运行、诊断、监控、考核的学生层面质量保证机制。

[关键词] 学生层面 质量保证 目标导向 问题导向 需求导向

注：本文已公开发表于《机械职业教育》2019 年第 1 期。

扫一扫看本论文原稿

参考文献

[1] 陈晨，杨成，王晓燕，等．学习测量：大数据时代教育质量提升的新力量 [J]．现代教育技术，2017（27）：33-39．

[2] 樊增广，史万兵．高校教育质量的内涵演变及监控原则 [J]．东北师大学报（哲学社会科学版），2015（1）：35-39．

[3] 范锦江．高校教育质量影响因素的经济学分析 [J]．商业文化（下半月），2012（4）：290-291．

[4] 何桢，岳刚，王丽林．六西格玛管理及其实施 [J]．数理统计与管理，2007（11）：1049-1055．

[5] 姜敏凤，刘一览．"评估"到"诊改"：高等职业教育质量观的变迁 [J]．无锡职业技术学院学报，2017，16（1）：1-4．

[6] 李柏洲，赵健宇，苏屹．基于 SECI 模型的组织知识进化过程及条件 [J]．系统管理学报，2014（7）：514-523．

[7] 李文超．六西格玛管理：现代质量管理的集成与创新管理 [J]．华东经济管理，2008（1）：125-128．

[8] 联合国教科文组织．21 世纪高等教育展望和行动宣言 [EB/OL]．[2014-02-23]．http://unesco.org/education/educprog/wche/declaration_eng.htm．

[9] 吕红，邱均平．高等教育质量标准体系基本理论问题研究 [J]．重庆大学学报（社会科学版），2015（5）：128-133．

[10] 麦绿波．标准体系的内涵和价值特性 [J]．国防技术基础，2010（12）：3-7．

[11] 蒲清平，范海群，王超．高校意识形态建设的校园舆论引导机制及其实践路径 [J]．思想理论教育导刊，2017（6）：140-142．

[12] 王军红，周志刚．教育质量的内涵及特征 [J]．河北大学学报（哲学社会科学版），2012（9）：70-73．

[13] 许祥云．高校内部本科教学质量标准：概念界定与体系构建 [J]．清华大学教育研究，2018（6）：58-66．

[14] 许一．目标管理理论述评 [J]．外国经济与管理，2006（9）：1-15．

[15] 杨伟军，林友祥，刘绍勤，等．高校人才培养目标管理理论辨析及实践 [J]．高等工程教育研究，2012（4）：110-113．

[16] 张芸芸．和谐理念视野下高校教育质量观的内涵解析和途径管窥 [J]．学海，2011（1）：221-224．

[17] 相丽玲，牛丽慧．知识管理思想的演化与评价 [J]．情报理论与实践，2015（6）：44-48．

[18] 杨现民，唐斯斯，李冀红．发展教育大数据：内涵、价值和挑战 [J]．现代远程教育研究，2016（1）：50-61．

[19] 张洪孟,胡凡刚.教育虚拟社区:教育大数据的必然回归[J].开放教育研究,2015(2):44-52.

[20] 杨应崧.诊断与改进需要多一点豪气、勇气和真气[J].上海教育评估研究,2017(12):41-45.

[21] 杨应崧.基于信息熵理论的职业院校诊改目标适切性测度模型构建研究[J].中国职业技术教育,2018(6):30-34.

[22] Sallis E. 全面质量教育[M]. 何瑞薇译. 上海:华东师范大学出版社,2005.

[23] Rucker P F D.The Practice of Management[M].New York:Harper Press,1954.